文景

Horizon

社 科 新 知　文 艺 新 潮

紫禁城的黄昏

[英]庄士敦　著
高伯雨　译注

上海人民出版社

目录

醇亲王载沣，站立者为溥仪，怀抱的是溥杰

晚年的慈禧太后

前 言

清朝的末代皇帝溥仪，四十余年前仍盘踞紫禁城里的时候，曾聘请苏格兰人庄士敦（Reginald Fleming Johnston）做英文师傅。这位“帝师”早年在爱丁堡大学念书，后来入牛津大学，得有文学硕士学位。他到东方来任职，始于光绪二十四年戊戌（1898 年），首先在港英当局服务，历任香港总督府秘书、辅政司助理等职。在 1904—1917 年期间，他被英政府派驻租借地威海卫，直至任行政长官。庄士敦在远东和中国人来往二十年，会讲一口很流利的北京话，并且会读中国的古典文学作品，据他自己说，还于中国的佛教、孔子都有甚深的研究。人们称他为“中国通”，他也自信不疑。

庄士敦受聘为“宣统皇帝”的英文教师的经过，在他所著的《紫禁城的黄昏》有详细说及。据溥仪说，庄士敦来授课的日期是民国八年（1919 年）3 月 4 日，采用接见外臣的仪式，由一个什么大臣带领引见，把庄士敦一直带到课堂——毓庆宫。这时候，“宣统皇帝”高坐在“宝座”上面，庄士敦向他的“皇上”行君臣之礼，三鞠其躬，然后他的“皇上”站起来，和师傅握手。师傅又再来一鞠躬，引见大臣陪庄士敦退出。过了一会儿，重新把庄士敦带领引见，入毓庆宫，这一回是“皇上”向他的师傅行一鞠躬礼，算是拜见师傅了。

这个洋教师也学会了中国封建时代那一套把戏，以得到皇帝的赏赐为无上光荣，当溥仪在“宣统十三年”（1921 年）为了把庄士敦的身份提高，“隆其体制”，赏以“二品顶戴”，庄士敦喜而不寝，连忙请人给他草拟一个“谢恩折子”，恭恭敬敬地递到他的“皇上”御前，文云：

臣庄士敦跪奏，为叩谢

天恩事：宣统十三年十二月十三日，钦奉谕旨：庄士敦教授英文，三年匪懈，着加恩赏给二品顶戴，仍照旧教授，并赏给貂褂一件，钦此！闻命之下，实不胜感激之至。

谨恭折叩谢皇上天恩，谨奏。

“二品顶戴”到手后，不久，溥仪又再“隆其待遇”，赐以“头品顶戴”，居然升了官，是个一品大臣了。我在北京时，曾在陈宝琛家里听他讲庄士敦一个有趣的故事。他说：庄士敦得赐“二品顶戴”后，立刻定制清朝的官服。当他第一次装扮成一个清朝大臣之时，令人见了好笑。他身上穿的是蓝袍长褂，下身穿的却是一条洋服裤子。头戴红顶缨冠，胸悬朝珠，但颈际仍然围着一条西洋人常见的白硬领，更令人笑不可抑的是脚踏英国式皮鞋一双。倒也成了“清”英合璧的“两朝领袖”，可与钱牧斋相媲美了。庄士敦后来知道了这是个笑话，才请内行的人替他打扮一番，装成一个道地的清朝大官儿模样，先后以此种模样拍成相片者凡十数种。

庄士敦入紫禁城授读，在丁巳（1917 年）复辟之后，他会不会很希望他的“皇上”能有一日重坐龙廷呢？关于这一点，照我推想，他一定有此心理的。一个醉心帝制排场的人，一旦见到他的学生重为“天子”，自己成为“帝师”，甚至“再造元勋”，那是多么快乐的一件事！因此，在溥仪被逐出紫禁城后，办理清室善后委员会的人员，在养心殿清查文件时，发现有些文件与庄士敦密谋复辟有关。该会爰于民国十四年（1925 年）8 月 17 日致函外交部，请照会英国驻华公使，勒令庄士敦出境（三十年前，自主的中华民国竟不能逐一不受欢迎的人物出境，思之殊有趣），该函原文云：

迳启者：本会于本年七月三十一日……发现有去年春夏间清室密谋复辟文件……及康有为请庄士敦代奏游说经过函等五件。事关内乱，业经送法庭检察。惟庄士敦系属外人，据康有为致彼之函，有特可注意之数点……则康之游说，溥仪固知情，而为之传递消息者，庄

紫禁城中的溥仪

醇亲王载沣和
香港总督亨利·布莱克

本书作者庄士敦、婉容（中）和婉容的家庭老师伊莎贝（右）三人摄于紫禁城

也。……金梁条陈，力言联结外人之必要，有“借外力以定内乱”等语。今庄竟以外人参预清室复辟密谋，挑拨我政潮，扰乱我治安，照国际惯例，应即驱逐出境。兹特将原函抄送贵部查照，应否照会该国公使勒令庄士敦出境，希酌核办理。……

办理清室善后委员会这一纸公文，并不能把庄士敦撵走，他仍然追随“皇上”于张园“行在”，教其ABCD。清室的“大臣”是通过北洋政府的头面人物请到庄士敦来“保镖”的，当然不便把这个“镖师”驱逐出境了。

不久后，庄士敦的“师傅”职务解除，英政府派他做威海卫租借地的行政长官。他从1927年担任此职到1930年，1931年回国。依照庄士敦的资格，大可以外放为殖民地总督的，但不幸的是，他二十年前在威海卫任职时，曾用一个中国名字林兆阳写过一本*A Chinese Appeal to Christendom Concerning Christian Missions*（暂译为《一个中国人对于教会人士的意见》），对英美教士颇有讥评。后来教会人士查出这个林兆阳竟然是大名鼎鼎的庄士敦师傅，因此英美教会对他大有恶感。他本来有机会做香港总督的，但英国国内有一部分舆情对他不大有利，终于未成为事实。当1934年《紫禁城的黄昏》（*Twilight in the Forbidden City*）在伦敦出版时，在著者的履历下列叙所著各书，这本得罪教会的书赫然亦在其中。这件事情，在三十年前曾遍传中国的读书界，现在已经很少有人知道了。

庄士敦回国后，大概因为这件事情很不为“舆论”所容，只在伦敦大学做中文教授，同时又是伦敦东方语言学校远东语言文化部主任。他的学生“宣统皇帝”在东北成立伪满洲国后，庄士敦留得老眼在，乐观厥成，特地在他所买的一个小岛上高悬“满洲国国旗”，以示不忘故主。他为什么不投奔他的故主做个“从龙之士”，我不大清楚。他是1938年3月6日逝世的，享年六十四岁。当时“满洲国”的“康德皇帝”有没有给他谥号或赐以什么“太子太保”的恩典，我还未能查出来。他的著作，除上揭二种外，尚有*From Peking to Mandalay*、*Lion and Dragon in Northern China*、*Buddhist China*、*The Chinese Drama*等。

PREFACE
by
HIS MAJESTY THE EMPEROR HSÜAN-T'UNG

甲子十月予自北府入日本使館莊士敦師傅首翼予出於險地且先見日使芳澤言之芳澤乃禮予假館以避亂軍乙丑二月予復移居天津距今七年而莊士敦前後從予於北京天津之間者約十三年中更患難倉皇顛沛之際唯莊士敦知之最詳今乃能秉筆記其所歷多他人所不及知者嗟夫喪亂之餘得此目擊身經之實錄信乎其可貴也莊士敦雄文高行為中國儒者所不及此書既出予知其為當世所重必矣辛未九月

宣统皇帝为《紫禁城的黄昏》（伦敦维克托·戈兰茨有限公司，1934 年）一书御制序文

《紫禁城的黄昏》这部书是庄士敦著作中最为中国人所知的一种，就我个人看来，其价值远在他别的著作之上。全书共486页，分为25章，插图41页，1934年3月，由伦敦维克托·戈兰茨有限公司出版，同年3月印第二版，5月印第三版。大概是出版后颇能轰动一时，在三个月内就印了三版，成为那一年的畅销书之一。扉页有庄士敦题字云：

谨以此书献给

溥仪皇帝陛下，以纪念十五年前在紫禁城里我们的一段愉快的关系。本人很诚恳地希望皇帝陛下在经过黄昏与长夜之后，黎明和新的快乐的日子将会来临，同时，在长城内外他的子民都将和他一样过着愉快的日子。

他的忠诚与依恋的臣仆及教师庄士敦

书中有《宣统皇帝御序》一文，是郑孝胥代书的，庄士敦将原迹影印在书内，今将“御制”序文录下：

甲子十月，予自北府入日本使馆，庄士敦师傅首翼予出于险地，且先见日使芳泽言之。芳泽乃礼予，假馆以避乱军。乙丑二月，予复移居天津，距今七年，而庄士敦前后从予于北京天津之间者约十三年，中更患难仓皇颠沛之际，唯庄士敦知之最详。今乃能秉笔记其所历，多他人所不及知者。嗟夫！丧乱之余，得此目击身经之实录，信乎其可贵也。庄士敦雄文高行，为中国儒者所不及，此书既出，予知其为当世所重必矣。辛未九月。（下盖朱文“宣统御笔”，白文“自强不息”二小印。辛未为民国二十年，公历1931年。甲子、乙丑为民国十三、十四年。）

这部数十万言的大著，如果把它全部译为中文，差不多有六七十万字，在出版条件上似乎颇成问题。幸喜第一章到第七章所记的多为国人所知的事，平平无奇（从戊戌维新讲起，接着是庚子义和团运动、光绪的末年、慈禧太后、辛亥革命），全书的“戏肉”当在第八章《大清皇帝与“洪宪皇帝”》开始，到第十一章《1919—1924 年的紫禁城》精彩渐见，以下就引人入胜了。现在我试从第八章开始翻译，为便利读者计，采用意译的方法，拿来与原文一字一句地对比之后，当然略有出入，但愿尽量保留原意，绝不欲违背原作者的意志。

译书是一件很不容易的事（至低限度在我本人如此），我尤其讨厌译外国人写的有关中国的书，不过这部《紫禁城的黄昏》所记述的大都是我三十年前所闻所知的事情，因此还不至觉得困难重重。但个人的闻见有限、能力有限，动笔之后，必定会有许多困难源源而至的。例如人名一事，大名鼎鼎的人物，当然知道是什么人，但有些不大著名的人或无名小卒之辈，如果出之于音译，就似乎是大笑话了。关于这个问题，我将竭力避免，设法查考，但在香港不易找到参考书，又不易遇到老辈可以请教，到万不得已之时，仍不能不出之音译，以待日后查出再行改正。这一点请读者原谅。

译者　1964 年 12 月 26 日在香港

大清皇帝与“洪宪皇帝”

闻得要移居魂不附体

民国二年癸丑（1913年）二次革命失败后，袁世凯于是年10月6日被选为中华民国大总统，他的心愿已经实现了，他略施手法，宣布自己的总统为终身制，并且有权推荐继位人。这时候，袁世凯的势力大增，把孙中山领导的国民党解散。这一年的12月，副总统黎元洪应召入京，袁世凯表面上说是请他在北京辅佐行政，其实是生怕反袁分子利用他为工具。一切布置妥当后，袁世凯即于民国三年颁布修改过的新约法，任用前清的东三省总督徐世昌为国务卿，前清的山东巡抚孙宝琦为外交总长。

至于袁世凯个人对清室及宣统皇帝，则采取的是“恭敬”而不热诚的态度。民国二年，袁世凯要实行“优待条件”的第三款“大清皇帝辞位之后，暂居宫禁，日后移居颐和园。侍卫人等照常留用”的条文，请隆裕太后及清室离开紫禁城，迁往颐和园居住。此举使清室人员极为狼狈。内务府的大臣听到这个消息，尤其吓得魂不附体，他们深知宫禁一经移往颐和园，无异取消承认清室的初步表示，于是竭力向那个愚昧的隆裕太后进言，请她提出强硬的反对。但“第三款”载在盟府，理应双方遵守，提出反对，理由很是脆弱，亏他们想出一个办法，向袁世凯指出，颐和园周围的围墙很矮，如果清室迁往居住，恐怕有坏人一跳就跳进园里，对于皇室大有不利。

袁世凯为了应付清室这个反对移宫的理由，只好下令把颐和园周围三英里长的围墙加高几尺来堵住清室之口。加建的费用，当然不出自民国的国库，要清室掏腰包了。

袁世凯（1859—1916）

關於大清皇帝辭位後優待之條件

辛亥十二月二十六日公布

今因大清皇帝宣布贊成共和國體中華民國於大清皇帝辭退之後優待條件如左

第一款　大清皇帝辭位之後尊號仍存不廢中華民國以待各外國君主之禮相待

第二款　大清皇帝辭位之後歲用四百萬兩俟改鑄新幣後改為四百萬元此款由中華民國撥用

第三款　大清皇帝辭位之後暫居宮禁日後移居頤和園侍衛人等照常留用

第四款　大清皇帝辭位之後其宗廟陵寢永遠奉祀由中華民國酌設衛兵妥慎保護

第五款　德宗崇陵未完工程如制妥修其奉安典禮仍如舊制所有實用經費均由中華民國支出

第六款　以前宮內所用各項執事人員可照常留用惟以後不得再招閹人

第七款　大清皇帝辭位之後其原有之私產由中華民國特別保護

第八款　原有之禁衛軍歸中華民國陸軍部編制額數俸餉仍如其舊

清室优待条件

民国政府这样答复清室的抗议，但狡猾的内务府大臣们却很轻易地把握这个机会为自己弄了一笔钱。他们似乎已有“夕阳无限好，只是近黄昏”之感。因为把颐和园的围墙增高，所需的费用很大。费用大，经手的人自然大有可观了。于是颐和园围墙的增筑，就在偷工减料中进行。竣工后不久，新增的围墙已开始倒塌，有时候甚至殃及池鱼，原有的围墙受到影响也亦步亦趋跟着倒下了。

几年后，围墙倒塌的事情，竟然也使我译注：庄士敦自称，以下同吃过苦头。1924 年逊帝派我一个整顿颐和园及其附近产业的差使，虽然为期很短，但所见颇有趣，一场骤雨就可以将颐和园的围墙冲刷下一些砖头瓦碎，甚至整段倒塌。我既然负责整顿颐和园，遇到这种情形就要修理了。经费本属有限，我提出的有效修葺办法，比以前的更省钱更坚固的方法，往往与内务府的利益冲突。

张勋拥袁有交换条件

结果增高围墙之法徒然花了很多钱而没有收到什么效果，清室又不必搬出紫禁城了。也许中国人和世界上其他的人士很少能知道为什么袁世凯忽然又勉强同意延期搬家。原来袁世凯害怕张勋反对这一措施。张勋拥重兵坐镇徐州，控制津浦铁路，长江以北的华东一带完全是他的势力。张勋是袁世凯的心腹人物，辛亥革命时，袁利用他阻止革命军的势力北上；但张勋拥护袁世凯为领袖，却是有交换条件的，他要袁遵守优待清室的条件。事实上，张勋忠于袁世凯，同时也忠于他的故君，所不同者，他对其故君的效忠是绝对的，对袁则是有条件的。

张勋以其势力支持隆裕太后的抗议移宫，纯是他对其故君忠心的表现，但他此举的成功，实在令人不无遗憾。张勋也和隆裕太后那样受到内务府那班人的愚弄。他们私下派人到徐州对张勋说，一旦搬出紫禁城，宣统皇帝即处于危险之境，非他挺身出来干涉不可。表面上看来，内务府这班人多么忠于他们的主子啊，他们爱护皇上也和张勋一样，但骨子里，他们此举并非为了皇上的利益，而是为了这个私人集团的利益。张勋懵然无所知，运用他的势力，劝阻袁世凯取消移宫之议。张勋以为替他的故君做了一件大事，其实适得其反，他无形中保存了这个亡清的大罪人、贪污腐化大集团——内务府。

隆裕太后的抗议有张勋为后盾，袁世凯不得不让步，暂时放弃“逼宫”之议。早在 1913 年译注：民国二年，袁世凯就有一个念头，他想到有朝一日，他的帝国成立，就堂哉皇哉地移居紫禁城内，完成他的壮志。当他被选为大总统之后，即移入前清宫禁一部分的中南海居住，这个地方邻近紫禁城，有湖水、有台榭，其华丽豪奢并不下于紫禁城，他总可以满足了。他做了第一任的正式大总统后，突然将假面具揭下，运用权术，使他的总统变成终身制，并且有权推荐总统候选人，于是他选定爱子袁克定做他的继位者。若干年后，袁克定曾以避难者身份居住在英国租借地威海卫受我的保护。

这一步骤完成后，袁世凯就进行他的下一步了。这一步的进行并没有什么困难，他的御用文人杨度等为他组织一个筹安会，讨论国体问题，替他铺设一条走上帝制之路，这些事情知者已多，不必再说了。

袁世凯“皇帝”做不成

当袁世凯酝酿帝制时，一班攀龙附凤之徒，无不兴高采烈，热望早日成功，“袁皇帝”登基之后，他们就是开国功臣，富贵共享了。清室有一个贝子溥伦居然也签名向袁世凯劝进，希望他日尔公尔侯，分到一杯羹。这个溥伦与宣统皇帝同辈，是道光皇帝的嫡系曾孙，当年袁世凯曾竭力主张立他为帝，以继光绪皇帝之位（袁此举纯为私人利益）。现在老袁称帝，溥伦为酬答知己，当然也要劝进了。皇室中人认为溥伦此人代表皇室和八旗向袁世凯劝进，向“袁皇帝”磕头称臣，是一件使皇室大为丢脸的事情。

溥伦在民国本是参议院的一名议员，他代表皇室向袁世凯上书劝进，而袁世凯也对他信任有加，委托他去办理一件很微妙的事情，就是请他劝清室将藏在交泰殿的玉玺交出。这件事是宣统皇帝本人对我说的。他还说，溥伦试图完成这个任务，但是失败了。溥伦收买了内务府一些大臣，让他们佯

梁士诒（1869—1933）

装不知自己将玉玺拿走，但袁世凯的梦想终不能实现。那一批玉玺仍留在紫禁城里，一直到1924年11月宣统皇帝出宫后才移交清室善后委员会接收。

另一个向袁世凯献媚的人物是著名的广东人，素有“财神”之称的梁士诒。这个政治家因为要巴结行将登位的“大皇帝”，便向袁世凯建议，认袁崇焕为祖宗，使“皇皇华胄”有个着落。他上书袁世凯，主张以袁崇焕从祀武庙，袁世凯批交礼制馆核议。礼制馆以袁崇焕乃系文官，驳复不准，后来终于没有实行。

袁世凯的“洪宪皇帝”做不成，他见四面八方义旗高举，吓得魂不附体，立即下令取消帝制，又来一个“罪己诏”，诿过于左右，说是为“群小”所误，以为人民拥戴，现在才知道不是，愿仍为中国的大总统。但讨袁军不放松，“袁皇帝”就急病死了。

1919—1924 年的紫禁城

徐世昌张勋不忘故君

民国六年（1917 年）丁巳复辟，张勋拥宣统皇帝登位，只搞了十二天就完蛋了。当时的民国总统黎元洪躲在东交民巷的使馆区避难，而张勋失败后也遁入东交民巷求庇护，两人虽同在使馆区，而所避的使馆则不同。译注：黎元洪避居日本使馆的武随员斋藤少将官舍。张勋则避居荷兰公使馆。段祺瑞的讨逆军入京后，派人迎黎总统复职，黎元洪以引狼入室自咎，无颜再做总统，于是由副总统冯国璋代理大总统职务。

新任代理大总统的冯国璋，对于民国并不十分感兴趣，虽然他也参加段祺瑞讨逆。冯国璋是直隶河间县人，在前清历任显官，在民国也是袁世凯的心腹。他做了总统后，“再造共和”的段祺瑞当了国务总理，组织内阁了。

段祺瑞的内阁，对于参加欧战十分积极，因得代理总统冯国璋同意，遂向德奥宣战。南方的孙中山也组织军政府，由非常国会选举孙文为军政府大元帅，出师北伐。北方的政局，因冯国璋与段祺瑞不和，民国七年 8 月，冯国璋代理总统期满，9 月，北京的参众两院组织总统选举会，出席议员 436 人，投票结果，徐世昌以 425 票当选为总统。

广东的军政府在徐世昌被选为总统后，立即通电反对，由岑春煊、伍廷芳领衔，宣布北方政府此次选举非法，徐世昌的总统无效。但北方的政府置若罔闻，徐世昌一直做了三年总统才下台。

徐世昌是一个旧派的士大夫，他从政有年，且富经验。早在光绪

黎元洪（1864—1928）

段祺瑞（1865—1936）

徐世昌（1855—1939）

冯国璋（1859—1919）

三十二年（1906年），他已任军机大臣，下一年被授为第一任东三省总督。东三省一向是盛京所在地，为清朝“龙兴”之地，二百年来不置为行省，现在为了适应时局，设立行省，以徐世昌为总督，可见其重要。到光绪三十四年宣统皇帝登基，徐世昌被封为太保，朝廷视其为重臣。他当选民国总统的时候是六十三岁。

徐世昌虽被选为总统，但他这个人根本就不喜欢民国。他就总统职位后，第一个行动就是撤销通缉丁巳复辟罪犯之命。译注：他是10月10日就职的，10月23日即颁布此命，可见他厚爱于清室也。张勋被赦免后，仍与其同党安居北京，仍拥护其故君，其政策仍不变。

徐世昌登台后，除了尊孔之外，又进一步竭力表现他是维护清室的“太保”，他简直忘记了身为民国总统与时刻不忘其故君的利益是矛盾的。

研究溥仪的教育问题

1918年的时候，溥仪已是一个十二岁的孩子了，在过去若干年中，有好几个旧学丰富的师傅教他读中文。徐世昌曾经和他的几个接近的朋友——其中一个是李鸿章的儿子——讨论到溥仪将来的前途，他们鉴于这个孩子前途的可能性，认为应该使溥仪有个机会受点西方教育，包括英文。他们希望溥仪懂得一些欧洲的政治制度的发展，尤其是英国的君主立宪的原理。

如果有人认为这种教育计划是与重使溥仪复位有关的阴谋的一部分，那就错了。不过那些对这问题有兴趣的人都有这种幻想，徐总统也是其中的一人，他们对民国的前途多少是怀疑的，他们之中，至少有些人仍然对他们的故君效忠。但他们都一致希望他们的故君能学习一些西方的历史与制度，以备将来民国政府垮台之时，成立一个为人民欢迎的稳固的政府，这个政府一改以前所为——事事都保存旧作风，于是溥仪就可以有资格在一个有限度的君主立宪政体下担任一个角色了。

最初他们曾建议聘请一个美国人做溥仪的英文教师。这个美国人很著名，在中国也有很好的资历，他是教育家，同时又是外交家。不过这个美国人就要做驻北京的美国公使馆的代办，不便接受这个职位。因此英文教师一职，便落在我身上。

被聘为幼帝教师经过

我怎样被聘为幼帝的英文教师似乎不必详细叙述。因为我在中国国土上做过英国的行政官，又曾旅行中国各地，与清室及徐总统接近的若干人士皆为友好，其中的一人是那个著名的总督李鸿章的幼子李经迈侯爵。译注：李鸿章的爵位，为其冢孙李国杰所袭，与经迈无关，不该称他为侯爷也。辛亥革命时，李经迈曾避居威海卫一个时期，这时候我正做着威海卫租借地的英国行政长官。在清朝那些较为快乐的时期中，李经迈曾任驻奥地利国公使。革命发生前不久，贝勒载涛带领一个军事考察团往德国考察，李经迈就陪同载涛前往。到民国成立后，新政府屡次请他出任官职，他都拒绝了。他的老朋友徐世昌当上总统，曾三番四次勉强他出来担任一个驻外的高级使节，他不肯答应。李经迈和他的家人对清朝都是忠心耿耿的，他宁愿以遗老终其身。因他与清室及徐世昌皆有密切关系，经他的推荐，我才当上幼帝溥仪的英文教师。

他们向我提出这个意见时，是 1918 年 11 月末，在欧洲大战终止后的几天。我接受了，不过还要征求英国当局的同意。不久之后，徐世昌总统通过英国驻华公使朱尔典爵士正式提出请求，后来在伦敦的殖民地部和外交部一致同意了。于是我暂时离开殖民地部的“队伍”，1919 年初我便从威海卫入北京接受我的新职位了。

我第一次和我的“皇帝学生”见面是 1919 年 3 月 3 日。见面后不久，我写下了一篇简短的文字，向英国当局报告至此时为止的闻见。这一文件（写成日期为 1919 年 3 月 7 日）也许值得全部抄录于此，因为其中包含着我对于这个十三岁的孩子及清朝宫廷的初期印象，这个小孩子在紫禁城里的一班人眼中（中国许多人以及中国的藩属的心目中），仍然是他们所尊敬的“元首”。

一篇致英当局的报告

以下是庄士敦致英国当局的文件，今摘录之：

1919 年 2 月 22 日我到达北京。在火车站迎接我的有一个总统府的秘书倪文德。二日后，宣统皇帝的父亲醇亲王（原注：十多年前，我曾在香港见过他的译注：这是指 1901 年义和团事变后，清廷派醇亲王载沣为谢罪使往德国赔罪也。载沣一行乘德轮 Bayern 号于 1901 年 7 月 25 日上午十一时路经香港，港督曾在督署招待他。）和贝勒载涛（原注：光绪皇帝的另一个弟弟），分别在其府邸接见我。醇亲王对于溥仪的学业极为关心，在一般人的心目中，这个亲王是亲贵里头最明白最开通的一个。他接见我的时候，态度很是恳挚。他对我说，如果我要和他讨论有关溥仪幸福的各种问题，随时可以来见他。3 月 5 日，醇亲王设宴款待我，同席的人有宣统皇帝的另一位叔父载洵贝勒和其他皇族人员。

2 月 27 日，我正式谒见徐世昌总统。以后我就和清室的几个官员互相拜访，他们是：内务府总管、太傅世续，耆龄（他是宣统皇帝生母的亲戚），内务府大臣绍英，皇帝的师傅梁鼎芬、朱益藩和伊克坦。8 月 1 日，内务府大臣和一班师傅在六国饭店设席公宴，和我联欢。

我正式觐见那位幼帝是在 3 月 3 日。他穿起朝服，由一班有体面的大臣衣冠伺候。有一个大臣带领我入殿中觐见，我向幼帝行三鞠躬礼。他离座行近我面前，行欧洲通行的见面礼，和我握手。他站着和我谈了几句客套话，问我从前在中国所担任的官职。觐见礼毕，我退出门外，在另一个便殿休息，有人通知我，一待皇上换去朝服后，立即上课，这样就可以减少许多礼节了。译注：根据溥仪的近著《我的前半生》所说，庄士敦的觐见日期是 3 月 4 日，地点为毓庆宫。首先，按着接见外臣的仪式，溥仪坐在宝座上，庄士敦向他行鞠躬礼，他起立和他行握手礼，他又行一鞠躬礼，退出门外。然后他再进来，溥仪向他鞠个躬，算是拜师之礼。这些礼都完了，在朱益藩师傅陪坐下，庄士敦开始给溥仪讲课。所述与庄士敦的记载微有不同，今录为读者参考。在这期间，很多大臣和太监都纷纷向我道喜，贺我新任师傅之职。我再度进入毓庆宫，看见皇上已坐在书案前，案上堆满了我先前为他选定的课本。他请我坐在一旁，就从这一刹那开始，我们有了师生关系，空气自由了许多，不必事事都拘礼了。

幼帝对于英文或其他欧洲语言，从未学过，他似乎很热心学习英文，智力也很活跃，他在宫里可以读到中文的报纸，对于所载的新闻都很有兴趣，尤其注意中外的政治新闻。他的地理常识很丰富，对于旅行与探险也感到有趣味。他对于欧洲现在的局势和大战后的结果也知道一二。他的体格发育得很强壮，和他的年龄很配合。在性格方面，他是个愉快活泼、脾气好而聪明的"人"。译注：作者说他是人而不是天神，否定其为"天子"也。此外，他的品性又极好，绝对没有妄自尊大的态度。虽然日处深宫之中，受种种繁文缛节所包围，而他却没有丝毫傲慢之气，此尤为难得。宫廷里的人把他当作"天子"看待，以最隆重的礼节对待他。他从不出紫禁城一步，也没有机会和其他孩子打交道，除了他的弟弟溥杰及其他皇族兄弟偶尔进宫谒见外，他简直没有什么小朋友。甚至他每天到书房上课，也盛排仪仗，一大堆人前后拥簇着。他坐在一张饰以黄缎的大椅子上，由太监抬着到书房。

在目前，这位幼帝在宫里虽然未受到周围环境的影响，但过了若干年后他到达丁龄之期（这个时期为丁龄人最危险之时），我恐怕他不能自拔，除非他能够不受左右谄谀之人及太监的影响。我认为最好的办法就是使这个孩子离开那乌烟瘴气的紫禁城，移往颐和园居住，使他能够自由发展他的志趣。他住在颐和园里，可以不受种种仪制所拘束，生活上总比现在快活得多，并且颐和园地方广大，行动自由，他可以尽量活动，对他的身体健康是有益的。如果真的这样做，当然要另外选择一班可靠的人去伺候他、照顾他，还要请徐总统或其他皇室重要人员（例如载涛，他一向是关心这个孩子的）特别派可靠的人去监督这班人。载涛对此情形是了解的。再过一个时期，也许我可以体察情形提出这个问题。不过目前我还不便作此行动，虽然我曾向刘体乾先生（他是李经迈侯爷的亲戚。又是载涛贝勒的朋友译注：体乾为前四川总督刘秉璋的长子。）和倪文德先生大略表示过这个意见。

中国人做事要择吉日

在我未进入紫禁城之前，发生了一件颇为有趣的小事，在这里值得一提。由这件事可见中国人还保持着中世纪一些迷信的观念。在我未迁入那所宅第——后来我又迁到一所距离紫禁城较近的宅第——居住之前，我是住在旅馆的。我初到北京那几天，忙于应酬拜客。到二月最末那一天，清室的内务府派一个人来对我说，宫里的钦天监已经选择好了一个黄道吉日来开课，他们已把这个吉日进呈御览了。他们说下个月有两个吉日，一个是3月3日，另一个是3月28日，阴历的三月初三与三月二十八日同样也是吉日（宫廷里和民间，仍然采用阴历）。他们不知道哪一个吉日好，所以特地来见我，请我做最后的决定。

我选定了3月3日这一天。我怀疑他们会以为我迫不及待呢！

我也得多说几句，在我长期为皇室服务期间，我觉得宫廷里事无大小都要依赖一个好日子或好意头。宣统皇帝在1922年大婚，日期也是由钦天监选定的。当我从旅馆搬到租定的房子居住的时候，也没有选择黄道吉日，紫禁城里的人就大摇其头。中国人认为搬家是一件大事情，不择个吉日怎可以。

紫禁城里的外廷内廷

自民国成立以来，北京为军阀所盘踞，十余年间，政局很不安定，但处在北京城中心的那座紫禁城，从民国八年到民国十三年（1919—1924年），似乎很平静，在一般人的心目中，军阀割据各省，互相残杀，全国骚然，只有紫禁城是一块干净土，还可以过着和平快乐的日子。现在且让我介绍一下紫禁城的情况吧：

清帝退位后，紫禁城立刻分为两部分。从前的外廷划归民国政府接收，乾清门以后一部分是内廷，为宫禁之地，暂时归逊帝居住。外廷包括三大殿——太和殿、中和殿、保和殿——并左右两翼的两个大殿，一个是文华殿，一个是武英殿，此外还有若干建筑。文华、武英两殿，早已改为博物馆，陈列古物供人欣赏了。

内廷地方仍然很大，包括很多宫殿。这个地方是大内，除了内廷人员之外，谁都不能随便踏进一步的。

划入宫禁的地方包括以下各建筑：御花园、收藏《四库全书》的文渊阁、内务府、军机处（辛亥后，改为宫内的接应室）、建福宫（这座宫殿贮藏珍宝最多，有金佛数千尊，字画古玩千余件，古书数万册，民国十二年 6 月 26 日夜里，一把火将这座宫殿烧光了）。译注：建福宫被焚系癸亥年五月十三日，即阳历 6 月 26 日，溥仪的《我的前半生》作 6 月 27 日，误。事后“内务府”有报告失火情形及修理火场价单各一纸，兹摘录于此：“谨查五月十三

太和殿

乾清宫内景

日夜内，德日新失慎，延及延春亭……等六处，经臣等会同王怀庆、薛之珩、聂宪藩等，督饬消防队当场救护……”

奉先殿也值得一提。这是清朝皇帝拜祖宗的地方，每月的初一、十五两日，皇帝如果不亲往行礼，也得派一个近支王公做代表。

最值得注意的是乾清宫了。这个地方是逊帝朝会之所，有什么重大庆典，逊帝仍御乾清宫受贺，例如元旦、正月十三日皇帝生日的万寿节等。乾清宫是顺治十二年（1655 年）重建的，康熙八年（1669 年）重修，大火后又于嘉庆二年（1797 年）重修。

在乾清宫之前，有一系列宫殿，包括懋勤殿、端凝殿、上书房、南书房等。上书房本是皇子读书的地方，辛亥以前三年，醇亲王载沣做摄政王之时，每日在此办公。懋勤殿是康熙皇帝的书房，后来与南书房皆为翰林官办事之所。

养心殿在乾清宫之西，是清朝末叶几个皇帝办公的地方，殿名取自孟子“养心莫善于寡欲”之意。我入宫授读后若干时日中，几乎每天都到养心殿，到 1922 年末，我和逊帝见面则照常在毓庆宫了。这是皇帝读书之所，自光绪以至宣统皆在此处，其地在乾清宫之东，奉先殿之西。

紫禁城内的皇帝后妃

住在紫禁城里的主人，除宣统皇帝之外，还有隆裕太后和四个太妃。隆裕太后死于 1913 年（民国二年），于是同治皇帝遗下的三个妃子（瑜、珣、瑨）和光绪皇帝仅有的一个瑾妃共同主持宫中行政，各晋封为皇贵妃。译注：溥仪《我的前半生》说：“隆裕去世后，袁世凯向清室内务府提出，应该给同、光的四妃加以晋封和尊号，并且表示承认瑾妃列四妃之首。袁世凯为什么管那种闲事，我不知道。有人说这是由于瑾妃娘家兄弟志琦的活动，也不知确否。”隆裕死于民国二年癸丑阴历正月十七日，阳历为 2 月 22 日。癸丑正月二十九日袁世凯即派荫昌、段祺瑞持函往见载沣，函云：“大中华民国大总统，谨致书于大清醇亲王殿下。接内务府来函，惊悉隆裕皇太后仙驭升遐，不胜痛悼。闻遗命特派贵爵照料宫廷，差慰廑系。惟念贵皇帝方在冲龄，维持调护，均关重要。贵爵虽可照料于外，而主持内廷一切应有专责，方免疏误。德宗景皇帝享国日久，遗爱在民，全国人民，无不思慕。瑾贵妃侍德宗数十年，侍隆裕太后又历有年所，温恭淑慎，遐迩同钦，如贵爵承旨晋封尊号，所有内廷事宜均归经理，教育皇帝，必能尽心，民国政府人民，必当欢欣承认。……除派陆军上将荫昌、段祺瑞面陈未尽之言外，敬颂勋祺。”载沣复书云：“敬复者：癸丑正月廿九日，得晤荫段二上将……本爵以事关大体，未便以鄙见所及，遽然表决，当即会商各王公大臣，征询意见，佥以尊意筹划，极为周详，应即遵照办理。……”此可备参阅。

珣妃晋封为庄和皇贵妃，她是 1921 年死在重华宫的。瑾妃晋封为端康皇贵妃，她的妹子珍妃是慈禧太后在 1900 年逃出京城前推落井中淹死的。瑾妃死于 1924 年 10 月。同治的瑜妃晋封为敬懿皇贵妃，瑨妃晋封为荣惠皇贵妃。这两个太妃是溥仪被逐出宫后不久逝世的。瑾太妃如果活多

隆裕太后（1868—1913）

一两个月，也会和瑜、瑨两太妃一样被迫离宫了。这四位太妃中，我常见的是瑾太妃，有时候我也陪同逊帝往永和宫见她。译注：作者说庄和皇贵妃是 1921 年死于重华宫，此说似有问题。据《清史稿》卷二百十四《后妃列传》，提到这个庄和皇贵妃有云：“庄和皇贵妃，阿鲁特氏，大学士赛尚阿女，孝哲毅皇后姑也。事穆宗为珣嫔，晋妃，光绪间晋贵妃。宣统皇帝尊为皇考珣皇贵妃。孝定景皇后崩未逾月，妃薨，谥曰庄和皇贵妃。”这是说隆裕太后死后未到一个月，珣妃就死了。隆裕太后是民国二年即公历 1913 年 2 月死的，珣妃之死或即在 3 月，庄士敦说她死于民国十年（1921 年），似可商榷。又同治后乃蒙古状元崇绮之女，赛尚阿孙女，珣妃乃后之姑，古人以娣侄从嫁，而满族风俗却以姑从嫁，亦一奇也。

瑾妃（1873—1924）

逊帝的亲属及太监等

逊帝的父亲，他的叔侄等一家人，并不同住在紫禁城里，他们各有其府第。他们不能随便进宫，只有在被召唤时或遇庆典始能入宫相见。这班王孙在内城都有很大的房子。例如醇亲王载沣，他的王府就在城北什刹海近钟鼓楼之处，地方极大，一般人称为北府。其他近支王公也住在内城，贝勒载涛的府邸在距离北府不远的龙头井，恭王府也在其附近。译注：载沣为摄政王后，清廷又支出一笔巨款，在紫禁城附近为其建摄政王府一座，未竣工而辛亥革命爆发，工程停顿。当建造之时，材料窳陋，且有偷工减料之事，其精美远不及北府矣。

紫禁城中虽然住的只有逊帝和四位太妃，有人会以为偌大的一座紫禁城仅仅住这四个主人，岂不是地旷人稀吗？其实紫禁城中的人口倒也不少。在辛亥革命前，宫里的太监就有三千人，到 1919 年，仍然有一千人左右。其余的人早已遣散了，有些挟其资财回到他们的故乡，更富有的太监避居天津租界，用他们弄手段赚来的钱开设商店，那些倒霉的只好住到北京西山的寺院或远走普陀山，长斋礼佛，终其余年。留在宫里那一千名太监，有些是身边太监，有些是抬皇帝、太后、太妃轿子的太监，至于其他太监的职责，却是非常广泛。最高品级的太监是御前太监，他们是伺候“天子”一人的。太监的品级分为好几等，最高的品级为三品，从他们所穿的服色可以分辨出来。除了太监之外，还有许多女官和宫女，女官多数不住在紫禁城里。

靠近紫禁城城垣，还有很多建筑，这些地方，皇帝是不大到的，这儿住有很多夫役、苏拉，他们的职责是打扫宫殿，做做粗重工作。紫禁城北，则住有保护宫禁的护军。

午门与神武门的沧桑

当清王朝全盛之时，进入大内的御道是从午门经过的。午门的取义，表示天子的尊严高贵，拥有无上权力，好像正午时候太阳当空那样光辉。皇帝出入紫禁城都打从午门经过。但辛亥革命后，外廷的三大殿和午门这一带完全交还中华民国政府，逊帝出入紫禁城，只能使用城北的那一个神武门。神武门也和午门一样共有三个门，正中的一个门只限于逊帝及其侍从通过，平时是紧闭着的；西面的那一道门，每日开放，王公贵戚、师傅及内务府大臣等人，由此出入。不论什么人入紫禁城都是步行，除非他赏有紫禁城骑马、紫禁城坐轿的特典。赏紫禁城坐轿最为光荣。这种特典有时也临时赏给大臣享受，例如遇有皇室什么大庆典，逊帝就赏给某某王公大臣紫禁城骑马、紫禁城坐轿。至于那种永久性的就更为光荣了，他们在住宅的大门里高挂起“赏紫禁城乘马”的木牌匾。亲王、贝子、贝勒等，大多数得赏紫禁城坐轿的恩典，其他地位较低的皇族，也有赏紫禁城乘马的。师傅则地位崇高，往往得到紫禁城乘肩舆之赐。

赏紫禁城乘骑坐轿的大臣，可以一直坐轿乘马到大内的两个门前。一个是东边的景运门，一个是西边的隆宗门。这两座门直通到大内皇帝居住的地方，因为是圣地，不论什么人到此皆要步行，以示恭敬。只有一位亲王特准到养心门前下轿，然后步入养心殿逊帝起居的地方，这个亲王就是前摄政王、逊帝的父亲载沣。紫禁城之北的一道门叫神武门，在明朝以至

午门

清初名叫玄武门，但到 1795 年译注：乾隆六十年以后，才改名神武门。原来嘉庆皇帝登基后，将“玄”字改为“神”字，那是因为他的父亲乾隆皇帝的御名中有个玄字，应要敬避。译注：作者对这件事有误会。乾隆帝名弘历，康熙帝名玄烨，雍正、乾隆不避“玄”字，而直到嘉庆才避曾祖的御讳，似无此理。玄武门改名神武门，恐系康熙朝或雍正朝实行也。

出神武门就是景山，俗名煤山，两百年前李自成打入北京，明朝的崇祯皇帝在山脚一棵树上自缢身死。宫里头的人告诉我，皇城里为什么会有一座山高耸起来呢？那是当年挖掘三海时，挖出的泥土就堆在这个地方，越积越高，变成一座山了。中国人爱吉祥，他们认为北方有煞气，在天子居住的地方造一座山来抵挡北方的黑暗与煞气是必要的，因此我们不难了解，皇帝的宝座总是坐北向南，朝着光明、温暖有朝气的那一面了。

神武门

特殊现象存在十三年

辛亥革命后，景山仍然划归清室暂时管辖，因为它一向被认为是紫禁城的一部分，同时又因为山上有一所寿皇殿，皇帝死后，尸体移往寿皇殿，到奉安时才移往山陵，殿里又尊藏“列圣御容”（即清朝各帝的遗像），所以没有移交民国政府。不过这个地方的门禁没有紫禁城那样森严，只要有人介绍，便可以入内游览。

这就是 1919 年我初入紫禁城，成为内廷人员之时的紫禁城一般情形，在此以前，并没有一个外国人获得此种特权在大内出入。在大内之西的三海，本是宫禁的一部分，清朝叫作西苑，后归民国政府所有。“清室优待条件”中有一条文很是有趣，逊帝让位之后，准许他在北京城中心仍然称为“大清皇帝”，名号不废，安居紫禁城中，做个有名无实的皇帝，而他的西邻却是中华民国大总统所住的地方。这个总统没有皇帝的虚名而实际统治中国，但有皇帝的虚名仍然坐在宝座上的皇帝，他的权力不出紫禁城一步。实际统治民国的人叫总统，而统治权不出紫禁城的人叫作皇帝。这种奇特的情形，别的国家的人民一定不许它存在，即使一个星期也不会容许，而在中国却存在了十三年之久！

毓庆宫的几位师傅

梁鼎芬师傅是文学家

现在我要介绍一下同在毓庆宫教书的那几位师傅了。民国八年（1919年）我初入紫禁城的时候，毓庆宫已经有了三位教中文的师傅，一位教满文的师傅。中文师傅梁鼎芬，我始终未见过，他是一个体弱多病、半身不遂的广东人，就在这一年的年底死去了。译注：鼎芬广东番禺人，字星海，号节庵，他是民国七年8月中风的，第二年阴历十一月十四日逝世，享年六十一岁。

提到广东省这个名字，大概人们都知道它是一个革命的策源地。历史上好几次人民起义反抗统治者的事情都发生于广东。但外国人还不大知道广东也出了不少极端顽固的遗老与复辟派人物，梁鼎芬是其中典型的一个。

梁鼎芬是光绪六年庚辰（1880年）进士，选庶吉士，授职翰林院编修，历官至湖北按察使。在戊戌政变以前，他曾向慈禧太后直谏，力言亲贵及内廷人员有不少人贪污昏庸误国，慈禧太后大怒，如果不是湖广总督张之洞替他说好话，梁鼎芬就会受到严厉的处分。译注：原作者对于梁鼎芬早年这一段历史知道得不清楚。鼎芬入翰林后，值中法战争，他参劾李鸿章，骂他汉奸卖国，西太后大怒，将他的官降了五级，处分不可谓不严。从此他离开北京，回广东做过书院院长，后来又到焦山读书，又往湖北投奔张之洞。到庚子年以后他才入京，严劾庆亲王奕劻等人误国。但慈禧太后置之不理，并没有降罚。梁鼎芬和康有为本是好朋友，慈禧太后怀疑梁鼎芬是康党，反对她的政

梁鼎芬崇陵种树

权，其实他是概不赞成康有为的变法运动的。辛亥革命后，梁鼎芬因为从前在湖北和黎元洪相识，曾劝黎元洪脱离民国，恢复清朝，黎元洪没有理他。梁鼎芬失望之余，跑到梁各庄光绪皇帝的陵寝痛哭一场，表示他不忘故君。后来陈宝琛知道了这件事，引为同志，向逊帝推荐，派他做监造崇陵大臣，民国四年乙卯（1915 年）另一个师傅陆润庠逝世，由梁鼎芬补上。

梁鼎芬是个诗人、文学家，他的诗宗唐宋，已有诗集行世。他的母亲死时，他还很年幼，他的父亲勉他努力为人，忠君爱国，要有大无畏精神，对于死生知所抉择。大概他少受庭训，后来在丁巳复辟一役，他也表现出不怕死的精神。当梁鼎芬死后，我在宫中听到同事们说及他的一个故事，丁巳复辟时，张勋的军士和段祺瑞军队交火，紫禁城附近成为战场。正在厮杀得激烈之时，这一天恰是梁鼎芬入宫授课之日，他坐上骡车，开往神武门，沿途所经的道路，满布毫无纪律的军队。但梁鼎芬毫不害怕，不肯躲在家里以保安全，置死生于度外，直趋入宫，尽其责任。当他到达神武门前，发现他平日所坐的轿子如常放在地上等候着他，但那几个轿夫请他最好还是不要进宫里，因为军队在屋顶上和民国的军队交火，枪弹横飞，很是危险呢。梁鼎芬跑下骡车，坐上轿子，叫轿夫抬他进去。轿夫无可奈何，勉强从命，抬着他进宫，他们心里总是有点害怕，认为前途危险，抬轿和坐轿的人生命就危在旦夕了。走不多远，忽然有一颗子弹击中围墙，砖头四射，刚好他们打从这儿经过，砖瓦击中师傅所坐的轿子。轿夫大惊，求梁师傅准许将轿子抬到一个安全的地方，避一避流弹，等战火停下了再进去。梁鼎芬高声答道："我的责任要紧，我的责任要紧。"轿夫听了大受感动，勇气骤增，把他一直抬到里面。如果他忘记本身的责任，只求安全，他会觉得生不如死。照我们推测，这一天毓庆宫必定没有上课的，但梁鼎芬不肯放弃他的责任，依时而至。

梁鼎芬死后，民国总统徐世昌派人往祭，又送了一千块钱赙仪。但宣统皇帝给他已故的师傅送的礼还要厚，除了一笔治丧费之外，还谥他为"文忠"。

陈宝琛师傅是名诗人

陈宝琛是师傅群中的老前辈，他的官衔是太保，后来又升为太傅，在国内已经是很有名气的一个士大夫，民国八年时候，他大约是七十二岁的老人了。他是个文质彬彬很讲究礼貌的君子，又是著名的诗人，写得一手好字。陈宝琛的家乡是福建省闽县，他和同乡们用乡音谈话，我一点儿都不懂；但他的北京话却讲得很流利，也很纯正。

当陈宝琛年轻时，有一个远大的前程。同治七年戊辰（1868年），陈宝琛中进士，选庶吉士，散馆授翰林院编修。他在翰林院供职时，喜欢批评朝政，官职升得颇快，他也和梁鼎芬一样，失欢于慈禧太后。他之被迫去职（因为他的母亲逝世，他不得不回乡守制），使他有机会在故乡享林下之福者二十年，致力于诗词、书法，学问大进。译注：宝琛二十一岁入翰林，少年得志，同治末年，即以直谏有名朝端，与张之洞、宝廷、张佩纶有“四谏”之称。中法战争时，宝琛为南洋会办大臣，言官因为他保荐的人误事，劾他失职，降五级调用。恰好他的母亲逝世，他乘机隐居乡间不出，到宣统元年，以张之洞之荐，再入北京。

慈禧太后逝世后，陈宝琛入京复职，政府派他做山西省巡抚。他拜命后正打算动身上任，但这时候年只五岁的小皇帝已到入塾读书之年，改派陈宝琛为毓庆宫师傅。译注：另派陆钟琦为山西巡抚，辛亥革命时，陆被民军所杀，做了陈宝琛的替死鬼，人们就说宝琛的福气厚，堪为“帝师”也。同时发表者还有陆润庠和伊克坦两人。陆润庠是江苏元和人，同治十三年甲戌状元，苏州状元入毓庆宫授读，翁同龢后就是他了。

当辛亥年宣统皇帝典学之时，陈宝琛师傅和他的同事的责任还不算怎样艰巨，不过他以首席师傅的资格，好像是幼帝的保姆一般，他逐渐成为内廷里亲信的人，尊而亲，国家有什么大事都和他商量了。但辛亥革命时，清朝和民军议和这件事，他却没有插手其中。译注：作者对于陈宝琛与内廷关系这一件事，说得不尽不实。辛亥六月十五日上谕：“监国摄政王面奉隆裕皇太后懿旨，皇帝冲龄践祚，寅绍丕基，现当养正之年，亟宜合时典学，以裕圣功而端治本。着钦天监于本年七月内，选择吉期，皇帝在毓庆宫入学读书。着派大学士陆润庠、侍郎陈宝琛授皇帝读，其各朝夕纳诲，尽心启沃，务于帝王之学、古今中外治乱之原，详晰讲论，随事箴规。……皇帝读书课程及毓庆宫一切事宜，由监国摄政王妥为照料。至于国语清文，乃系我朝根本，着派记名副都统伊克坦随时教习，并由监国摄政王一体照料。”又谕：“陆润庠着开去禁烟大臣差使，陈宝琛着开缺以侍郎候补，都察院副都御史伊克坦着开缺，以副都统记名。”六月十六日上谕：“大学士陆润庠等现在毓庆宫行走，差务重要，着加恩陆润庠每月赏给养廉银一千两，陈宝琛每月赏给养廉银八百两，伊克坦每月赏给养廉银六百两。”同日又赏陈宝琛在紫禁城内骑马。我们读这些谕旨，便可了然于哪一个是首席师傅了。其实陈宝琛受命为师傅以后，不过数月，清廷即垮台，在此期间，内廷也没有把他当作亲信大臣看待。庄士敦把陈宝琛的身份看得太高了。

当我和陈宝琛做同事的时候，他挑起师傅的责任已快将八年，同时，他眼见那个小皇帝由八岁长大到十四岁了。如果我不是和陈宝琛志趣相同，我们不会成为志同道合的好朋友，我们有一个共同的嗜好，就是游山。我们同在紫禁城里服务，他的年龄已老，但老兴不浅，不时来访我，一同游山玩水。我们在西山一带游玩，他虽然要借力于肩舆，但绝不会减少他的爬山清兴。我很感谢徐世昌总统，由他斡旋，我在西山获得樱桃沟别墅，陈宝琛来游玩，作了两首诗，写在宣纸上送给我。

诗云：

梦回疑雨复疑风，身在飞流乱石中。此景故山吾最习，天涯老顾与君同。

涧谷能为盛夏寒，未霜林叶已微丹。潺潺洗出中秋月，拥褐深宵数起看。

庚申八月十四日，志道吾友招观樱桃沟泉石之胜，信宿油幕中，口占似正。宝琛。（下盖朱文“臣陈宝琛”、白文“太保之章”二印。译注：“志道”系庄士敦的别号。陈宝琛诗集中，载有赠他的诗数首。）

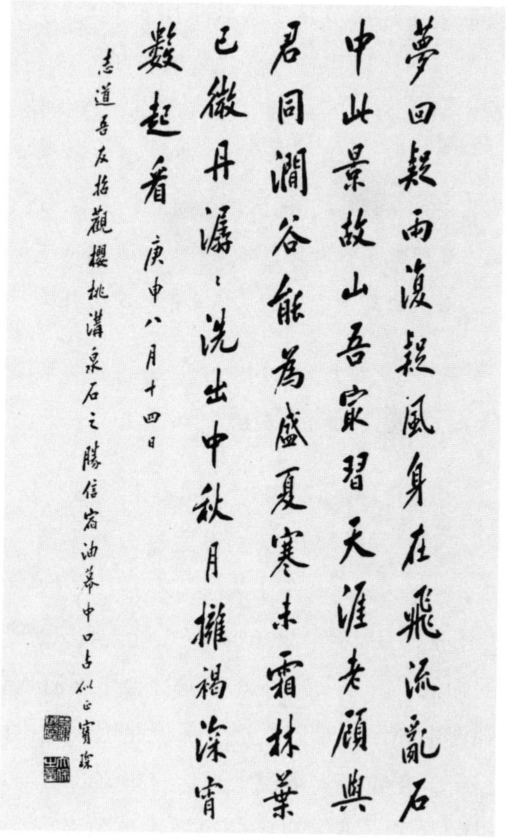

陈宝琛赠庄士敦两首诗的真迹影印

陈宝琛来游樱桃沟别墅是 1920 年（民国九年）8 月 15 日，他作了两首诗。他写的字是颇有名气的。中国人很看重书法，以书法列在各种艺术之首。他的书法清劲中稍带柔媚，和他的老友康有为、郑孝胥的略有不同。我有些比较“摩登”的朋友就批评他的字，说他的字太柔，缺乏刚劲之气，这与他的性格有关。中国人说，从一个人的书法可见出一个人的性格，什么“心正笔正”之说，外国人是不懂的。

就我个人的观察，陈宝琛的性格似乎近于随和这一种。他在宫廷里当差已经有十多年，种种黑幕他是知道的，但他明知道而不肯得罪人。以陈宝琛“得君之专”，为逊帝最亲信的人，甚至可说是逊帝的灵魂，他都不肯向逊帝建议革新紫禁城一切。他大概已近暮年，为日无多，对什么人都不欲开罪，博得好好先生之誉。他本来在福州住在山上，享林泉之福，以看山听水为乐的，闲时就写写字、作作诗，他之重新入京做官，完全是为了忠于君上，并且是实行他生平读圣贤书，恪守孔子所说的“臣事君以忠”之义。译注：陈宝琛之起复，重新入京做官，却是因为他的老同志张之洞已在京里做军机大臣，掌朝政，力荐宝琛可大用，摄政王载沣才命宝琛晋见，赏还原任的内阁学士。如果不是张之洞的引荐，清廷也许不记得有这个人了。

朱益藩师傅兼职御医

我的另外一位毓庆宫同事朱益藩，是江西人，年纪大约较陈宝琛小十岁。他也是翰林出身，曾做过山西学政、山东提学使。译注：朱益藩字艾卿，号定园，江西莲花县人，光绪十六年庚寅进士，选庶吉士，散馆授职编修，后来溥仪封他为“太子少保”。早在我入紫禁城之前四年，他已经是毓庆宫的师傅了。朱益藩在北京的社会中很有人缘，不过我觉得他在我们这一群师傅中颇令人难以接近，那就是因为他讲的北京话很难懂，满口都是江西乡音，在我个人来说，当然有很多不方便之处，这样双方的感情就不能够很融洽了。不过我还是很敬重这位老先生，他为人诚挚坦白，古道热肠，尽力维护中国的旧道德和传统文化，他对于西方的文化是丝毫不懂的，他虽然比陈宝琛年轻一些，但在思想上他是比陈宝琛更为守旧的。他在紫禁城里只是冷眼旁观，对其中种种黑幕与弊病他并非不知道。我好几次劝他睁开眼睛看清这种情形，并且对他说明立即彻底改革内务府的必要，但他却无动于衷。甚至他对于太监制度的存在也认为实属必要。这位老先生似乎有一种见解，他认为太监的制度，自周朝以来就有了，正所谓古已有之，既然存在了两千余年，则在今日二十世纪的中国仍然有这种职业还不是天公地道的吗？

朱益藩对于中国的医学很有兴趣，他会切脉开方，自然，他对于西方医药在科学上的优越性是表示怀疑的，所以他很喜欢替人家看病，可以表

溥仪和陈宝琛（右）、朱益藩（左）

现他的本领。宫里虽然也有不少御医，但朱益藩却身兼师傅和御医之职，他的皇上偶有微恙，宫里头总是首先召朱师傅入宫“看御脉”去。

这位朱老先生还有一套理论，他认为我们的皇上不应该太过拼命做任何体力运动。他的理由是：一、凡做皇帝的人，应该保持其尊严；二、人类——包括做皇帝的人在内——的身体中常储存一种精力，一经浪费之后就不能再行补充。如果一个人在年青时代拼命做体力运动，早衰早死是不能避免的。一个人在他的年青时期少浪费储存着的宝贵精力，到了晚年他必能享长寿。

他的这种理论也适用于我们这个年青的学生，因此朱益藩力劝我阻止皇上，学那些愚蠢的想早死的外国人那种户外活动和体力运动，但我并不听他这种理论，并且在皇上面前公然指摘他的错误，请皇上不要听他的废话，结果是我最终获得一些胜利。话虽如此，假使朱益藩这种理论以近日一个著名的美国生物学家的学说来证明，那么，朱益藩说的不能说是不对，我所了解的太少了。据说那个著名的生物学家曾这样说过，某种动物的生命的长短，看它们怎样浪费其精力而定。他做了一种比喻，他说浪费精力也和蓄电池那样，用电力用得多，蓄电池里的电力就早日耗尽，高级的动物如人类，也是这样。

伊克坦师傅专授满文

另外一位师傅伊克坦是满族人，他的任务是教逊帝学满文，这一任务也可以说不过是使逊帝像个满族人，别忘记了他的祖先的语言文字而已。译注：伊克坦字仲平，瓜尔佳氏，满洲正白旗人，西安驻防。光绪十二年丙戌进士，以编修历官至都察院副都御史，正白旗满洲副都统，1922年病死，年五十八岁，溥仪谥之为“文直”。这位师傅性情和易，脾气极好，无论在宫里宫外都得人缘。他的满文程度到底是好是坏，我当然不知道，不过他讲北京话比讲满族话流利得多。逊帝对于满文功课并不认真，他虽然也学讲几句满族话，也写一些满族字，但据我所知，他并不是一个精通满文的人。伊克坦死后，逊帝就不再选派满文师傅了，他反而指定此后以英文功课代替了满文，英文为第二重要的功课。

伊克坦是1922年9月26日死的，不久后，他的皇上就举行大婚了。他在病中很希望能亲见皇上大婚后才死，现在可说是抱恨终天了。逊帝为了尊师重道，也为了完成伊克坦的心愿，在他死前特地到他的病榻见他一面。逊帝此行由一两个侍从陪同着乘汽车出发，下午两点半钟到达伊克坦家中，这时候伊克坦已近弥留状态，听说皇上驾到他似乎又恢复了知觉，竭力挣扎着向逊帝点头为礼，表示他知道皇上亲临。就在这天下午七点钟他死了。译注：《清史稿》及金梁所辑的《光宣列传》伊克坦本传说，伊克坦死于“癸亥年”。但癸亥年是民国十二年，1923年。庄士敦说他死在1922年溥仪大婚前，那是对的，此可证《清史稿》之误。逊帝除了从前三四次前往北府探视他的垂死的生母之外，此尚为第一次踏出紫禁城。一年后，宫门抄登载上谕，谥伊克坦为“文直”，赏“太子少保”，并派一个亲王前往酹奠，赏三千元为治丧费，荫一子在内廷行走。译注：这种“恤典”，当于死者“遗折”呈递后，即见之“上谕”，庄士敦误以一年后才下此“上谕”也。

洋文教师地位的争论

至于我本人以一个英国人而被聘为逊帝的英文师傅，这在清廷中，可说是史无前例，因此曾受到内廷及皇族中一些头脑顽固的人极力反对。他们生怕这个年青的宣统皇帝一旦受到西洋教育，将来就会渐渐洋化，到了一个程度时，他对于现在的宫廷便会发生不满意之感了。我得承认，第二点后来被证实的确如此，逊帝对于内廷存在的情况确实很不满意。但徐世昌总统一力主张，而一两个亲贵如载涛贝勒等也赞成，所以那班反对派才不得不表示让步，但尝试提出一些条件，使能成为事实。那就是：这个英国人不能封以官爵或享有师傅的名号，一个“洋鬼子”有了这种名号太过不成事体。这个洋人只限于教英文，不能与其他师傅有同等待遇，也不能和其他师傅那样有权可以向皇上进谏或参与其他大计。这个洋人只是内务府所雇用的属员，听从内务府大臣的命令。然而内廷里一些有势力的人员则持有与此不同的见解，他们说既是逊帝的洋文教师，其地位应与中文师傅相等；如果稍有歧异的待遇，将来在行动上反有诸多不便，甚至会惹起那个洋人的政府反感，认为既然同意准许某人做你们皇上的洋文师傅了，你们却对他又歧视。

一直到我进入紫禁城后，这种争论还继续进行着。不消说，这样的争论我是绝不会参加的。好几个月以来，我完全不知道他们对我的地位有如此这般的议论。打从我入紫禁城那一日起，不单是我的学生——我和他见面后不久，我们就相处得很友好了——就是全体皇族成员与内务府大臣等，对我皆极尊敬。不过，我第一次和内廷的人员争吵却是跟太监。争吵的原因是他们向我讨赏赐。照例是每逢有新授职的人员，太监就向他讨

头戴“头品顶戴”的庄士敦

赏。我对他们开出的价钱绝对同意，并且很高兴赏给他们，只要他们给我一张正式收据，我便可以照办。他们这种请求赏赐本来是不合法的，要他们出张字据，他们当然不肯答应，于是他们立刻取消这个行动了。

逊帝对各师傅的赏赐

不久后，关于我的地位的争论，保守派失败了，于是他们不得不承认我是帝师，因为逊帝给予我的种种特典，正符合我的“帝师”身份。在初时，只是赏我紫禁城坐二人肩舆，肩舆和轿夫皆由内廷的办事处为我预备。几个月后，又赏我“二品顶戴”，赏穿貂褂。到 1922 年逊帝大婚后，“加恩”内廷出力人员，我又拜“头品顶戴”之赐，成为一个中国的最高级的“官员”了。

除此种荣典之外，逊帝对他的师傅们——我也包括在内——不时有赏赐。每逢过年过节，照例赏赐金钱，我们也照例到乾清宫谢恩。至于其他物品的赏赐，一年之中也有好几次，照例由逊帝亲手赐予，大都是内府珍藏的书画、瓷器、玉器、书籍之类。有时也赏赐果饼食物。内廷赏赐的物品到了我们家中，总是惹起邻里左右的人注意，他们一传十、十传百，把这件事情传到报馆里，报馆的编辑就写了新闻登在报上。例如北京的《新报》就曾经登载有关我的赏赐的一段新闻：

> 据报：清室的瑾贵妃，鉴于毓庆宫的洋文师傅庄士敦教读勤劳，恐怕他的喉咙干涸，特赐给庄士敦吉林人参和西洋参数两，以示优异云。

这只是一个例子，其他就不胜枚举了。

黄昏中的清廷

一墙之隔的两个世界

我是1919年3月3日第一次从神武门进入紫禁城的，这使我见到一个在时间与空间上有距离的新世界。那是说，穿过这座神武门，我便从一个共和国走进一个“君主国”，也就是说从一个二十世纪的新的中国走进一个世界“最古的中国”，这个国家远在罗马还未建立之前已经屹立在东方了。在紫禁城外是一个百万人口的大都市，人民充满着新希望和新的观念，他们努力要使北京市成为一个新的民主国的首都，不让它徒有虚名。

这个城市有一所大学译注：指北京大学，万千热心爱国的学生孜孜不倦地在研究科学和哲学，他们研究世界语和马克思学说；这个城市又有一班穿着西洋礼服的阁员参加总统府的茶会；这个城市又有参议院和众议院，虽然还未产生毕特（Pitt）、格莱士东（Gladstone）这样的人物。译注：这两个都是英国十九世纪的政治家，在议会中以演说著名而又特有风度，不像中国那班议员那样无耻，甚至愿做猪仔，被曹锟收买。作者盖讥中国只会学人家的形式也。然而开会时打架、掷墨盒的把戏已数见不鲜了。译注：1923年12月18日，众议院开会，因议长问题，拥吴景濂派与反吴派双方打架，拥吴派议员薛丹曦上台将反吴派议员王杰推下，两派遂展开大战，议员黄翼飞一墨盒，击中吴景濂额角太阳穴，血流如注，黄翼被捕。这件事曾腾喧世界，成为中国官场一怪现状。注者当时尚为初中二年级学生，读《申报》所记，印象极深，四十二年后的今日注此文，尚觉脸庞热辣辣也。

在神武门内的形形色色又和一墙之隔的外面大不相同了，这儿有身穿清朝官服的“官员”，他们仍然花翎顶戴，坐着轿子；年轻的贵族们多数骑马；太监和苏拉按着品级穿起制服，分立两旁伺候那班大人下马下轿，引他们到朝房等候传见。于是苏拉捧上香茗，请众大人喝茶。内务府大臣细看这班大人的名单，哪一个准他见皇上，哪一个不准。最后，我们可以看见在宫里的养心殿的一个暖阁里，有个身材瘦长、穿得很朴实的十三岁孩子——这个孩子是世界上最古老的君主国的末代皇帝，被人称为“天子”，又被称为“万岁”的人。这两个世界相差得多远啊！一个是进步的，要向着新的道路迈进，要把中国变成二十世纪一个新的国家；而另一个是反动的、开倒车的，“皇上”“大人”“谢恩”“奴才”等叫不绝口。

小朝廷出版的宫门抄

紫禁城里的人称溥仪为“皇上”。译注：胡适入故宫见溥仪，行前曾与人商量到见面时怎样尊称溥仪的问题。结果仍称“皇上”，当时曾被有识之士所诮笑。内廷人员和内务府的人，背着溥仪也是称他为“皇上”的，但有时候提到溥仪，也叫“上头”，太监多数叫溥仪作“万岁爷”，送皇上颁赐礼物到师傅及各大臣家里的太监、苏拉等人，提到他们的主子，也叫“万岁爷”的。

在紫禁城里采用的是阴历年，此外，凡是旧日中国的一切古老礼节仍然遵守。他们用阴历年不算奇怪，最可怪的是紫禁城外是民国八年即公元1919年，而他们仍以“宣统十一年”来纪年。

民国成立后，紫禁城里出现了一个小朝廷，小朝廷里还照样有“宫门抄”出版，所谓“宫门抄”无疑是政府公报，据说自唐朝以来就有了。辛亥革命后，“宫门抄”的内容与形式虽然缩短和简化了，但仍旧在宫廷中流通。不过它的销量小得可怜，只限于内廷行走人员才有资格得到一份，因为销路少，所以是用手抄的。现在我且把这份“宫门抄”的内容写在这里。这份“宫门抄”所记的日期是“宣统十四年正月初一日、初二日”，也即是1922年1月28日、29日。

初一日

陆宗振授乾清门二等侍卫谢　恩

恭亲王溥伟等代奏献帛爵章京等得赏缎匹谢　恩

多罗郡王巴雅斯固郎请安呈进佛一尊　哈达一方

章嘉呼图克图请安呈进佛一尊　哈达一方

扎萨克喇嘛文宝请安呈进佛一尊　哈达一方

初二日

銮舆卫代奏官员校尉等得赏银两谢　恩

王怀庆等得赏瓷器谢　恩

又代奏兵丁得赏银元谢　恩

薛之珩得赏瓷器谢　恩

译注：王怀庆字懋宣，直隶省宁晋县人，甲午中日战争时，隶聂士成部下。1919 年任步军统领，1922 年任京畿卫戍司令及第十三师师长。薛之珩字松坪，直隶省卢龙县人，历任京师市政公所坐办、京师警察总监。他们都是民国政府的赫赫大员而向其故君"谢恩"者，无怪外国人啧啧称奇，亦可见那班人之乌烟瘴气矣。

在旧日满族统治中国时代，这种宫门抄或京报是很有重要性的，它的内容登载皇帝所发的上谕、全国重要职官的升降和任用以及其他有关国政的事情。严格来说，它不能算是一份报纸，因为它既没有新闻，也没有社论，那是不符合一份报纸的条件的。到了 1912 年以后，清廷已是处在黄昏时候了，它更说不上是报纸了，重要性更大不如前，它所刊载的只是小朝廷里一些琐事，无非是有关逊帝接见哪一个人，关于紫禁城"行政"的一些"上谕"，或是他的旧臣死了，赐以恤典，或派哪一个王公贝勒代表行礼等事情，正适合中国一句老话"关门做皇帝"，聊以自娱。译注：庄士敦说旧日的宫门抄、京报很有重要性云云，他说得极中肯。据说，曾国藩每晚临睡前必要把京报细心读一遍，把其中重要事件分类抄存，以便参考。后来的史学家要研究有清一代的史实掌故，也向京报搜寻材料。可惜当时的人不大注重这份

初一日

、陸宗輿授乾清門二等侍衛謝恩

恭親王溥偉等代奏 敵帛爵章

京等得賞緞疋謝 恩

多羅郡王巴雅斯固朗請

安呈進佛一尊 哈達一方

章嘉呼圖克圖請

安呈進佛一尊 哈達一方

札薩克喇嘛文宝請

安呈進佛一尊 哈達一方

初二日

鑾輿衛代奏官員校尉等得

賞銀兩謝 恩

王怀慶等得賞瓷器謝 恩

又代奏兵丁得賞銀元謝 恩

薛之珩得賞瓷器 謝 恩

“宫门抄”真迹影印

公报，看过后就随手抛弃。但曾国藩可不是这样，据他的日记所载，他常常亲手将京报装订成册，寄回家中保存。现在我且把宫门抄里所登的文字译成英文，以供读者参考。译注：这段文字经庄士敦译为英文后，我又从英文译回中文，这样一炒，就完全没有中国味了。但亦不妨供读者参考。

典礼处奏：十一月二十日辰时译注：应说七时至八时，九时、十时已为巳时矣，制作恭顺皇贵妃神牌。又奏：十一月廿四日为冬至，应举行祭天典礼，请旨。上谕：着诚贝往。

这段文字的末后“着诚贝往”，就是派诚贝这个人在冬至那一天代表逊帝祭天。译注：诚贝系译音，中文叫什么名字，一时未易查出。清代时，冬至之日，皇帝亲往天坛祭圜丘，是国家一项大典，辛亥革命以后，此礼已废（只有民国四年袁世凯将演“大登殿”前亲往天坛祭天一次，穿的是奇奇怪怪的古装），但清室仍然在紫禁城里做小规模的祭天大典，必定派一个皇族为代表。

另一段宫门抄是关于换戴帽子的事情：

> 内务府典礼处奏请更换凉帽日期。上谕：着于三月廿八日换戴凉帽。（这是1922年的宫门抄，三月二十八日为阳历4月24日。译注：清帝穿衣服戴帽子，也定有换季时间，每年规定在什么时候穿什么、戴什么，众大臣也依照这个时候换季，这样就整齐划一，不致参差失仪了。）

紫禁城内的重大节日

幼帝一向是爱简单的，对于一切礼仪所必须穿着的礼服都讨厌，幸得一年之中要穿这种礼服的次数不多。凡有什么大典礼都遵照古代传下来的规矩举行，清代君主对这种礼节更是遵守，不敢有丝毫变更，繁文缛节之多，不可胜记。除了在某一项典礼中要用满族话禀告祝祷之外，而对于穿着某一种礼服行礼，也大有讲究，衣服的纹彩、形式等，也要合乎规定，才不致惊骇到祖宗的鬼魂。

紫禁城里最重大的节日无如逊帝的生日和阴历新年了。其他如端午节、中秋节也循例举行庆祝。清宫采用的是阴历，与紫禁城外所用的阳历不同。中华民国政府虽然三令五申要人民奉行阳历，甚至用种种方法禁止阴历，但人民一概不理。紫禁城里既然采用的是阴历，什么都以阴历为主，当然是不理阳历的了。但有一例外，那就是每年的阳历元旦，逊帝照例派一位亲王代表他本人去中华民国的总统府向总统贺年，并宣读贺词，而每年在逊帝生辰之日，民国的总统也照例派总统府大礼官到紫禁城致贺。凡遇此等礼节，双方皆致送礼物，代表们也参加双方的宴会。

清宫里头将逊帝的生日仍然照旧称为“万寿圣节”。这是一个最隆重的节日。行礼的地方是乾清宫。在这一天的早晨，第一件要做的大事，就是由逊帝本人或派个亲王做代表前往奉先殿，敬告祖宗的幽灵，今天是“皇帝陛下”的生日。到上午八点钟，亲王、郡王、贝子、贝勒、师傅、内务府大臣以及其他官员，坐轿子的坐轿子，骑马的骑马进入紫禁城，他们各按品级穿起朝服，先在懋勤殿或端凝殿集合（皆在乾清宫前），先进点心，这时候，乐人在乾清宫丹陛上分班站立，奏乐。品级较低而够不上入宫行礼的官员，他们只能在乾清宫外的广场上行礼，官职越大的就越接近乾清宫。

乐人穿红衣，站在乐具之前，这些乐器是悬在架上，临时拿出放在丹陛上的。乐具中有锣、鼓、笙、磬等。这一切都是古代的乐器，中国已不大流行，只有在这种典礼或孔庙祭孔时才可以听到。

鸣赞官由一两个乐人陪着司仪。接着就是一个官员手擎一支绣有龙的黄华盖，暂时立在乾清宫正门之外，这是一个信号，告知朝见的官员要离开他们所在的候见室，按照品级排班分站在石阶上了。这时有鸣赞官引各官员站班，亲王郡王贝勒等人所站的地方在最高的一层，其他各官员及师傅等在丹陛下的一层。

鸣赞官又再度鸣赞，接着就有人把黄华盖移至乾清宫殿门的正中，于是这一顶华盖就无异于一张大幔，把殿内一切都遮盖着，即使站在最上层的亲王、郡王、贝勒也不能看见殿里面的景象。这就叫作升殿。在丹陛外的群臣，简直望不见殿里头有些什么，他们离得这么远，皇帝是否坐在宝座上，他们也未必能看得清楚。天子是九五之尊，尊贵无比，凡人的眼睛是不许正视着他的，所以就要有这一支黄华盖来阻碍视线，使站在远处的群臣有雾里看花之感。

皇帝升殿的路径，是在殿后一条没有人看见的通路，由一个内务府大臣和四个太监伴着而至宝座。坐定之后，大臣和太监分立于后，这时，殿里头只有这几个人而已。译注：清制，皇帝登殿，随侍在前后者只有领侍卫内大臣及侍卫等人，无太监，庄士敦所记，或是小朝廷之制也。

少停，音乐又奏。群臣中有一个亲王离班而出，由一个旁门进入殿里，这个人就是逊帝的本生父醇亲王载沣。一两分钟后，醇亲王退出殿外，他代表群臣向皇帝恭贺，完成了这一典礼的任务。

醇亲王享有不跪拜特权

这个任务是怎样完成的呢？醇亲王双手捧着一支玉如意，行近御座之前，献给皇帝，祝皇帝万事如意，取个好意头。中文"如意"这一名词，往往为外国人误解，以为这件怪模怪样的东西，是一支王笏。译注：所谓王笏，是外国的一种帝王的法器，也有人译为权杖。英国王室特重此物，凡遇大朝会，国王手执此笏，以示无限权威云。醇亲王双手捧着如意到御座前，拾级而登，逊帝离座起立，亲手接过如意。醇亲王鞠躬退下，逊帝仍坐回御座上。双方皆不发一言。

为什么醇亲王见了逊帝不必行跪拜礼呢？因为他是逊帝的生父，做父亲的怎可以向儿子行礼？中国礼法是不许儿子比父亲还尊贵的。同时，逊帝叫醇亲王也不叫父亲，只尊称为"王爷"。原因是逊帝过继给他的伯伯光绪皇帝为子，承继大统，这样便与本生父断绝了父子关系。这样一来，醇亲王的继承人不是逊帝溥仪，而是次子溥杰，将来袭爵的就是溥杰了。不过，在一般人的心目中，醇亲王仍然是逊帝的"父亲"，在整个宫廷中，只有他一个男人享有不必向逊帝行跪拜礼的特权。此外，也有几个女人享有此特权，那就是在宫里的四位太妃，还有逊帝的生母醇亲王福晋。（这五位女子已经全部逝世了。除了她们之外，即使皇后也要向逊帝行跪拜礼。）

受百官叩贺不发一言

醇亲王行礼之后，轮到其他亲王、郡王、贝勒上前行礼了。赞礼官鸣赞，他们立刻跪在地上行三跪九叩首礼。之后，又再叩一个头。

三跪九叩首之后的那一个叩首是谢恩。前之三跪九叩首是王公贝勒在

醇亲王载沣（1883—1951）

元旦或“万寿圣节”中向他们的主子祝贺，行礼时是一声不响的；后来的谢恩，是谢主子的赏赐，赏赐的东西大都是金银、瓷器、玉器之类，历代帝王赏给王公贝勒及大臣们的东西皆如此。照例是在行礼前一日颁赏。

王公贝勒行礼后，轮到毓庆宫师傅、内务府大臣和二品以上的大臣行礼了。他们行礼的情形和王公贝勒的相同。在未跪下去之前，他们双眼望前，慢慢地移动身体上丹陛，然后慢慢地行近宝座前行礼。元旦和逊帝生辰都是在天冷的时候，有资格穿貂褂的官员都穿上貂褂了。我虽然也是个一品官，有穿貂褂的身份，但在行礼时，我另列一班，没有和他们一起三跪九叩首谢恩。在这班人中只有两个人穿着西洋的大礼服行礼，一个是我本人，另一个是民国总统派遣的代表。我仍另站在一班，不和那班大臣在一起，等他们行礼后，鸣赞官请我们分别上殿行礼，只要我们行三鞠躬礼便够了，但我曾承恩得颁上方御赏，与民国的代表不同，三鞠躬之后，又再行一次，表示谢恩。当我行礼时，逊帝安坐屹然不动。按照做皇帝的规矩，他接受臣工行礼时是不能出声，或是微笑、挥挥手、点点头以示意的。只有他的父亲向他行礼时，他才能有反应。

除此以外，另有一班行礼的人，这班人为数极少，每逢紫禁城中一年两次的大典，不单是民国总统派代表致贺，还有五六个身穿陆军高级制服的民国武员也入宫行礼，他们虽然身为民国公仆，但依恋旧主情深，遇到大日子必要向旧主子尽礼，以示其忠心耿耿。他们也被带进乾清宫内的御座前行礼，幸喜他们所穿的是西洋式的军服，不便趴下去三跪九叩首。

高级官员行礼后，就是那班站在广场中的职位较低官员行礼了。他们之中，包括宫中全体官员。在清朝未垮台以前，还有很多二品以下的官员在这里行礼呢！

鸿胪寺赞礼官宣布礼成，鸣鞭奏乐，表示皇帝已降下宝座，接着就撤退那支九龙曲柄黄华盖，这是告诉大家皇帝已退朝了。

康熙乾隆盛事千叟宴

退朝后，逊帝回到养心殿，立即将朝衣朝冠脱去，接见皇族人员和其他被邀请的人。接着就是排宴庆贺佳节，宴会的地点多在逊帝起居的地方，或在御花园中的殿阁，但绝不在大殿中举行。

在清朝全盛时代，乾清宫这个地方举行过无数次的盛宴。康熙皇帝在1713年（康熙五十二年癸巳）六旬万寿节举行庆典，曾在乾清宫设宴款待一万九千个老人，他们都是从平民中挑选出来的。乾隆皇帝效法他的皇祖，在登位五十年纪念时，也在乾清宫设宴款待四千名老人，每一个老人皆赏赐一柄玉如意。这是1785年的事。译注：康熙、乾隆在乾清宫设宴款待老人，即著名的“千叟宴”也。康熙六旬万寿节，无举行款待年老平民之事。康熙“千叟宴”是康熙六十一年正月举行的，是年十一月即逝世。他举行的“千叟宴”，并没有招待一万九千个年老平民的事。此次宴会，召满汉大臣文武官员，及致仕斥退人员年六十五以上者三百四十人，宴于乾清宫前，命诸王贝子、贝勒、公、闲散宗室等授爵欢饮，分颁食品如仪。乾隆的“千叟宴”是乾隆五十年乙巳，即 1785 年举行的，是年乾隆帝七十五岁，并非为庆祝登基五十年纪念。正月，赐“千叟宴”于乾清宫，与宴诸臣，自宗室、王、贝勒以下，暨内外文武大臣官员、致仕大臣官员、受封文武官阶、绅士、兵丁、耆农、工、商，以及外藩王公，台吉、回部、番部、土官、土舍、朝鲜贺正陪臣之齿逾六十者，凡三千余人。其大臣年七十以上，官员兵民九十以上者，准子孙扶掖入宫。这些老人中，最高寿的一个是一百〇五岁的司业衔郭钟岳，由郭钟岳为首，领其他一百岁及九十岁的老人，随同一品大臣行至御座前，由乾隆帝亲手赐酒。两次的“千叟宴”情形如此。庄士敦所记稍误，大概他是从毓庆宫的同事中听他们谈掌故时得来的，讲故事的人未必深考也。

特准观礼的外国客人

一直到 1924 年译注：民国十三年甲子，我是独一无二的外国人，很荣幸地得以亲眼看见和亲自参加紫禁城“黄昏”时期的这项重大典礼。内务府极力反对外界人物——中国人或外国人——进入紫禁城参与大典，这一年的元旦与“万寿圣节”，他们反对我这个外国人参加行礼尤为激烈。逊帝本人绝不反对外国人进入紫禁城，相反的是他很高兴去会见外国人。到 1922 年他结婚后，已经差不多十七岁了，在此以前他有些不能做主的事情，现在可以当家自主了。在 1923 年和 1924 年之间，多次有外国人由我介绍而特准进入紫禁城，不过在元旦大典那一天我请求准许几个外国人入宫参观行礼，逊帝也尽了很大的努力才打破了祖宗家法，对我的请求让步，准许“洋人”参观 1924 年 2 月 5 日（即阴历甲子年正月初一日）元旦大典。我很高兴这次我得到成功，因为这是紫禁城里举行的最后一个元旦典礼，在下一个元旦典礼举行之前，逊帝已被驱逐出紫禁城，清朝的宫廷生活已告结束，黄昏已进入黑夜了。

这次我所介绍进入紫禁城参观元旦大典的外国客人中，有一个伦敦《每日电讯报》已故的著名记者波斯富·兰敦（Perceval Landon）先生，他写了一篇印象记描写这个盛会，2月6日即载在《每日电讯报》上。其中有一段是值得在这里引述一下的，因为他已预言紫禁城的末日将会来临了。

兰敦先生说，这个盛大的典礼给人一个奇怪的印象，那不单是它的外观上的壮丽烜赫和“只闻乐声而不闻杂声的静寂”，也因为“在这个动乱的日子里，中华民国故意保留下来捆绑着它的过去与现在的那条黄色丝带，也许会在一些黑暗的日子中，突然无可避免地磨损而断裂了。更有，也许这个沉痛的景象就是所有人类中那些豪华富丽的宫廷最后一次的回声了。”

黑暗的日子果然如我们所预料，恰恰在九个月之后，那条丝带突然磨损而断裂了。

清王朝的吸血鬼——内务府

内务府的庞大组织

我在前几章里已经说到在1919年初入紫禁城以及后来若干年中所闻所见的事情了。这一章专谈中华民国与清室所订的“优待条件”所收的恶果。谁都知道，这个“优待条件”，剥夺了逊帝的政治权力，却又准许他拥有皇帝的名号不废，以及享有种种奢侈与徒有虚名的特权，同时又保存着一个绝不必要的小朝廷。

从前我也和大多数外国人的见解相同，以为清王朝之垮台，由于它本身的无能；由于一班亲贵的无知与贪污；由于慈禧太后犯了大错误和用人不当；由于东洋、西洋那些“野蛮”国家对她的打击；由于她的侈奢淫逸；由于西方的民主政制影响到“年轻的中国”的人心……后来我进入了革命后的紫禁城细心观察皇室的组织及其种种制度，然后得出一个结论：上述的“由于”种种固然是帮助中国人推翻清朝的原因，而加速清王朝灭亡的最大因素，却是那个皇室的账房——内务府。我可以说这个机构简直是一个吸血鬼，日夜在吸清王朝的宝贵鲜血。

有些外国作家描写清帝国宫廷生活的文字，很少提到内务府这个很有势力的机构，也许是他们未能获得有关内务府的内幕资料，故此无从下笔。为中外人士所诟病的太监制度，只不过是内务府中的一环，还不是内务府本身最具权力及最危险的一部分。事实上，与其说太监是皇帝的仆人，毋宁说他们是内务府的仆人，而太监却代人受过，被人斥骂，说他们作怪才使得清朝崩溃，其实该骂的还是内务府。革除太监的制度，无疑是人同此心，当我初入紫禁城做逊帝的英文师傅的时候，我就希望这个心愿能够完成。在初时我还不知道“擒贼先擒王”之法，以为太监一去，就“天下太平”了。后来发觉不对，太监只不过是其中的一部分组织，去了太监，而不能大力改革整个机构，为害逊帝及其家庭的内务府的毒素仍在，实乃无济于事。译注：内务府为什么是一个这样具有势力的机构呢？庄士敦在文后有详细叙述，不过，我想先在这里谈谈内务府的组织，帮助读者了解一下：内务府这个机构，为中国历代所没有，清朝在关外时已有此组织，顺治十一年（1654 年），清世祖将内务府改为十三衙门，计：司礼监、尚方司、尚衣监、司设监、尚宝监、御用监、御马监、内官监、尚膳监、惜薪司、钟鼓司、兵仗局、织染局。到顺治十八年裁十三衙门，仍设内务府，设总管大臣管理诸务，大臣无一定员额，皇帝喜欢多派几个，随时就派，不像六部尚书有固定员额。内务府是个二品衙门，总管内务府大臣是个二品官。在光绪年间，内务府所属的机构为：广储司、都虞司、掌仪司、庆丰司、会计司、营造司、慎刑司。此外又有上驷院、武备院、奉宸苑等，组织极为庞大。内务府大臣下设郎中、员外郎、主事各若干人。太监也属于内务府范围之内，设有总管太监、副总管太监、首领太监、副首领太监等名目。内务府的官员，多为世袭，他们都是三旗子弟。原来清朝八旗之制，镶黄、正黄、正白这三旗叫上三旗，为皇帝亲自统率的军队，所谓亲军，内务府人员完全向此三旗选用，这是靠得住的用意。《钦定大清会典》卷八十九，内务府一栏，说明内务府的职掌，今录于下：“总管内务府大臣，特简，无定员。掌上三旗包衣之政令，与宫禁之治。”这可窥见其大略了。我们读清廷的上谕，有时见到清帝赏赐大臣银两，特别指明这笔银子在广储司支取，那就是说，这些赏赐出自内帑，是皇帝掏的“私人”腰包，而非取自国家的“财政部”——户部。其实在“朕即国家”的封建制度下，不管国帑也好，内帑也好，正合广东人所说的“荷包即兜肚，兜肚即荷包”。同是皇帝个人的私产，不过四方八面的财物都归入内务府，以便于皇帝开一下口叫管家拿钱来用而已。又，清帝责罚太监，往往交慎刑司执行，不常交刑部治罪。

天潢贵胄的“管家人”

光绪二十四年戊戌（1898年），德宗皇帝行新政，内务府暗中支持反动派甚至同谋以反对这一行动，结果戊戌维新失败，而光绪皇帝被软禁在瀛台，慈禧太后再出来“训政”。慈禧太后信任义和团，内务府那班人又在她面前力陈义和团忠勇可靠，结果有《辛丑条约》之辱；到了辛亥革命时，清廷见大势已去，无力挽回，于是决意让出政权，内务府暗中助民军代表一臂之力，促成新国家与清室所订的“优待条件”。他们这一行动不是为清帝的利益打算，而是纯为私人利益打算，因为条件中有保留“尊号”不废，这就无异于保证了内务府这一机构永远存在，它一日存在，这班吸血鬼又得其所哉了。

有人会问，内务府怎么能够支配清朝廷到这样的一个猛烈程度？它凭什么获得这样巨大的力量，能抵挡那一场使君主覆灭的暴风雨而毫不受影响仍屹然不动？是否内务府在这方面的成功就充分表现出这个君主本身的腐化？

解答这个问题倒也是颇有趣的，在初时，我们以为内务府的势力形成，无非是历代君主不爱理事，或昏庸无知，于是大权便溜到这班奴才的身上——这班人在对皇帝讲话时，自称为“奴才”。然而这样的解释还不充分。如果我们试看一下那班王公家中处理财产的情形，也许对于这件事情的解释会稍为明朗化一些。每一个亲王、郡王、贝子、贝勒，这些天潢贵胄，他们各有府第，各有庄园，又养有一大群家臣扈从和门客。这班贵族在北京或乡村都拥有大批地产和财产，他们的入息，大部分从这方面得来，如果他是个抓实权有官职的人，他的入息就有一部分得自官俸和临时津贴。

满族的贵族，很少知道自己的财产有多少。他们对于田园地产在什么地方，共有几处，每年有多少入息，完全“阔佬懒理”，一概交给“管家人”，管家人为他们办理全部产业事情。做管家的人有很大权力，管家人之下，设有职员若干，举凡主人的金钱、租项的出入，只有管家有部详详细细的账册。如果这个管家是一个诚实的人——当然，其中也有些是诚实可靠的——又如果这个管家人是能干的，会经营而又有商业头脑的，那么，他就会为主人办理得头头是道，府中财用充足，预算能平衡，甚至还有盈余。但是，甚至在这些“诚实”的管家人中，恶性的揩油制度也是很猖獗的，中国人有一种传统的习惯，凡做官的人多抱一种“饭碗”主义，自己有得吃，也要他的穷亲友不可饿着肚皮，拿公家的钱粮来做好事，焉得不把政府拖垮呢？

死要面子与硬装糊涂

幸喜这些管家人还有点“良心”，他们还不肯使得他的“主人”露出穷相。在某方面，他们仍然把主人的生活维持到一个很豪华奢侈的程度。有些王公贝勒也曾怀疑他们的管家人大揩其油和吞没财产，但他们也感到无可奈何，因为这班贵族心里很明白，如果一旦把管家人撵走，主人马上就会陷入债台高筑的境地。做管家的人知道在什么时候需要金钱，他们往往为主人准备好了，然后告知主人，奴才是怎样出尽方法才向人家举债来的。为面子计，主人并不追问这笔钱从何而来，也不期待管家人会对他说个清楚。

辛亥革命后，这班天潢贵胄很自然地迅速加快了他们贫困的程度，当1919年我和一些皇族人员相识的时候，其中有好些个已经不是富有的人了。那些以前靠做官获得大量金钱的贵族，转眼之间已变为穷人，他们只好暗中出卖从前皇帝赏赐给他们的艺术品或金银珠宝。他们爱惜面子，不敢将美术品公开拍卖，只好全权交给管家人，让他们在外头活动找买主，卖得多少就多少，主人绝不计较。管家在其中自然大有好处，恐怕大部分的好处尽入管家人之手，而主人还不知，就算知道，因为要靠管家人替他维持生活，也不便追究了。

我也曾到过好几个王孙的府第做客，他们的府第，以往曾烜赫一时，可说是金碧辉煌，连大门外的石狮子的目光也睒睒有生气，但我身历其境之后，给我的印象是痛苦的。那个大院子里长着一尺多高的野草，屋顶也破烂了，马厩中没有一匹马，还有些人的厨房里往往没有足够的食物。像这样的王孙中，有一个还每年照例要请客一两次来玩赏他的那一棵著名的山楂树，我也曾为座上客。我们在他的花园凉台上吃酒，偶然一阵微风吹下一些山楂花落在饭桌上。这一顿愉快的山楂宴可说是最后一次了，这个王孙的高祖是那个赫赫有名的乾隆皇帝。这时他已是个贫无立锥的人了。当我在北京时，他已死去，而他的府第已卖给外国人，他的那一棵著名的树也在去年死了。

载涛贝勒的一项长处

我不得不提及另外一个皇族的情形，我想他不会因我提到他的大名而对我生气的。这个皇族就是载涛贝勒，他是光绪皇帝的胞弟，又是宣统皇帝的叔父。这位贝勒平生最爱骑马，他曾送我一匹有白尾的满洲名驹。除此之外，他又喜欢开汽车，并且特别偏爱德国车。（因为他在宣统初年曾

载涛（1887—1970）

奉派往德国考察陆军，德皇威廉二世对他竭诚招待，所以他对德国特具好感。）因为他曾经出过洋，见闻较广，处理事情较为聪明。但他还有一项长处与其他皇族不同，他能够自己处理家务。以前也曾有人对我说他办事有点才干，我只是闻说而已，后来有个机会我亲眼见到了。某一次我陪伴着载涛和他的十一岁长子前往他们的祖坟游玩，地点在北京北郊数英里外的汤山。这时候坟场正在大兴土木，修葺墓园内的祭殿和一些房屋。整个墓园都是工人，并堆满着木材、砖头。当我们进入墓园的大门，管理墓园的人迎接载涛，向他跪一足，双手递上一大沓账目给他。他接过后，随手放在桌上，带着他的孩子往坟前行礼。他行礼后，又回到外边看那一大沓纸头了。他花了很长时间仔细地研究这份估价账目，每一目项他都详详细细和包工讨论到那些物料和价钱。这可以明显地看出，这个皇族是不肯让他的管家完全处理他的家务的。

一个满族贵族的下场

另外一个皇族，我在这里姑隐其名，他的情形又和贝勒载涛不同了。这个王孙从前是中国一个最著名富有的人，现在他贫穷了。他现在卜居天津，因为在这段不安定的日子里，他不敢住在北京那一座华丽的府第，只留下他的管家看守着。但碰到王孙等钱用时，就叫他的管家替他出卖库中一些古物，无非是从前内府颁赏的瓷器、书画、玉器等类。管家奉命，自然是欢天喜地，选出最好的卖了，但拿到天津给他的主人的现款有时少得可怜，绝对不能满足主人所需。为什么只卖得这么多呢？管家也有他的理由，他说，近日有些军士来劫库，军阀诈作不知，一味纵容，也许还是那个军阀假手于人的呢！他们这样做，不知是否有意使仓库早些腾出来做别的用途。因此卖的价钱就不能理想了。

满族贵族为什么事事都要靠管家呢？原来他们拙于计算，他们固然不懂算盘，就是极简单的加减乘除都搞不通，因此对于家里头的财政、账目就不耐烦管理，索性一股脑儿全交给管家去主持，大爷落得眼前清净。不过，这不是说这班王孙并不关心钱财，其实他们对于钱财是很关心的。我是说他们用尽方法把钱弄到手之后，但又不知道怎样处理这笔钱财，不懂得怎样使得家中的预算平衡。译注：清朝亲贵中有一个贝子衔镇国公载泽，为嘉庆帝脉下子孙，光绪末年已渐用事，宣统初年，庆亲王奕劻的内阁，载泽曾任度支大臣，分据交通财政，权倾朝列。载泽弄到的钱，一向交给府中的管事为他经管。民国成立后，载泽府用仍极浩繁，生计日绌。那个管家总管府中一切大小事项，遇有用款，大抵由这个管家出名在外边挪借，其实所谓借来的钱，就是管家历年所侵蚀之物，不过他另使亲信冒充为债主，又再来一次剥削罢了。载泽明知其中情形，但向来不理事，尤其不善计数，不耐烦算账，也无如之何！到民国十一二年间，国公府的不动产地租凭照等，尽入某管家之手。这个管家见载泽府库已干，袖手旁观，不肯再出面代为借款了。这时候，载泽手头更为拮据，一急就急出病来。民国二十年（1931 年）春间，载泽一病呜呼，家中什么都没有，几至无以为殓，但这个管家却避不出面，搞到无人负起办理丧葬之责。这个奴才还暗中嗾使各债权人日夜到镇国公府第索债，载泽家属一筹莫展，派人去叫那个管家来解围，回说他有事到上海了。怎知一波未平，一波复起，忽然有个军人来讨房子，逼载泽家人于某日迁出。原来载泽死前二年，曾经他的管家经手将房子抵押给某人，得数万元以为日用。其实这个某人就是某管家，现在载泽已死，一不做、二不休，做坏人要坏到底，限期收回房屋了。这时候，载泽有一幼女，自愿卖身葬父，报纸曾宣传其事。不久，事为名流熊希龄所知，想起二十年前在东三省做盐运使和财政正监理官，皆由于载泽推荐，今见其后人如此狼狈，亲自到载府拍胸膛负起载泽身后事的责任，一方面又向北平市当局历说某管家种种忘恩负义，将某管家拘押，以待清理债项。所欠某管家的钱银，由熊希龄筹集，如期清还。熊希龄还好事做到底，他恐怕载泽的后人生活无着，发起一个“泽公遗族维持会”，自任主持人，用会的名义通函以前曾受过载泽好处的人量力帮助。会员中有张镇芳、杨寿枏等人。他们定下一个办法，先由会员垫出一笔钱保存国公府，待房产变卖后，仍将所垫之款分别偿还，其有声明不受者，则拨充载泽遗族赡养费。这件事发生时，庄士敦已回英国，大概他不会知道的。

贪污无能的腐化集团

这班满族贵胄府第中如此这般的作风，无疑也是仿效紫禁城里头的内务府。不过我得强调指出有两个重要的不同点：第一，王公府第的管事人并非官员，他们在那班谄上骄下的官员心目中，不过是管理账目的人，根本就瞧不在眼里。但内务府的人可就不同了，他们不只是官员，而且还是全国最高等级的大官。他们不单是贪污，并且无能。内务府大臣们不肯纡尊降贵亲自计核账目和处理皇庄的各种租项。他们只是指派一些属员去办理，而这批属员，无论他们是诚实抑系奸诈，都在一个庞大的腐化集团里同流合污。

另一个不同点就是王公府第的管事人所作所为的影响所及，只局限于一个家庭、一个家族，但内务府可就不同了，它的影响可以扩大到一国。这个机构不只是处理皇室的私产那么简单，它同时又是一个处在内廷、皇帝通过它传达意旨到各部院的机构。它的影响力与政治有关，与中国人民亦有关。内务府这个衙门虽然不在六部之内，然而它却是一个声势烜赫的大衙门，因为是清帝私人的账房，内务府大臣是清帝的管家人，所以清帝给予它的权力和声势是其他衙门所得不到的。内务府大臣往往是大学士兼任，大学士为百僚之长，在全国之中是最高的官职。今以内务府大臣世续而言，在辛亥革命时，他就是总管内务府大臣，一直到 1922 年春初（即民国十年冬）逝世时止，仍任此职，他本人就是文华殿大学士，他在内务府的主要的属员都是一二品的大员，也称为大臣的。

世续对民国立下大功

现在我要来描写一下这班内务府大臣了。他们之中，我不能说尽是坏蛋和无赖，也许其中还有些好人。内务府的污脏，由来已久，也并非他们到任后才这样的。在北京的总管内务府大臣，其领衔大臣为世续，他自 1919 年已任此职。但在辛亥革命前，他曾先后任内务府郎中、武备院卿、工部侍郎、理藩院尚书、礼部尚书、吏部尚书、军机大臣、协办大学士、体仁阁大学士，最后转文华殿大学士，辛亥议让位之时，授太保。译注：世续字伯轩，索勒额金氏，隶内务府满洲正黄旗人，光绪元年举人。从小在内务府任职，又历任大官，家资富厚，享用奢侈，在北京久已著名。他自光绪二十二年已任总管内务府大臣了。

世续无疑是个有才干和有气魄的人。他虽然纵容他的属员作弊（也许是他知道如果没有这班人，这个组织就会崩溃的），但一般人都认为他是清白的。他为人未免守旧，从外表上看来，他是个彻头彻尾的保守者，他对于自己服务的衙门及其他衙门的改革，一概死硬反对，然而对于我这个所谓野蛮的洋鬼子发表的那些不中听的意见，他也能容忍。这给人一个印象，觉得他还不至十分顽固，还有些自由思想。

他是清朝高级官员中加入袁世凯劝隆裕太后逊位而换取优待条件的一个。换言之，就是他同意摧毁了清帝国的势力以保存内务府机构不变。1922 年 2 月，世续病死之时，民国总统派代表参加他的丧礼并发表公布，略说“总统听到世续逝世的消息，很是怆悼，这个已故的内务府大臣，曾力劝隆裕太后主张宣统皇帝退位，使中华民国得以迅速成立，对民国宝祚有很大功劳”云云。

逊帝受到各方面的压力——其最大者来自内务府，不得不谥世续为“文端”，派贝勒载瀛前往醊奠，并赏八千元为治丧费，也可说是“生荣死哀”了。

一心求庇外人的绍英

世续之下当权的一个内务府大臣名叫绍英。他在光绪三十一年和四位大臣一同奉派出洋考察政治。在北京乘火车出发前，被革命党吴樾掷下一枚炸弹，载泽和绍英都受了轻伤。这件事使得清廷大为震惊，五大臣出洋考察之举，不得不延期，后来另派大员，绍英没有参加，不久升为户部右侍郎。译注：绍英字越千，满洲镶黄旗人，光绪二十九年任商部左参议，不久迁右丞。

绍英是个胆小怕事、谨慎小心的人，他凡事只有退保，没有前进的，但心地还是慈祥。他对紫禁城里的改革问题装作很有兴趣的样子，可不见诸行动，这是他害怕在同事与属员之间失去人望之故。他在北京也爱和外国人交朋友，最大的目的还是想靠外国朋友做保镖，以备有什么危急事情发生，可以求庇于外国人。绍英在东华门附近有一所房子，接近这所住宅又另有一所，他这所房子是要出租的，不过一定要租给洋人，还要小心考究这个洋人是什么人他才肯租。如果这个洋人适合他的条件，他对于租金是不大计较的。这无非是他想利用这个住客“用在一时”，一遇到有什么危险，他可以三脚两步就走投有路了。他宁可租给洋人不收房金而绝不肯租给中国人。我和绍英相识后数年，有一时期他这所房子丢空了相当长时间，因为有些洋人嫌它离东交民巷的“使馆区”稍远，不便于家人居住。当我怂恿一位英国朋友把这所房子租下之后，我有个机会看到这所房子确实是北京最可喜可爱的住宅之一——有一个完全中国式的花园，在北京城里是很难得的。绍英租出之后，对我很是感激。译注：溥仪的《我的前半生》说：“他（绍英）首先从庄士敦身上看到这种保险作用的。他宁愿把自己的空房子白给外国人居住，也不收肯出高租的中国人为房客。庄士敦自己不愿意领他这份情，帮忙给找了一个外国人做了他的邻居，在他的屋顶上挂了外国的国旗，因此他对庄士敦是感恩不尽的。”这可与庄士敦所记的合看。我们看后倒也觉得很有趣呢！

世续死后，领衔的内务府大臣一职由绍英继任。到 1924 年冯玉祥驱逐逊帝出宫，绍英忽然称病，需要入医院做长期治疗，于是他就进入“使馆区”的德国医院养病，怎知一二年后，由假病变成真病，而且发展为致命的病了。

另外几位内务府大臣

在绍英之下的是耆龄，他和逊帝的生母醇亲王福晋的家族有婚姻关系。他为人聪明伶俐。在初时我以为他是个有作为的人，于是想通过他来进行一些改革紫禁城内部的工作。然而他对革新的兴趣，只是在言论方面，至于实行则敬谢不敏了。译注：耆龄字寿民，满洲正红旗人，监生出身。光绪三十二年任商部右参议，光绪三十四年迁内阁学士。

宝熙任内务府大臣是民国十二年（1923 年）的事。他和贝子载振及前山东巡抚孙宝琦都有婚姻关系。“满洲国”成立，他又是“新国家”的一个大员。译注：宝熙字仲明，号瑞臣，又号沈盦，满洲正蓝旗人，光绪十八年进士，授翰林院编修，光绪三十二年以内阁学士署度支部右侍郎，三十三年署学部右侍郎，宣统三年授总理禁烟事务大臣、修订法律大臣、实录馆副总裁、崇文门副监督。民国成立后，任大总统府顾问、约法会议议员、参政院参政。“满洲国”成立后，任“执政府”内务处长，1934 年任“参议府”参议、“尚书府”大臣，1937 年 5 月辞职。他在光绪二十年以后，因为出身翰林，曾任山西学政，写得一手好字，北京市上有不少招牌是他所写的。

荣源于 1923 年也被任为内务府大臣，这是因为他是逊帝的岳丈之故。不过，他在内务府里也没有起良好作用。译注：荣源是满族人，入“满洲国”后，自署龙江省讷河县人。生于光绪十年（1884 年）。头品荫生、京师大学堂卒业、袭轻车都尉。做“国丈”后，封“承恩公”，一般人称他为“荣公爷”。在“满洲国”任“宫内府”顾问官。

内务府里另一个我想提到名字的人就是佟济煦。他在内务府只是一名小职员，但他为人诚实，忠于逊帝，值得在这里说一下。我虽然在 1919 年到北京后就和他认识，但他一直到 1924 年春初才到内务府办事。佟济煦是满族世家，久驻福建，他入内务府是由他的同乡陈宝琛介绍的。1931 年他的主子逃往东北，他也是“从龙”人物之一。译注：佟济煦字楫先，满洲镶黄旗人，生于光绪十年（1884 年）。福建高等学堂毕业。民国时代，做过参谋本部科员、航空学校副校长等职。入内务府后，做内务府郎中，为溥仪亲信之一。“满洲国”成立后，任“执政府”警备官、警备处长，1934 年任“宫内府”警卫处长、“宫内府”近侍处处长。

慈禧太后在乐寿堂前，右一为李莲英

满族人绝不许做太监

我曾说过，在内务府办事的人全都是满族人，这样说法到1923年止是不错的。不过所谓“全都是满族人”者，却另有一例外，内务府有绝大多数职员却不是满族人，他们是宫廷里的太监。在清朝末期，尤其是慈禧太后和隆裕太后时代，那些太监——也许可以说只是小部分的御前太监——有很大的权力。太监们伺候皇帝皇后，和宫廷有密切关系，在事实上和内务府没有什么关系，然而在理论上，他们是属于内务府管理的。西方人读到有关中国清廷生活的书，也许从未听过内务府这个名字，然而他们却知道那个大名

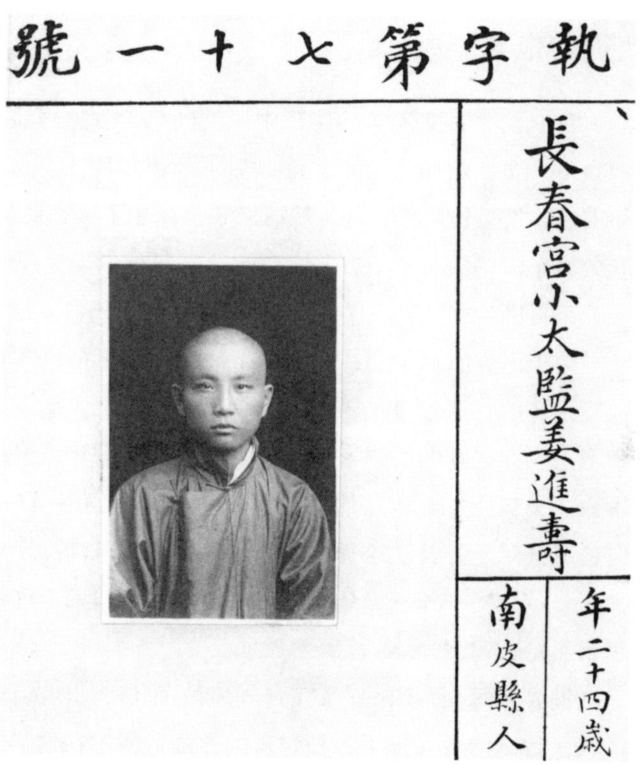

執字第七十一號

長春宮小太監姜進壽

年二十四歲

南皮縣人

长春宫小太监姜进寿档案照

鼎鼎的李莲英。后来在隆裕太后跟前侍奉的那个太监，则外国人知者较少，但这个人的权力和贪污作弊的本领并不下于李莲英。译注：原作者并没有指出这个太监是谁，据所知乃小德张也。小德张是总管太监张兰德的绰号。民国后，小德张住在天津英租界，有几个姨太太和大群奴仆伺候，生活有如侯王。

有些西方的作家也误以为做太监的全是满族人。某一作家还根据谣言说慈禧太后的太监恶意地捉弄李鸿章，她在书中解释太监们这种行为是憎恨李鸿章，因为太监是满族人云云。［见 Eliza R. Scidmore，*China*，*the Long-Lived Empire*（London：1900），p. 112］其实清朝的家法，绝不许满族人当太监的。

层层中饱下大快私囊

我们在“清室优待条件”中，见到第六款这样说：“以前宫内所用各项执事人员，可照常留用，惟以后不得再招阉人。”这一条款内务府与隆裕太后曾经强烈地反对过，然而后来也让步了。到民国十二年（1923年），紫禁城里面仍然有一千多名太监。这一年他们发生了什么事，我留待在另一节里再讲。

关于内务府对于金钱中饱的事情，我还想多说几句。清朝宫廷是没有收支预算的，清帝每年要用多少款项就用多少，他一个命令，户部就要如数奉上，有些欧洲的作家描写辛亥前的清朝宫廷，据说那些宫廷的高级管事人（大概指的是内务府大臣），每年的入息有一百多万两银子，约值当时的英金二十万镑。这样的说法是真实的。译注：清人笔记，往往有记光绪皇帝吃一枚鸡蛋价值一两银子，慈禧太后买一只皮箱，内务府开价五百两，盖其中办事人员层层中饱也。

世界上每个帝国的宫廷都有它们的账房，也有穷极奢侈的，那班管账的人，替统治者安排了各种娱乐的方法，偶尔在这样的奢侈腐败中，产生了不朽的艺术，所以这班人在历史上还有贡献。但内务府却一无贡献，只是侵蚀，把一个崛兴自关外而占据了整个中国的帝国腐化了，结果而致大崩溃。到崩溃之后，内务府还紧紧地死抱着所谓优待条件，意欲从中吸血吸个不休。

辛亥革命后，这个万恶的内务府仍然控制着整个小朝廷，他们绝不计较面子，奴颜婢膝地屡次向民国政府吁请发给过期已久的优待费。不幸的是，他们的请求往往为中国报纸所知，因此报纸就抓到了好材料予以讥刺一番。例如民国八年（1919年）10月1日《北京日报》载一消息，据称，清室内务府大臣世续，向总统徐世昌请求批准拨给清室优待费六十万元，如果没有这笔款，清室就没法支持了。

每年总有三四次这样的请求，而每次请求都说是如无此款则无法“维持现状”。其实所谓“维持现状”者，是维持内务府那班人的现状罢了。

译注：慈禧太后时代，户部拨交内务府的大内费用，同治四年一案，定为三十万两，到七年又增加三十万两，共六十万两。光绪十九年以后，西太后忽又降旨以后每年再添五十万两。粤海关每年供用三十万两，杀虎口、张家口、淮安关所收税课，亦拨归大内之用。据此，则西太后每年可计算的“家用”在百万两以上，内务府又不知中饱若干了。

乳臭未干的龙

师傅学生之间的礼节

我在紫禁城服务的年月，大抵可划分为两个时期：第一个时期是从1919年3月起，到1922年11月逊帝结婚时止。第二个时期是1922年11月以后，到1924年逊帝被驱逐出宫止。

这样的划分法不过是为了便利起见，因为这样可以清楚地标出他的生活方式的变迁。逊帝在大婚以前，还未能完全自主，他所能决定的，只是一些细小的事情，但大婚之后可不同了，他已经成年，可以自由自主、为所欲为了，只要他的目光不望得太远——望到紫禁城以外憧憬着外边的一切，大概没有人敢于干涉他的行动。

在第一个时期中，他每天都要到毓庆宫书房上课。毓庆宫久为皇帝读书之所，在此以前，曾一度为嘉庆皇帝做太子时的寝宫。它有一道小门通到一个小院子，这儿有一列配房，专为师傅们使用，有好几个苏拉伺候师傅们，招呼茶水。每一位师傅都是从神武门进入紫禁城，但如果他要方便，也可以从东华门或西华门进入。到达之后，下了马车或汽车（只有我一人坐车），坐上内廷特备的轿子，由轿夫抬着穿门过户而进，每过一门，有武装的警卫军向他行礼。我有时也使用我个人所独有的“异数”，一直骑马入紫禁城。到了内部的景运门，下轿的下轿，下马的下马，步行经过祥旭门、惇本殿，再进而到毓庆宫。

师傅们到了他们的休憩室（即毓庆宫外的一列配房）之后，坐下来喝茶，等候逊帝驾到。逊帝来上学时，坐着十二人或十六人抬着的金顶黄轿。

毓庆宫

“圣驾”到了毓庆宫的院子，师傅们是用不着走出配房去迎接他的，因为这与礼法有关。但他们可以在配房里站起来，以示敬意，他们一直站到“陛下”进入毓庆宫后才坐下。逊帝到了书房，他说一声：“叫！”太监们也跟着叫，传给外边的苏拉也在叫，这就是表示逊帝已准备好，可以上课了。

宫内一声“叫”，在配房的师傅就要入书房讲书，上第一堂课的师傅先进入书房。入后，站下面，向他的学生行一鞠躬礼，这时候，学生是站在四方书案的北面。老师和学生同时坐下。学生独坐朝南，师傅坐在学生的左手边，面向西。译注：溥仪自传说，师傅入书房后，先站在那里向他注目一下，作为见面礼，他无须回礼。而庄士敦在这里则说师傅向他鞠躬，说有歧。

有关逊帝课程的安排

当我初次入毓庆宫教书的时候，师傅们上课的时间是这样安排的：

陈宝琛每天清早入宫，在夏天是早上五点半，冬天是早上六点钟。这是依照宫里的传统习惯，因为历代帝王视朝都在黎明时分。大约在七点半，陈宝琛就离开毓庆宫，除非他要跟他的同事们谈天，或要和他们一起吃早饭，他才留下不走。译注：溥仪自传说他每天念书时间是早八时至十一时，后来添了英文课，在下午一时至三时。提到师傅们的膳食，倒也可一说。师傅们可以随意叫食，他们要什么时候吃，吃什么，只要开一开口，便由御膳房将食物送到。他们所吃的是中国肴馔，真是"天厨"食品，样样都是珍贵的山珍海味。御厨煮出很可口的膳食，但他们也从其中揩油，入息极为可观。

到八点半左右，满文师傅伊克坦进讲；十点到十一点，是朱益藩的课。到下午一点半，是我授课的时间，照例是教两个钟头。

毓庆宫读书是没有很多假期的，不过将接近逊帝大婚时期，非正式的假期可增加了不少（毓庆宫书房是大婚后撤销的）。除了夏天一个月暑假和阴历新年约三星期（包括正月十三日逊帝的"万寿节"在内）外，还有端午节、中秋节以及"列圣忌辰"，逊帝都不上学。"列圣忌辰"是逊帝祖先的死忌，是一项重大典礼，逊帝在行礼前一夕斋戒，但根据我的观察，逊帝并不真的那一晚不吃一点东西就上床睡觉。西方的节日例如复活节、圣诞节等，甚至星期日也照常上课。

洋鬼子授课有人监视

我入毓庆宫授课最初的几个星期，并不是单独地和逊帝在一起的。书房里老是有一个太监站着，此外更有一个师傅（多数是朱益藩），或一个内务府大臣（往往是耆龄）陪着。那个太监木立在墙壁下，纹丝不动，师傅或大臣则和我们同坐在书桌旁，面朝北。为什么要这样呢？据说，逊帝自有生以来，从未见过外国人，也未曾跟外国人讲过一句话，现在和外国人同处一室，未免有些紧张或不安的情绪。关于不安这一层，逊帝却没有，反之，那个陪坐的大臣或师傅几乎每日都有打瞌睡的现象。逊帝见了

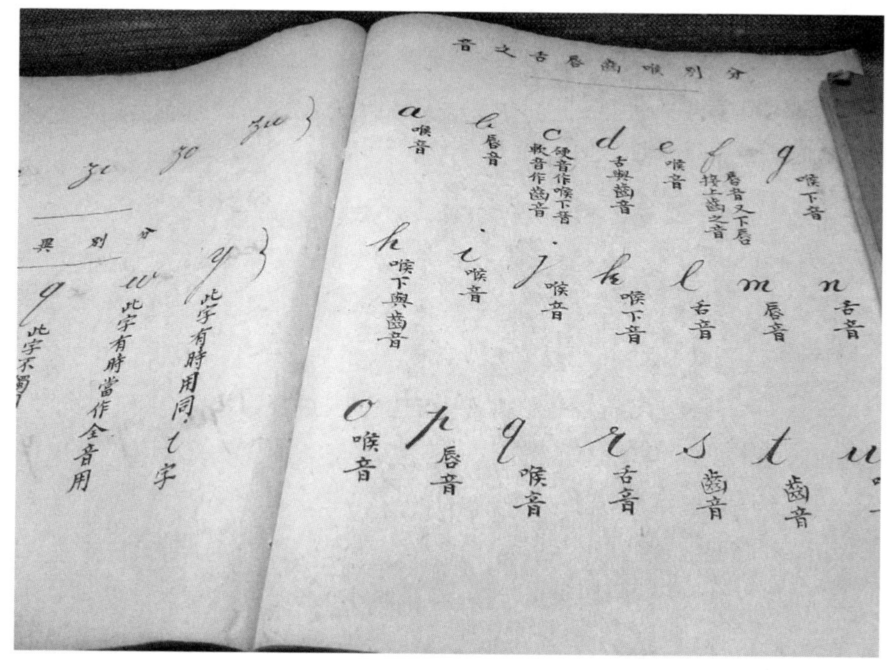

溥仪的英文课本

并不去惊动他，也没有提醒他道：“喂，你的责任是看着我，不要给那个假装好心肠的野蛮人害了呀！”

我在毓庆宫教书第二个月结束后，我和逊帝相处得很好，他已经没有紧张的情绪了，因此另外一位师傅或是内务府大臣也就不必随侍在侧了。不过仍然有一个太监在旁站着。后来我发觉当别位师傅上课的时候，并没有太监在旁，为什么我独有此“特典”呢？无他，这是内务府的人不放心之故，他们以为凡是洋鬼子都有一种挖小童心肝眼睛制药的习惯，很不放心让他们的“天子”单独地和洋鬼子相处一室。

随侍在侧的太监静悄悄地站在门内，半小时后，他又轻手轻脚地退出门外，另一个没有穿鞋子的太监来接班。再过半小时，又有另一个来接班，如此这般接下去，到下课为止。

溥佳伴读醇亲王吃醋

一直到1920年的夏天，太监监视我们上课的“荣典”才撤销了。译注：据溥仪的自传说：庄士敦教了一个多月后，“一天，他讲了一会书，忽然回过头去，恶狠狠地看了立在墙壁跟前的太监一眼，涨红了脸，忿忿地对我说：‘内务府这样对我是很不礼貌的，为什么别的师傅上课没有太监，唯有我的课要一个太监站在那里呢？我不喜欢这样。我要向徐总统提出来，因为我是徐总统请来的！’他一红脸，王爷和大臣们马上让步，撤走了太监”。溥仪所说的与此有异，可合观之。在此之前，我认为逊帝的功课要进步得快，最好是找个人来和他一起读，提高他的学习兴趣。于是我选中了他的堂弟溥佳，这个孩子比逊帝小两岁。溥佳是贝勒载涛的长子。译注：系次子，长子早殇，未命名。挑选个王孙入内廷上书房读书，叫作“伴读”，清廷向有此例，并不足为奇。但这次引起王府中发生了拈酸吃醋的小风波。原来醇亲王载沣见溥佳选为伴读，不选他的儿子，大不高兴。载沣是逊帝的本生父，又是前摄政王，自己的儿子落选，未免丢脸。但这件事情很快就告解决了。内廷为了此事，何妨多选三两个伴读？且喜前朝向有此例，不是始作俑者，又怕什么呢。于是又选醇亲王的次子溥杰为中文伴读，溥佳为英文伴读，平分秋色，从此王府与贝勒府之间可以相安无事了。

本来中文课已有一个伴读的了，这个孩子名叫毓崇，年十四岁，是贝子溥伦的儿子。据说，溥伦很有资格继承大位的，当日光绪皇帝病重时，袁世凯曾一力主张立溥伦为帝。假如袁世凯的主张实现，那么，毓崇或溥伦之弟溥侗将成为帝位的继承人了。又如果辛亥革命没有发生，溥伦做了大清帝国皇帝，则今日的中国皇帝是毓崇，因为前几年他的父亲溥伦死去了。译注：庄士敦所说毓崇继帝位云云，这是他知道得不清楚之故。即使当日果真有袁世凯力主立溥伦的事，而成为事实，则溥伦死后，继位人未必就是毓崇，也不会是溥侗。毓崇是溥伦第三子，上有二兄，长名毓嶟，次名毓嵻。溥伦第四，溥侗第五，北京人称他为侗五爷，他是镇国将军，别号西园，又号红豆馆主。以参加汪伪组织被判有罪，释出后卜居上海，1950年8月2日逝世。红豆

溥佳骑马像

毓崇穿戴溥仪的日本古代盔甲摄影

馆主能书画、精戏曲，时时粉墨登场。

我在上文曾提到溥伦感激袁世凯“拥戴”而未成之恩，为了图报或为了其他动机起见，在袁世凯称帝时，曾竭力拥护，并奉袁世凯之命，入宫向几个太妃索取玉玺。袁死后，溥伦在紫禁城的小朝廷里曾被冷落过一个时期。后来溥伦和内廷修好（幼帝对于溥伦以前的行事似乎没有存心报复），为了表示不咎既往之故，特地选他的儿子毓崇为伴读，给他们一家一个“恩典”。（逊帝有一副日本古代盔甲，是公元 1351 年制的，从前日本某一天皇所进。有一次，逊帝命人拿出这副盔甲，教毓崇穿戴起来，拍了一张照片，现在复制于此。）

溥杰是逊帝的胞弟，他也成为伴读了。于是三个伴读的青年都有了荣典，“宫门抄”发表他们同拜紫禁城骑马之赐。

替逊帝起个英文名字

我在毓庆宫教了两年后，逊帝请我替他取个英文名字。为什么有此举呢？原来中国皇帝的御名，从来不许臣民乱叫的，人人都要为皇帝避讳。逊帝在紫禁城里，有时手谕“臣工”，都是不署名字，因此他遇到写英文信给我，或与其他外国人通信，或在照片上签名，没有一个英文名就感觉很不方便了。于是我开了一堆英国君主的名字给他看，主张他取亨利（Henry）这个名。后来有些外国人写文章提到他的名字，叫他为亨利·溥，那是不伦不类的。溥不是他的姓，溥仪本是名，怎可以割取名的第一字来做姓呢？译注：辛亥后，很多满族人恐怕受歧视，多改一个汉族姓，最常见的是姓金，溥心畬本姓爱新觉罗，名溥儒，字心畬，他如果有勇气，应当在名片上印“爱新觉罗·溥儒”才是。但他一向就不敢这样做，甚至 1946 年他在北平奉命组织满族文化协会自任会长，也不敢认姓，只在名片上印这样的一个头衔，名字则溥儒而已。近日见溥仪的自传《我的前半生》，署名大书爱新觉罗·溥仪，下盖朱文“爱新觉罗”、白文“溥仪”二印。这样就是姓名齐全了。又溥仪曾取过一个别号，叫“浩然”，盖取《孟子》的“吾善养吾浩然之气”之意。从前国内有人写文章称他为溥浩然先生，此事知者已少。

逊帝"御笔"

我和逊帝的师生关系，一开始就很融洽，后来发展到越来越好的程度，我觉得他很聪明，性情坦率，他不只很热心地去了解中国的一切事情，就是对世界大事也很留心。他待人以宽恕，不念旧恶，对贫苦的人很有同情心，又乐于为善，并且也有幽默感。译注：庄士敦这些说话，未尽可信。在我未读溥仪的自传以前，早已知道他的"皇帝脾气"很坏，动不动就打太监，对中国与世界大势，一无所知。近日读他的自传，他对自己的坏处也很坦白地写出来，可惜庄师傅不及见了。在我未入紫禁城以前，他对英文是完全不懂的，也不想用功于此，希望精通这种文字。他对于学习语言并不十分感兴趣，他感兴趣的是国际发生的事情（包括欧战前后以至凡尔赛和会时的欧洲事情）、地理和旅行、自然科学（包括天文学）、政治学、英国的宪政史，以及中国日常发生的各项政治问题。我们见面时，常常用中国话随便讨论以上各种事情，当然，我们是在授课的时候谈论这些问题的，把授课的时间占去了。

逊帝精通书法，因此他对写字极有兴趣，他学习英文不久后，已写得一手很好的英文书法，有很多和他同年岁的英国学童见到了也应为之佩服。译注：溥仪的英文字写得如何，因为我不是英文书法家，未便评论，但庄士敦说他精于中国书法，写得一手好字云云，简直是笑掉人家的大牙。1926年我见北京《京报》影印他遗留在故宫的"御笔"作文稿本，字体极坏。1935年他在"满洲国"做"皇帝"，所批的公文，字体活像一个八九岁学写方格字的学童所作。庄士敦赞他的书法好，大概所见的是"南书房"翰林代笔的吧！在这节书的末页，我复制逊帝所写的英文书法给读者欣赏，这是他学英文后一年正是十五岁时的"御笔"，写的是抄录我译的《孟子》一书中的若干段。

Mencius held converse with king Hsüan of Chi "Let us suppose" said Mencius "that one of Your Majesty's servants, who is about to start on a journey to Ch'u, entrusts his family to the care of a friend On his return, he finds that his friend has allowed his family to suffer from hunger and cold. What should he do with such a friend?" "Cut him, answered the King "And suppose, continued Mencius, "That Your Majesty had a minister of justice who was incapable of controlling his subordinates. How would you deal with such a one?" "Dismiss him at once" replied the king "And if throughout your realm there is a lack of good government," Mencius went on, "what is to

溥仪手写的英文原稿影印之一

be done then?" The king looked this way and that, and changed the subject.

King Hsuan of Chi put this question to Mencius. "Is it true that T'ang dethroned king Chieh, and that prince Wu promoted an insurrection against king Chou?" "History assures us that such was the case," answered Mencius. "Is it lawful, then," asked the King, "for a minister to put his sovereign to death?" "He who act in defiance of the highest moral principles of humanity" answered Mencius "is a ruffian. He who outrages every principle of honour is a villain. The man who acts in a ruffianly and villainous way is properly described —

溥仪手写的英文原稿影印之二

性情虚浮与双重人格

逊帝的思想活泼，头脑聪明，生性虚浮，但同时在某一方面又很认真。在初时，我以为他年纪轻，虚浮是必然的事，到他脱离了儿童时期就会消灭的了。据我观察，他的内心是有双重人格的，当他成年之后，我常常很坦白地和他讨论这一点。因为我和逊帝相处得很好，我可以随便和他闲谈，甚至批评他，这样，人们就说逊帝只肯耐心地听英文师傅的话。于是，毓庆宫的师傅们和醇亲王、涛贝勒等，有什么事情要向逊帝建议，他们认为非我进言便不能成功。

我曾经有好几次当面批评逊帝的不对，但他对我这样说，并不产生丝毫恶感和使气，他每次都对我说他知道自己错了，一定要改过自新。他显然是履行他的诺言的，虽然不一定是永远履行，也不一定是行之而成功。我说他的性情虚浮，一班同事都承认，尤其陈宝琛深以为然，陈宝琛入宫授读之时，逊帝只有六岁，对他的性格自然观察得深刻一点。我常常觉得逊帝的良好品质（包括他的聪明智慧），得自他的母亲，而虚浮这方面，得自父亲。

上文我曾说过逊帝富有幽默感，这是不错的，现在我可以举出一件有趣的事情来说明。某一次我和他讨论到绝对的君权与立宪的君权。我举例说明什么是不负责任的暴君，我说专制国的君王，极力发挥他的权力，他高兴时随便杀人，或是授权给他所宠眷的大臣杀人。逊帝听了后说："那么，我以前的历代帝王尽是不负责任的暴君了。"

逊帝授权我随便杀人

过了几天，我正坐在住宅的花园里，仆人来说，宫里派一个太监来，现在园门，他说逊帝有要紧事情命他当面对我说。我叫太监进来。他一见到我，就拿出一件发亮的东西，原来是一支藏有剑的手杖。那个太监面上一点笑容都没有，很正经地对我说："万岁爷差我拿这把剑赐给您，他授权给您，您可以随便杀人。”

到下次我入宫时，逊帝一见我就急急忙忙地问我，太监有没有对我说那一番话。我说他说得很清楚，一句都不漏。十年后我再见他时（这时候他是“满洲国”的元首了），我对他提及前事，他问我曾行使他给予我的权力有多少次。我说，那把剑还未曾沾过任何人的血呢。他听了觉得也很有趣。

包围在逊帝左右的人——内务府官员和那些太监都是巴结他的，不敢稍违其意，他们把这个孩子当作天人，就是他的师傅们也不免如此，说他什么天纵之资哩！说他什么真龙自与凡人不同哩！这些废话已听得多了，他们简直忘记了他不过也是一个普通的孩子，和任何孩子并没有什么不同。其实他们心里何曾不知道，而必要如此者，无非是要维持他的“君权”而已。有很多愿意效忠于逊帝的人，仍然拿他当作“天子”看待，愿为效死，甚至有人千辛万苦到了北京，入紫禁城谒见逊帝，俯伏称臣。然而逊帝对于这些并不感兴趣，他深信自己与一般人并没有什么不同之处。

“清朝皇帝”化名投稿

纵使有很多人把逊帝当作真龙、天子看待，但逊帝本人绝对没有这种妄想。他从来就没有自以为真龙，与凡人大不相同。他对于各种典丽堂皇的铺排是不感兴趣的。遇到什么大节日要他参加，他就觉得头痛，典礼完成后，他一离开乾清宫就马上将穿着的龙袍脱下，好像这件东西披在身上有针刺骨似的。他更不愿意在人前——尤其是外国人前——穿着龙袍。

我在前文曾提到逊帝写得一手好字。他的祖先有几个也精于此道，逊帝本人能有此成绩，是他努力练习的结果。中国的皇帝有个习惯，喜欢写字赏赐一班体面的大臣，同时又写匾额赐给寺庙官署或其他重要的建筑物，这些匾额多数是大字，笔力雄浑，写后刻在木上髹漆施金，名贵非常。我的学生也仿效他祖先的榜样，动不动就以御笔赏赐“内廷”人员、旧臣或民国那班有地位的官吏。这种“赏赐”，多在元旦及“万寿圣节”行之。凡是“御笔”大都钤有一方玉玺在上面，玺文是“宣统御笔”四字。

逊帝和他的胞弟溥杰，同样聪明，并且有艺术天才，他们从幼年时代就有这种表现。他们的书法写得很清秀，两人都有绘画的天才。逊帝本人富有幽默感，因此常表现在他的漫画里面，我手头上就藏有不少他的漫画，大都是在我面前随手抓起一张纸头就画出来的，题材多数是一些故事或报纸所登的时事，或宫廷发生的一些使他觉得有趣的事情。

他的师傅个个都是诗人，译注：这是不大准确的，旧日中国的读书人大都会哼两句诗，尤其是科举出身的人，他们必定要学作诗以便考试。但这些会作诗的读书人，并不能说是诗人。溥仪的师傅中，真真正正的诗人只有梁鼎芬、陈宝琛二人，其余如陆润庠、朱益藩、徐坊、伊克坦皆非诗人也。所以他从小受到影响，对于诗的知识很是丰富，不久后，他也能作得很纯熟了。在1921—1922年间，他曾化名邓炯麟写了一些诗投稿到北京一家日报。译注：原文Yuhsi Jih Pao不知中文是什么名字，待查。那家日报的编辑来者不拒，尽量登刊，报馆的人也曾经设法想知道这个邓炯麟是什么人，但总没法打听出来。我是知道他写了很多诗的，但一直到1922年7月，他才对我泄露秘密，并且拿了登在报上的剪报给我看。到今日为止，据我所知，北京人士还不知道化名邓炯麟投诗稿的人不是别人，而是“清朝皇帝”。我现在透露出来，中国人和外国人也许会觉得很奇怪吧！

洋洋大观的皇帝诗文

现在我把逊帝在1922年登载在日报的诗，译为英文，一首五律，两首七绝，一首七律。当逊帝作出这样的诗篇之时，不过是一个十六岁的孩子，而他的诗才已开始崭露头角了。译注：庄士敦此书出版后二十五年，溥仪在北京写的自传《我的前半生》有这些话：“我还化名向报刊投过稿，大都遭到失败。我记得有一次用‘邓炯麟’的化名，把一个明朝诗人的作品抄寄给一个小报，编者上了我的当，给登出来了。上当的除了报纸编者还有我的英国师傅庄士敦，他后来把这首诗译成英文，收进了他的著作《紫禁城的黄昏》，以此作为他的学生具有‘诗人气质’的例证之一。”我们读这一段文字，再读读庄士敦所说的，不免失笑。溥仪在出宫以前，中文简直还未弄得通顺，我现在且举数例于此，以供读者参考。1936年6月5日上海出版的《逸经》半月刊（社长简又文，主编谢兴尧）第七期，有止厂所作的《傀儡溥仪夫妇居故宫时遗闻》一文，有云：

> 余与故老游，闻其遗事甚夥，且于故宫内得见其“作文”及“日记”，兹略述一二，即可知其为人……溥仪所作文，散见于养心殿翊坤宫之几桌上及抽斗内，间有用铅笔书写未加誊录者。中有《致胡适之先生书》一件，痛骂慈禧太后为“万恶愚妇”，极力自诩其聪明。当清宫初开放时，余往参观，见溥仪乱书于墙壁者亦极多，且极不通可笑。……溥仪又作有《三希堂偶铭》（原注：仿《陋室铭》），亦不通之至。其文云：“屋不在大，有书则名，国不在霸，有人则能；此是小室，惟吾祖馨。琉球影闪耀，日光入纱明。写读有欣意，往来俱忠贞。可以看镜子，阅三希，无心荒之乱耳，无倦怠之坏形。直隶长辛店，西蜀成都亭。余笑曰：何太平之有！”文中词句，多不可通，足见其愚鲁，若遗老见之，恐又将赞为“圣学渊深”矣。致与妃人石霞书，较为通顺：“石霞吾爱妆次，敬启者：猥以贱质，幸蒙青眼，五中铭感，何可胜言。一日不见，有如三秋，鹣鹣鲽鲽，我我卿卿，爱情密密，月夜花前，携手游伴，柳岸河边，并坐谈心，你是一个仙人，我是半个北鸭蛋子么？”此牍似通非通，末后一句，尤为可笑。其他尚有新诗若干，录其一二，以见其思想。所有次序符号，一仍其旧，以存其真。（一）灯闪着，风吹着，蟋蟀叫着，我坐在床上看书。月亮出了，风息了，我坐在椅上唱歌。（二）月亮出来了，她坐在院中微笑的面容，忽然她跳出来冲着月鞠躬（止厂原注：“按北平土语，‘冲着’，便是向着之意”），一面说：好洁净的月儿，菊呢来哉。一九二三北京Henry。（三）秋风一阵阵地吹在窗槛上，你觉着冷不冷呵？月亮吹于西河，老鸦乐于北树，我叫于书室，大讲演于高堂，八音盒发出长啸之音，使人忘倦。（四）夜坐阶生冷，思君方断肠。宁

同君万死，岂忍两分张。孰意君至此，悲愁俨若忘。洗盏相畅饮，欢罢愿联床。（五）正月一，宰个鸡。二月二，放个×。三月三，绣褥单。四月四，写个字。五月五，静吃卤。六月六，大汗出。七月七，爱拉稀。八月八，吃西瓜。九月九，狮子吼。十月十（原缺）。十一月十一，吃个大鸭梨。十二月十二，商人到处卖字。综观上文，前三项乃无聊不通之作，第四则彼之情歌。**译注：这一“情歌”，恐怕还是从古人的著作中抄来的，溥仪未有作诗能力也。**第五则彼游戏之作。其与爱妃石霞书，而自称贱质，又谓幸蒙青眼，其对女性，可谓尊敬已极。尚有《赠石霞》云：“石霞吾爱妆次，仆本无赖，达逢卿，感激何似老猴精；最怕一句拉不拢，羞得粉而若深红。”总观上文，由其不通之文章，可知溥仪之生活及思想，实乃一无聊少生趣之少年。以此等人而受外人愚弄，其甘作傀儡宜矣！

溥仪夫人们的“杰作”

溥仪夫人与如夫人的作品，在故宫所见者，不通一如溥仪。唯如夫人造诣较深。夫人名植莲，其作品散见于储秀宫、养心殿，与溥仪所作什置，中有诗歌与书札。书札则多致溥仪如夫人者；诗歌大率述闺中相思之句，亦亡清新宫词也。英文名自署为衣里萨伯，与如夫人爱莲信中，好夹以极浅之英文字，可见其为初学英文，志趣甚陋也。其与爱莲书云：“爱莲女士惠鉴：昨接来函，知汝之兰楮闷损，倪以（原注：即现已二字）痊愈，余甚欣慰之至，并请君勿怕，是余错误，念余于君互相立誓，彼此均不得再生误会，不拘何事，均可明言，所以君久不来，余以为稍有误会之处，不过莫名其妙而已矣。只是君是因病不得来此，余实不能解也。君闻过中外各国，汝有病不能见余之理么？若有何护（原注：即获字）罪于君之处？还望君明以见告为幸。不过自叹才德不足，难当君之佳偶耳。请罪人植莲启。本思在**译注：“在”字或“再”字之误**写数行，以博君之一哂，怎奈不会写了，只得作此不通之数字，以解君之幽闷。”此函幼稚不通，堪与溥仪匹拟。其如夫人之作，则颇多诗人之意，兹录其有趣味一二首于下：(一)《吊苑鹿》云：“春光明媚，红绿满园，余偶散步其中，游目骋怀，信可乐也。倚树稍憩，忽闻囿鹿悲鸣宛转，俛而视之，奄奄待毙。状殊可怜，余以此鹿得入御园，受恩俸豢养，永保其生，亦可谓之幸矣。然野畜不畜于家，如此鹿在囿内，不得其自由，犹狱内之犯人，非遇赦而不得出也。庄子云：宁其生而曳尾于涂中，不愿其死为骨为贵也。”此文虽不佳，然尚有意可寻，非如溥仪夫妇之幼稚形态。如夫人即爱莲，其作品见于长春宫西厢书斋中，多诗文及日记，日记系写于怀中日记簿者，有咏《红楼梦》一首，观其词意，疑在未入宫前所作。其词云：“红楼拟作小蓬莱，中贮金陵十二钗。奢华莫比荣宁府，香草斜阳满院栽。金屋藏娇诸姊妹，有一个伶俐端正薛宝钗。在金陵阀阅尤称富贵，遭家不造遇同怀。只为呆霸王性情果然呆。京都寄迹荣宁府，适逢元春妃子省亲归。金玉良缘秦晋偕。红袖添香勤伴读，常把绣阁当书斋。路途中迷失吹箫客，一赴秋闱竟不归。”此词虽有不通及不叶韵处，然大体尚可诵。尚有日记一段，可见宫中妃嫔之平日生活。

爱莲夫人的一页日记

日记云：“二十八日，星期六，早晨八点钟起，洗手漱口，饮水已毕，梳洗吃饭。坐片时，我们宝先生（原注：即指其师傅宝熙）出门去了，我就没读书，也就写了一大篇，可巧这个功夫，报就来了，我便看报，已毕，教婉春念四书诗经，完后饮茶，我同老二、老三一同按琴唱歌，游戏已毕，歇了一会儿，洗面。此时大钟已然二点三刻了。我就饿了，想吃回头，告诉厨房急速做，我坐在屋中久等不至，忽然Teacher陈（原注：即太傅陈宝琛）来了，我一时着急，回头又热，所以我的嘴烫坏了。皆因又有卖珠花的来卖花，我心里又着急念书，先生在旁边等我，心焉有不着急之理？故此有这一烫，皆因不小心之过也。吃完回头就上课，六点钟下课，送出先生，我就吃饭，我在院中游片时，后来天色渐黑，我同大哥、老二、老三等说说玩玩，也就各自归屋。我就摘花洗面，九时安歇，今日日记已然记完，明日再记。”此文尚清顺，唯所谓“回头”不知是何食物。由上各文，溥仪之妻，有夫人“植莲”，及如夫人“爱莲”。而溥仪函中之石霞吾爱，不知是否如夫人？除此三人外，平日报章所载要求与溥仪离婚之“文绣女士”，自经法律手续与溥仪离婚后，现居天津，宫中无其笔迹文章。以溥仪之年龄，未壮而即被废，其夫人如夫人，据社会所知者，已有四人之多，外间不知者，不知尚有若干？相传溥仪因幼时好色过度，已形同废物，今证以上述诸文字，更见其夫妇居宫中生活之无聊赖及不自由之苦，而文绣之早求离异，虽其环境使然，要亦聪明之女子矣。

《吊苑鹿》是文绣大作

译注：以上二千余字系录自《逸经》，作者止厂，闻即谢兴尧的笔名。他说溥仪之妻名植莲，如夫人名爱莲，这倒是我未之前闻。根据溥仪《我的前半生》，他的“皇后”名婉容，字慕鸿，后来一个日本人写了一本关于他的书，把慕鸿写成秋鸿，以后以讹传讹，又成了鸿秋。现在止厂文中又有植莲之称，也许这个植莲是号，旧时的人，大都有一名、一字，而号则不计其数，“皇后”也许不会例外，溥仪的“淑妃”名文绣，字惠心，爱莲恐亦其号也。至于石霞则不知何人，此人断不是溥仪的“妃”。溥仪在 1924 年以前，只有一妻一妾，并不如止厂所说“已有四人之多”，“石霞”恐怕也是婉容或文绣的别号罢了。过后二年，他们的家族中，亦有人名石霞者，显然与止厂文中的为两人。止厂文中谓“其如夫人之作，则颇多诗人之意”，因举《吊苑鹿》一文，是哪一个如夫人之作，止厂没有说明。文末又有：文绣与溥仪离婚后，现居天津，“宫中无其笔迹文章”云

婉容和文绣在储秀宫

婉容和文绣在御花园

云，其实这篇《吊苑鹿》就是文绣的大作。溥仪《我的前半生》云：“这里是文绣在宫里写的一篇短文，这篇短文中多少流露出了她当时的心情。”溥仪所说的自然可信。止厂说“皇后”初学英文云云，这是事实，她的英文名衣里萨伯系溥仪所取的，她的英文教师是英国女子，名叫任萨姆，英文原名叫什么，不详。溥仪书中，能录文绣的《吊苑鹿》一文，也许曾参考《逸经》，要不然就是参考1926年的某一本《京报》副刊合订本，我当时订有这个合订本，记得很清楚，还记得其中登载溥仪《记与蒙古人谈话》一文，并影印“御笔”真迹，给我印象极深，至今四十年不泯。今见《逸经》止厂文中也有此文，故不惮烦再抄一遍，与读者共赏。此文写得极有趣，远胜《三希堂偶铭》也。

逊帝与蒙古人一席谈

文云：“予见蒙古人，彼言语甚为可笑，故记上。余曰：‘你们几时来京城儿？’蒙曰：‘我们没有吃茶。’余曰：‘不是吃茶，我说你何时来到北京城儿？’蒙曰：‘呕呕，臣才明白，皇上问的是什么时候来的北京啊？是不是啊？’余曰：‘为何不是呢？’蒙曰：‘大前天早五点钟来的。’余曰：‘我听说蒙古地方不安静，可是真么？’蒙曰：‘皇上胡说。’那彦图大呼曰：‘蒙古人敢口出不逊，这是皇帝，不许你乱七八糟的胡说八道。’蒙曰：‘是是。’余曰：‘不要紧，他没有见过我，偶尔说一两句不对的话，也无须责备。’蒙曰：‘皇帝说的甚对。’那彦图又斥之曰：‘皇帝二字是你叫的么？’蒙曰：‘那么方才你为什么说皇帝？’那曰：‘呸呸，我不同你等混蛋说话了。’登时出去。蒙古人亦去。我下座大笑。简直是二人斗口，不是余见人也。”

此虽问答之语，而活绘出一无知识之蒙古人，最妙者为“皇上胡说”，及“皇帝说的甚对”之语，阅之令人喷饭。“皇上胡说”及“皇帝说的甚对”二语，如果在溥仪做真皇帝时候，这个蒙古人至少也要受到重大的刑罚，现在已是做把戏里的“皇帝”，溥仪有自知之明，也就马马虎虎，不必认真了。溥仪这一段记事极有风趣，因为是用语体文写的，所以很是通顺。带领“引见”的那个那彦图，字巨甫，是蒙古镶黄旗人，世袭萨克亲王，在光绪年间，历任都统、领侍卫内大臣、资政院议员，入民国，历任参议院议员、乌里雅苏台将军、政治会议议员、参政院参政、满洲镶黄旗都统等职。又蒙古的亲王中，有达尔罕亲王那木济勒色楞其人者，汉名包乐康，1948 年后逃至香港，1951 年 6 月 5 日死于九龙，年七十三岁。香港有个过气“亲王”逝世，在历史中恐只此一人也，附记于此，以便读者参考。

溥仪最崇拜墨索里尼

我和逊帝的师生感情一向是很融洽的，在我的服务期中，我们相处得很好，就是现在回忆起来，也很令人愉快。当我在紫禁城里的时候，逊帝对于意大利那个政治家非常崇拜，认为那个人能使意大利人走向新的生活，是了不起的。因此他收到黑衣宰相墨索里尼托意大利公使转赠亲笔签名的一张照片，感觉很是荣幸。不过，照我看来，逊帝是知道他不会是一个墨索里尼的塑形的。译注：溥仪虽然没有条件做独裁者，但在“满洲国”时代，他也很“荣幸”地与希特勒、墨索里尼同盟，亦不负墨索里尼相片之赠了。墨索里尼是否值得崇拜，溥仪今日才知道自己没有见识。

中国的报纸对于我被聘为逊帝英文教师一事，相当注意。北京和华北的报纸，一般对这件事都出以友好的态度。但南方和广东的报纸则多加以怀疑和嘲笑了。自我到职后不久，就有很多人写信给我，使我穷于应付。写信的人，有些向我提供意见，要我怎样教育我这个“皇帝学生”；有些请求我介绍他或他的亲戚到内廷工作；有些人对我陈述东三省及其他地方的复辟党活动情形；有些又托我转送纪念品给逊帝，并要我答复那些东西是否已到达逊帝手上；有些又请我为他们安排与逊帝见面，因为他们有重要的秘密消息，非当面禀告不可；有些又对内廷工作人员肆口大骂；更有些无名氏的信责骂我危害民间，叫我为自己打算，最好就是即日辞职不干，否则必有恶果。有几个家庭做父亲的人恳求我教他们的孩子念英文，这样，他们的孩子得到帝师来教读，会感到极大的荣幸。

比信件更使人麻烦而难于应付的，是那些不相识的人坚持要来见我。幸喜我的管家——一个满族人——很懂得怎样处理这些事情，他会运用种种方法将他们“挡驾”，但有时候也不免有所走漏。那些被阻挡不得其门而入的客人，往往会在门前久候，觑我出门登车，或回家下车之际，便一拥上前。有一个这样的青年，他穿着黄皮鞋、长衫，头戴一顶美国帽子，面貌苍白而猥琐，他一见到了我，就把我截住，强行谈话。据他自我介绍，他是一个基督教教友派的耶稣再生论者，他对我说，不知怎的有一种莫名其妙的力量促使他来见我，希望使得我也影响逊帝相信真理。这个青年腋下夹着一些小册子，他交给我，要我转送给逊帝，他说这些文件必定会引逊帝走上光明之路而得到解救的。这些文件带来什么光明，我可不知道，但无疑，它们在紫禁城的黄昏中是不会放出光亮的。

沙皇要求逊帝做会员

除了教逊帝英文之外，我另一个任务就是替他处理外国寄来的函件。所有这些外洋文件，我和北京邮政当局讲妥了，全部先送到我家里。我得坦白承认，这些信件里，有大部分是不送到内廷给逊帝过目的，因为它们的内容近于琐碎无聊。其中有几封来自不明的人家，自愿到紫禁城里充当逊帝的姬妾。也有些请求逊帝的签字笔迹。又有一封从美国寄来的信，写信人自称是俄国的合法沙皇，自大革命后，逃亡到了美国，他写这封信的用意，就是想联合世界上那些失去王冠的统治者，组织一个协会，以便时时交换意见来进行恢复旧业的工作。这个“沙皇”力劝逊帝参加此会，为永远会员。我把这封信交给逊帝一读，组织一个只限于退位君主为会员的协会，这一建议立刻引起逊帝的幽默感，他建议这个协会如果能增加一个项目，那就更为愉快生色。一个什么项目呢？就是每一个失去宝座的统治者都要学习演奏一种乐器，于是整个协会的会员就可以组成一支演奏者完全由退位君主充当的乐队了。我们认为一束御花园中的牡丹——那是紫禁城中著名之物——用来代替那些已失去的王冠最为适合不过。他个人所演奏的乐器将会是锣、鼓、钟、磬这类东西，这些东西在举行典礼时常在乾清宫出现，随手可拾。由这班贵族组成的演奏乐队，一定可以奏出和谐美妙之音。我又提出一个建议，逊帝立即同意。我的建议是这个牡丹王冠的退位君主音乐协会，应该找一个小小的荒岛来建立一个国家，执行他们的统治权，为了做得更加痛快起见，这班贵族不妨采取共和民主政制，在他们的会员中选一个来做总统。

建议彻底改革内务府

我在清室服务的若干年中，曾用信札或札记方式记录了我在这个神秘的紫禁城里所闻所见的各种事情。有两封信是我进入紫禁城后最先那几个月中所写的，其中有数段也许可以为这一章或以前各章的附注，可以看出紫禁城中那些腐化情形，和主张逊帝早日移往颐和园居住，这一计划我是在很早以前就定好了。

当我开始服务后约两个月，即是 1919 年 5 月 18 日，我曾这样写道：

> 我觉得现在正式提出任何改革紫禁城的建议，仍然是为时太早，但我却有一个极坚强的信念，假使逊帝能离开紫禁城，依照优待条件所规定，搬到颐和园居住，那在肉体、精神、智慧方面都对他有莫大利益。但要这样做，就得彻底改革内务府。并且绝对不能容许有太监跟着到颐和园伺候逊帝。颐和园里有很多房子，足够容纳伺候逊帝的侍从和师傅们居住。前几天，我曾经和载涛贝勒谈及这一问题，我们一致认为若干改革是目前很迫切的需要，但如果内务府仍然是今日这个样子，当然不能希望这种改革能够有效。

整整两个月后，是 7 月 17 日了，我有一封信给一位懂得英文的中国朋友，这位朋友一向对于逊帝是非常关心的。我那封信写得很长，现在只摘抄一些如下：

在我去西山之前，我认为我要有一件事得对您说一下，我的意见以为今日逊帝过的那种过度铺排的帝皇生活，对于他的健康、道德、智慧、身体都有百害而无一利。所以我很希望为了他的前途打算，能找出一个好办法，使他能在较合理较自然的环境中生活。虽然他是一个皇帝（一个有名无实的皇帝），但他终究只是一个儿童，如果忽视了这个事情，在三四年以后，其结果将会是不堪设想的。我认为目前最要紧的一件事情是他需要立刻改变一下周围的气氛与环境。如果他能丢下书本两三个月，搭船出海去旅行或到山上居住一个时期，这对他有极大的好处。我所建议的当然会发生极大的阻力——其中有些是政治的——但也不能不面对现实。把逊帝关在北京城中心的紫禁城里，使他得不到充分的新鲜空气和充分的运动，这是一件极残酷的事。

你和其他那些忠于清室的中国人，心目中仍以这个孩子为皇帝，这种心情我是十分了解的，不过我的看法和你们不同，在我看来，他不过是一个小童而已。但是最重要的事情还是他的身体和精神这方面的健康，这个问题较诸将他打扮为皇帝还重要。甚至就算他是皇帝或是有希望将来复辟，我仍然坚持我现在所说的有关他的教育与环境的话是十分正确的。西方某些君主国家，他们有一种见解，认为凡是君临一国的君主，必须与外界一切隔离，把他们当作神圣不可侵犯的人物，他们是与常人大不相同的。但是这种荒谬不经的理论，早已为人抛弃了。也许现在只有西班牙一国还是如此，不过，它的王位在目前还算稳固，然而革命势力却是暗中沸腾着，高高在上的国王是懵然无所知的。纵观今日世界大势，各国的王位未可乐观。如果在这个革命潮流中仍然要保留一个象征的王位，照我看来，只有采取英国的榜样，当然，古时代的那种“王权神授”之说，已成过去。当英国的韦尔斯太子**译注：即今日已届古稀的温莎公爵**在牛津大学念书的时候，我也是牛津的学生，他在学校所过的生活，和我所过的一般无二；在大战期间，他在军中服役，是一个年青的将官，曾立下战功，但他是太子，以太子的身份来参加军役，也绝对不会失去他的尊严。您的年青的皇帝现在对于西方的生活习惯已知道很多了，我时常给他阅读一些有插图的杂志，他看到英国的王室人员可以在街头和平民一起活动。我也曾尝试使他了解做现代君主的地位与观念应该是怎样的。对他讲述这些事情使他了解，我觉得没有什么困难，《孟子》一书中对这个“民为贵，君为轻”的民主精神发扬得很尽致了。中国是一个最早主张共和政制的国家，比西方还要早，所以在中文方面，不必费力教他这些问题。但是我所着重要做的一件最重大的事情，就是关于训练逊帝的问题，不管他将来怎样——是中国人要求他复辟，或是到了最后他得放弃一切“帝皇”特权而在中国四亿人民中充当一分子——我总要训练他成为一个现代有用的人，使他将来不会埋怨负责教育他的老师。我的意见认为什么都可以牺牲，只有他的身体、健康和道德是绝对不能伤害的。如果逊帝仍然继续被人装成是一个“真龙”“与众不同”的人，那么，无可否认他做人是失败了，像这样的人就是做个国王也是极其不适合的。假使他还是被人灌输那些“有朝一日重登宝座”的思想，到了最后发觉幻灭了，那么，他在这个世界上也没有能力做人了。反之，如果他好好地被教育成为一个有自由思想、有爱国精神和有文化的中国绅士——一个真正的君子——则将来无论是哪一种职业，需要他担任时，他都能愉快胜任。什么职业呢？做个国王或是做个平民。

假如清室的整个机构重新组织，不必要的大臣、仆役、太监可以尽行撤去，这样，每年就可以省下许多无谓的庞大开支，在工作效率上更为有效。这是任何人都可以想得到的。但在目前我不想对这问题多说，并且，这也不是我分内的事。

当我写这封信的时候，我简直不知道后来事实证明改革紫禁城的行政有多么大的阻力和困难，也不知道我向逊帝建议劝他遵照优待条件的规定迁居颐和园所引起的那种巨大的阻力。像这些事情，以后我遭遇到的还多呢。译注：庄士敦这封信写给谁人，未见他说明，但据我推测，可能是写给李经迈的。他关心溥仪的教育与前途，可说是语重心长。他的《紫禁城的黄昏》出版时，溥仪正“登基”做“康德皇帝”，庄士敦也许欣然自得，自鸣言中。可惜他早死，没有看见溥仪怎样被俘、怎样再做人、怎样以脑力来换取每月三十三元人民币薪水过活。如果庄士敦今日见到这情形，他也许会称赞他的学生有做人的能力了。溥仪每月薪水三十三元，见3月15日美国出版的《新闻周刊》。

复辟派的希望与梦想

五四运动与反日狂潮

我在前文曾说过，逊帝对于中国政治舞台上所发生的大大小小事情都十分感兴趣，所以他订阅了很多报纸，自由阅读，埋头埋脑去研究、探讨报纸上登载的消息。我常常发现他在坐着，面前堆着一大堆高如山积的报纸，其中有北京出版的，也有天津、上海、广东出版的。我见到这个情状，曾劝谏他，一个人的精力有限，光阴可惜，犯不着花这么多的宝贵时间来读这些无用的东西。

他往往答我，他读了这些报纸，发觉它们所记载的新闻虽同是一事，而甲报所记，与乙报不同，丙报所记，又与丁报不同，党同伐异，歪曲事实，到底这件事的真实情形如何，无从判断。有这种情形，逊帝就要凭自己的聪明，用脑力去辨其真假了。幸喜他获知有关中国的事情，不完全靠报纸供给，他常常收到他的旧臣及宫廷人员的有关中国政治的情报，这些情报或是书面报告，或是口头报告，类皆公正可靠，不像报纸所载的那样有偏见。我也时时向他讲说欧洲发生的事情，他听了也同样有兴趣，并且很表关切。

我们同在一个动荡的时代生活。当我在 1919 年担任逊帝的英文师傅的时候，世界大战刚刚结束，“五强”在巴黎喜气扬扬，绘制一幅新的世界地图，并草拟一个可悲的条约加诸战败国，保证世界从此永远和平，不见兵戈。在中国，一般有政治思想的人皆把目光集中在青岛问题。青岛这个地方，本是德国人借口教士被杀，强迫清政府将胶州湾租给他们的，租

张勋（1854—1923）

借到手后，德国人又修筑胶济铁路，大伤中国主权。到 1914 年欧战发生，日本帝国参加英法集团，从德国人手上将青岛抢去。当凡尔赛和会开会时，中国人要求在和约中规定青岛及德国人所筑的铁路以及其他利益应无条件全部交还中国。日本在和会中提出有关青岛及旧时德国利益等问题，应由日本直接与中国谈判，不必载入和约，在谈判期间，青岛仍由日本管辖。中国人对日本这一提议，竭力反对。但日本这一提议，似乎在凡尔赛甚得“五强”的赞成，因此更引起中国人的愤怒，于是发生了五四运动，由一班爱国学生领导，打倒卖国贼等。爱国学生振臂一呼，全国学生响应，继而全国商人罢市，抵制日货，尽力支持学生。北京政府被这个情形吓慌了，终于训令出席和会的中国代表不得在和约中签字。

逊帝对于这些事情都予以密切注意，同时，对于中国地方上的军阀横行、政客的兴风作浪，以及国会议员（这时候，中国有三个议院，各自称为“正统”）的活动等，也同样关注。我常在书房或乾清宫他起居的地方，和他很随便地讨论这些问题。

张勋复辟失败的主因

当我在 1919 年 2 月要到紫禁城服务的时候，距离张勋搞的复辟把戏不过十九个月。我在上文曾经提及，张勋的复辟失败，其主要原因不在那些有军事、政治力量的掌权者不同情他，拒绝和他合作。其失败的大部分原因是张勋个人的愚妄，自以为他一个人就有足够的能力，可以把那个儿皇帝扶上宝座，对于复辟派人物不加信任，甚至到了时机成熟时，这个辫帅还刚愎自用，不肯和这班同事坦白商量，又对他们的官瘾不能予以充分满足——他们所希望的是一旦天子重坐龙廷，他们个个都是开国元勋，可以得到摄政、总督、巡抚这些职位。但事情竟然大出他们意料之外，他们就存有不合作的心理，到了大势将去的时候，张勋也不和这班人商量，一直把他们当作圈外人，这样张勋就注定失败了。译注：庄士敦对复辟一事所下的断语，不能说是观察正确，其中有许多复杂的因素与内幕为庄士敦所不知道的。

在这短短的十九个月中，中国人并不会忘记张勋复辟的把戏。后来徐世昌被选举为中华民国的大总统，清室那班人皆大欢喜，以为大有希望了，因为徐世昌这个人是旧日清朝的大官僚，他一上台，还不替他的旧君打算来光复故物吗？甚至徐世昌就职后第一个行动不是赦免张勋，取消他的通缉令，这班人也没有觉得失望。至于中国人的人心趋向，也是值得一说的，有好些地区的中国人对于中华民国失望已极，人民认为民国政府所答应的事情没有一件做到，反而使人民生活穷苦，日在兵戈之中。当时欧洲人的报纸就广泛地反映这种情形，它们的内地通信对这些情形有详细描述。写这类通信的人大部分是教士，他们眼见辛亥革命把那个腐败无能的清政府推翻，他们也很热心地拥护新政府，希望新政府成立后，中国会日渐富强兴盛，中国人民和西方国家的友谊更为增进，以前很多不让教士前往传道的地方，现在门户开放了。怎知事情并不是这样，这班教士也失望了。现在我摘录 1919 年 6 月 23 日上海《字林西报》一段甘肃通信，便可见其一斑。它说：

苛捐杂税以及官吏的贪污枉法，使人民怀念清朝，渴望清朝能够有朝一日恢复它的政权。人们认为清政府虽然很坏，然而中华民国比清朝更坏十倍。我们不只在这个偏远的地方听到这种慨叹之声，希望清朝卷土重来，就是在其他地方，也听到人们期待着复辟。

几种标榜革命的刊物

另有其他证据，可以说明中国人对中华民国政府的失望。例如以前进、革命标榜的刊物《新青年》《改造》《曙光》等，它们的言论是激烈的，民国政府成立不久后，它们就开始对政府感到失望，在它们所发表的若干文字中，写文章的人表示他们对现实不满，深悔将革命思想灌输到农民的脑海去。辛亥革命后十年，民国十年（1921 年），第二卷第三期的《曙光》有篇文章就表示对民国政府的失望，我现在把它译为英文，许多人以为那班拥护清室的人的潜力已消失了，只要他们一读此文，便会失惊自悔看错了。它说：

> 中国的农人，百分之八十至九十都是文盲，他们大都蠢如猪狗，这是一件极悲惨的事。他们的脑子中不懂得什么叫自由，什么是政治权利，什么叫作政府。他们日夕所想的就是怎样纳粮之后，能逐日安排过日子。如果行经乡村里的市场，就会有人这样问道："宣统皇帝怎样了？"或是"现在宫里谁人主持？"除此之外，人们可以听到农民诉苦之声，听到他们这样说："年情不好，我们的生活更难过了，除非有真龙出现，天子重坐龙廷，我们才有好日子过。"试听听这些话吧！农村里的乡下人对中国政府是怎样的失望，他们希望过好日子除非有个张勋再来一次复辟。就让那个张勋招兵买马吧！他招到了兵以后，人们就可以看见他的军士热心勤王，什么都不能改变他们的信仰了，如果有人想拿些什么新思想向他们灌输，他们会掉头不顾的。

像这样的言论，在过激分子陈独秀的《新青年》中也时时见到。甚至若干知识分子也认为拥护清室的人有他们的一套主张，他们对于复辟大有信心，有朝一日必能实现。据我所知，中国若干地区中有势力的领袖，他们在私下里多少对此具有同感；同时我又获悉，东北方面，这种思想也存在着。

想象中的“满蒙帝国”

东北本是清朝的老家所在地，满族人虽然已经汉化了，但其中还有很多人忠于清室。东北这个地区，叫作东三省，仍然有很多汉人、蒙古人、满人杂居着。辛亥革命时，东三省对于起义这件事不很热心，如果当时的清朝皇室决心退出关外保守实力，不与民军商量条件，据我推想：东三省的军人（例如近日握军政大权的那个张作霖，便是其中之一）未必反对，东三省的文官也不会抗拒的。这时候，也许会出现一个“满蒙帝国”，由清朝来实行统治，相信不久之后，热河、察哈尔、新疆、甘肃甚至西藏，也愿意参加这个组织。

这个“满蒙帝国”也许不是一个中央集权的国家，而是一个联邦组织，各自独立。假使果真如此，则“满洲国”早在 1912 年成立，不必待至 1932 年了，那时候尚未有国际联盟的组织，国际上谁去问它合法不合法呢？如果中国政府“威胁”其安全，那么，“满蒙帝国”就会进一步和日本走得更近，关系更为密切，这种情形，早在“九一八”以前出现，不必等到二十年后了。译注：庄士敦这种荒谬绝伦的言论，在这一章里真是说得头头是道，并且处处为“满洲国”辩护，暗示溥仪在日本人牵引下做“满洲国皇帝”是合法、合乎人民期望的。这些废话，似乎不必再替他说一遍，译到这里便够了。

紫禁城内的几件轰动性事件

第一次走出“紫禁城”

当逊帝还未满十六岁之前（这个时候是1920年的末季），他对于宫里的种种制度、习惯，都觉得不耐烦了。他要自由发展，什么时候做什么事，他要自己决定，什么时候玩耍，也自作主张，不肯受到那些繁文缛节的制度的束缚。他往往在宫里走来走去，从这个门走到那个门的尽头，不爱坐在那顶黄轿子里让人抬着他走路了。他的年纪渐大，已经有点懂事了，他看出自己是个有名无实的皇帝，但他左右的人仍然拿他当作真皇帝看待，他看了真觉得不舒服。

逊帝热切地渴望走出紫禁城看看这个现实的社会，但他却不能如愿以偿，有时他在御花园假山最高之处，或靠近神武门左近的亭阁向外边窥望，更使他野心勃勃，要出去玩玩才觉得安乐。每逢他请求到紫禁城外玩玩的时候，内廷的人就会阻止他，对他说，外面是个危险的地方，南边孙逸仙的革命分子时时刻刻在等候机会侮辱他、殴打他，甚至将他置诸死地。所以最好就是不要离开紫禁城一步。将来总有一日他可以自由行动的，但在这个时候，他仍须忍耐，自由的日子还未来临。译注：这些人所说的一番话，岂知四十年后，溥仪以平民身份在北京街道上自由行走了。

结果逊帝第一次走出紫禁城的机会来了，但这是一个悲惨的机会。他的生母醇亲王福晋于1921年9月30日逝世了。她是死在北府——在北京城北的醇亲王府，逊帝出生的地方。在10月初，逊帝到北府行礼的时候，他曾在北府停留了半日。这一天他离开紫禁城之前，打从神武门起，以至景山之北的街道，通至鼓楼这一带，沿途布满民国的军警，加意保护。

溥仪生母死于“自杀”

人们称为后门的皇城，是有三座门的，正中的那个门，通常是关闭着的，左右两门开放给人民通行。在帝制时代，正中那个门只有在皇帝经过时开放；帝制被推翻，民国的总统也唯我独尊，与众不同，正中的一座门只有他一人可以通过。自从这一次起，以至 1924 年 11 月止，在这期间，每逢逊帝出门，他的车子经过后门，正中的一座门也特别为他而开，让他的车子经过，待以“元首”之礼，可见民国的政府仍以大清皇帝视之。译注：溥仪的生母瓜尔佳氏，系荣禄之女，小时候娇纵非常，在北京社会中已著名的了。庄士敦说她死于民国十年 9 月 30 日，则是死于阴历辛酉年八月二十九日。她患的什么病症逝世，庄士敦在书中绝不提到，不知是否有意为其“皇上”讳此事也。久居北京的人都曾听过宣统皇帝的母亲吃鸦片烟自杀的传说，但对其中情形不详，只有一些留心清室的人才知道得比较清楚。溥仪《我的前半生》说，瑾太妃辞退太医院一个叫范一梅的大夫，溥仪就去骂她太过专擅，问她是谁做皇帝。瑾太妃一气，叫溥仪的生母和祖母入宫，将她们申饬一番。她们就劝溥仪向瑾太妃赔不是。溥仪说：“据说，我母亲从小没受别人申饬过一句。她的个性极强，受不了这个刺激。她从宫里回去，就吞了鸦片烟。……牺牲了我的亲生母亲。”溥仪对这件事倒也很坦白地写出来了。我以前又听说，荣禄之女未指婚载沣之前，载沣已订了一头亲事，慈禧太后硬要退婚，另聘荣禄之女，前聘的那个姑娘遂服毒自杀。后来读王小航的《方家园杂咏》，记其事云：“荣禄女早有艳名，太后常召之入宫，认为养女。某亲王先已订婚，系旧勋将军希元之女，太后勒令退婚，改订荣女。某王之太侧福晋入宫哭求太后曰：‘我之儿妇已向我磕过头，毫无过失，何忍退婚，教人家孩子怎么了？’太后坚执不许。希公女闻而仰药死。”照此看来，载沣的一个未婚妻服毒死，二十年后，他的妻子亦服毒死，

溥仪生母瓜尔佳氏

何其巧合也！此事不知溥仪有所闻否？王照字小航，为戊戌政变中的牺牲者，后以字行，晚年致力文字改革及提倡北京语。胡适很佩服他，为他序文集，赞不绝口。王小航是1933年死于北京的，年七十余。我在前一节的注语中，曾引溥仪所作的《记与蒙古人谈话》一文，那个蒙古人称溥仪为“皇帝”，被喀尔喀亲王那彦图斥之曰：“皇帝二字是你叫的么？”蒙古人反唇相讥道：“那么，方才你为什么说皇帝？”清末那五十年中，皆幼主临朝，太后垂帘听政，太后称皇帝为皇帝，臣工称皇帝为皇上，皇帝称皇太后为太后。因此，皇帝二字，只有太后可以出之于口，溥仪此时虽已非皇帝，但仍然是皇帝打扮，只有那四个太妃和载沣才可以称他为皇帝，一班臣工只能称他为皇上，所以那彦图斥蒙古人曰“皇帝二字是你叫的么”也。但那个蒙古人也不肯示弱，反问他道：“你方才为什么也说皇帝呢？”这一反驳，那彦图是无法自辩的，只有骂蒙古人混账。庄士敦这一段文中谈到民国政府仍以皇帝之礼待溥仪，因此我顺便在这里附注一些溥仪登基后清廷制定有关溥仪与其父摄政王及隆裕太后之间的礼节。逊位后，这种礼节有一部分仍然不变。光绪三十四年十一月，内阁等衙门会奏，遵议摄政王礼节十六条，规定摄政王在皇太后前称臣，行臣礼，称皇上曰皇帝，王对众自称本摄政王。凡遇皇上升殿受贺及万寿圣节，摄政王皆不与列，在宫中行家人礼。如遇皇太后庆贺大典，摄政王另班行礼，毋庸随班。关于朝见座位的礼节，养心殿中设御座，并设案，东侧设监国摄政王座，座前亦设案。王公百官遇有应行跪安谢恩各礼节，皆向御座恭行。每日召见王公百官，该员先向中设御座跪安起，入东暖阁启对。依东设案，中设监国摄政王椅座，旁备矮杌凳，监国摄政王在座，如命召对之员坐，即各就杌坐，如不命坐，则侍立。启对毕，摄政王命退，即退出。这些礼节，到辛亥以后，摄政王已无大权，但在小朝廷里还有一部分实行。

坚持非买辆汽车不可

逊帝的汽车前后皆有扈从的车子随行。街道上聚集了一大堆看热闹的民众，他们都怀着一种希望，想见见这个以前曾一度是他们的统治者的青年人。不消说，街道上并没有所谓“危险”，也没有孙逸仙党人要袭击他，民众见他经过，并没有欢呼，只是沉默，但都有敬意。

丧礼过后，逊帝又表示要到紫禁城外溜达溜达了。这一提议，马上受到各方面反对。反对的理由很多，兹举一例吧。他出门游玩北京城，本非不可以，但是出门一次，需要花很多钱来预备一切，和民国政府联络，往返需时，把守后门的军警及沿途保护的军警都要大量犒赏，并且又要租用很多汽车以为扈从乘坐之用，所费不赀。于是我为逊帝讲好话，提出一个办法，他可以轻车简从，便服出游，不必带一个随从，就可以游玩北京城和近郊各处了，这岂不是轻而易举，何必劳师动众呢。但我这个建议被认为荒唐，不值得加以慎重考虑。

然而经过这次的争论之后，逊帝坚持一定要买一辆汽车为御用，他终于如愿以偿了。译注：阻止他买汽车的人，“监国摄政王”载沣也是其中之一。据《我的前半生》说，溥仪对于他的生父不让他装电话、买汽车，但他的生父却比他先装了、先买了，“心里很不满意”。有了汽车之后，他就在 1922 年 5 月 13 日，坐上他的御用汽车，驾临他的师傅陈宝琛的私第探病，原来陈师傅患的是肺炎之症，病势严重。幸而这位老绅士的体气极好，竟然在鬼门关被拉了回来，到 1934 年仍然活着，这一年他已是八十七岁了，他还到“新京”朝见他的“满洲国皇帝”。译注：第二年为 1935 年，陈宝琛于阴历二月初一日死在北京，享年八十八岁，实年八十七岁。在这一年的 9 月 26 日，他又驾临满族师傅伊克坦私邸探病。这两次出门，仍然由内廷人员及一些民国军官坐着出租汽车陪伴前往。这些军官穿的是民国制服，后来我才知道，他们是民国政府派来“保护”逊帝的，一面也是监视着他的行动，只许他到北府和西城看他老师的病，不许他走近南城，因东交民巷“使馆区”近在咫尺也。这是内廷人员与民国当局的合作，由内廷人员建议如此这般的。我曾两次和徐世昌总统会晤，他向我保证，只要他一日在位，民国绝不会限制逊帝的行动。但在另一方面，徐总统却又不肯干涉清室的腐化奢靡，彻底予以改良。本来他是可以这样做的，他可以在支付优待费时提出条件，强迫清室改善一切。然而他偏不这样做，那显然是他不想得罪在政治上支持他的那班人。这班人有一部分是很有实力的，他们之中，包括“内务府”及其有关的人员、王公贝勒等贵族，以及民国握军政大权的“伟人”如段祺瑞、张作霖、张勋译注：自丁巳复辟把戏失败后，张勋已没有兵权在手，退居在天津租界，待死牖下了，庄士敦仍把他计算在内，似乎应予以说明与曹锟等四人，又加上那班复辟派人马，他们会认为民国如果干涉到紫禁城里的内务府，就无异于攻击逊帝，有损逊帝的尊严，或是破坏优待条件，所以徐世昌总统不敢尝试。

层层中饱的宫廷黑幕

庄和太妃译注：即同治帝的瑜妃，庄和这一尊号，是隆裕太后死后，始由溥仪“封”上去的是紫禁城中四位太妃之一，她死于 1921 年 4 月 14 日，较逊帝的生母逝世早五个多月。在办丧礼期中，自然有很多礼节，她的金棺移往慈宁宫安设，这个地方，以前慈禧太后住过的。太妃死后数日，宫门抄就刊载一个消息，逊帝将往慈宁宫向太妃的金棺行礼。以下各日，就是王公大臣包括我在内，前往行礼。王公大臣要在庄和太妃的金棺之前匍匐行礼，同时，一群穿着孝服的太监也伴着跪在地上哀号。但我对着金棺只行三鞠躬礼，未能入乡随俗也。译注：庄士敦既为溥仪师傅，食“俸禄”之外，更膺“头品顶戴”“赏穿貂褂”“毓庆宫行走”之荣，当然名分已定，乃“皇上”的臣工了，而对于“皇上”的庶母之死，不行中国之礼，是瞧“皇上”不起也。但“清室”那班人亦优容之，则以彼为洋大人，不可开罪也。若在康、雍、乾、嘉之世，这个洋人必被驱逐出境无疑。此亦可见小朝廷之地位为何如矣。庄和太妃的金棺，是 5 月中旬出殡，奉移山陵安葬的。

太监们的哀哭是否出于真诚，欲衡量这一程度，最好不过的就是请看这个事实：庄和太妃断气不久后，伺候她的太监，早已把她的金银珠宝私下瓜分了。这件事发生后，紫禁城中立刻引起物议，那并不是因为群盗偷窃宝物这个问题（好像太监偷窃主人财物，已成为一种特许行动），而是因为太妃刚一断气他们就迫不及待地先下手为强。假如他们以文雅的态度来处理太妃这些遗物，就不致引起多人说闲话了。紫禁城中居然没有人惩治这班太监，勒令他们吐出赃物。当逊帝和我谈到这件事情的时候，他很生气，一定要究治这班太监，将他们责罚，但内廷的官员和王公贝勒们（更可异者那三位太妃也包括在内）却劝阻逊帝不可如此，因为这么一来，已故的太妃就大为丢脸了，她一旦死去，伺候她的人即以盗窃罪而受刑罚，使太妃在天之灵甚为不安云云。

紫禁城里的真正的贼人我未见过，也未知谁是，但里面那些侵吞浮冒的事情，我却听得多了。从前有个故事，中国某一位皇帝偶然问他的一个大臣道："卿家早晨吃什么呢？"那个大臣道："微臣早餐只不过吃两三个鸡子罢了。"皇帝闻言大惊失色地喊道："太过荒唐了！鸡子是很贵的东西，我每早只能吃一个，你不过是朝廷一臣子，怎能一吃就两三个呢？"这个大官知道殿上有人望着他，他会意了，连忙奏道："微臣所吃的鸡子是便宜货，它们都是臭腐的，所以还吃得起。"

这个故事不论它的真实性如何，但它总可以说明中国宫廷里的黑幕，层层中饱的事情，由来久矣。法国一个作家在他的一部著作中谈到一个有关中国的故事，他说，清朝一位皇帝发给内帑八万元作为修理北京使馆街街道的费用，经过内廷人员的手之后，发给建筑商和经手人等，落到做工的工人手上，工人每名实得只有八十元。

我曾在某一个师傅的宴会中听到一个有趣的故事。这次的宴会，内务府大臣若干人皆被邀请。在闲谈中，偶然谈到宫中近日一次过节，就花了很多钱，内务府为了应付这件事情，不得不拿出大批玉器瓷器去抵押现款。我觉得很奇怪，过一个佳节，为什么要花这么多钱呢？他们向我解释说，这笔钱的大部分用在赏赐太监，因为他们悬挂和点燃很多宫灯，不无微劳。我说，太监所做的这些工夫，小至无可再小，只不过举手之劳罢了，如果叫北京市上的工人来做这项工作，所费不过十块钱而已，但在"老例"上，就要花到如许大手笔了。我问他们为什么要如此这般，他们说出一个道理。据说，在辛亥革命以前，这班人弄钱自有方法，不必在这些小事情上打主意，现在不同了，他们也很苦，所以就不想剥夺了他们的外快。我说，现在既然与前不同，已经没有机会弄钱了，宫里头就更应该事事撙节以适应环境，怎可以还像从前“好日子”那样呢！

终于又装上了电话机

逊帝买到汽车，但他坐汽车的机会却是很少，虽然少，却了了他的一桩心愿。过后，他又要在宫里装电话了。这当然又引起内廷人员的反对。他们的理由是：皇上如果安了一个电话，外头的人随便可以打电话来和皇上谈天，这成何体统！还有，碰到那些反对党高兴时，他们可以打电话来侮辱皇上呢。然而反对归反对，结果是他如愿以偿，终于在宫中装上一个电话机了。有了电话之后，逊帝就利用电话和外边的人开玩笑。译注：《我的前半生》有记述溥仪装电话的事情，可资参考。溥仪说，他利用电话和杨小楼、东兴楼菜馆、徐狗子开玩笑。1937 年 1 月，香港文宗出版社出版的潘际坰的《末代皇帝秘闻》上集第 40 页，说到溥仪安好电话后有云：“我第一个电话是打给徐狗子的。他是一个杂耍演员。回想当时的情形，非常可笑，我按号码接通以后，就在电话机旁高叫一声‘徐狗子！’然后赶忙把电话挂上。我是谁？对方不知道；对方听到了没有？我也不知道。”这些话是潘际坰前往抚顺战犯监狱访问溥仪时的记录。杨小楼是大名鼎鼎的京戏演员，溥仪打电话给他，当是意中事，但溥仪前此对潘际坰说第一个电话是打给徐狗子的。徐狗子是北京著名的杂耍演员，他的名头虽不如杨小楼那样大，但在北方也是个著名人物。这个人，南方的人知者较少，我不妨略为介绍一下：徐狗子是满洲镶白旗人，是否姓徐，已不可知。他叫什么名字，现在也不易知道，因为他是生于清同治十三年甲戌（1874 年），是属狗的人，所以取狗子为乳名。这是北京人的传统习惯。徐狗子父母早亡，兄弟两人（其弟名广阔泉，擅长快书，1953 年前后尚健存，与其女秀芬以唱曲为生，生意平平，今不知如何）过着贫苦生活，为了糊口，就拜莲花落某名家习艺，学成后，仍然没有什么发展，只在二闸船上唱唱曲，或在天桥搭班，勉强维持生活。后来他和几个同道搭伙，每晚在北京城的大街小巷各宅门演唱，其时有个财主张某很赏识他，出钱帮助他组班，取名全顺堂，生意渐有起色。光绪十六年以后，有个太监曾向慈禧太后说徐狗子的吹唱极好，因此得入宫内演唱，从此徐狗子之名大噪。数年之后，徐狗子有些积蓄才成家立室，生一女名秀云，这时候，他在齐化门外菱角坑献技，以双簧彩唱莲花落为擅长，生意极盛，家乃小康，遂于齐化门外二神庙购买房屋，装设电灯电话。徐狗子于民国初年常出演于天津、济南、上海、汉口等地，甚为人欢迎，所以他的大名也“上达天听”，曾经“御赏”，紫禁城的养心殿一安上电话就先打一个给徐狗子，“九重天子为知己”，徐狗子可云无憾。他是民国十八年（1929 年）患臌胀病死的，年五十六岁，无子。溥仪能知其大名，我猜一来是得自报纸，二来也许是年老的太监曾对他说及昔年徐狗子入宫演唱的盛事，所以对他的印象颇深也。

不能让鬼子检查龙目

在民国十年至十一年（1921—1922 年）这两年中，紫禁城里曾发生好几次骚动，引致这些事情发生，我是间接或直接地负责的。

这些骚动的发生，其中有一件是关于逊帝的视觉问题。我在 1921 年发觉他患上了很严重的近视，从此可知他时时头痛或身体其他部位有病，一定是与过度使用眼力有关。我怎样发现逊帝有深度近视呢？某一日我们正在书房上课，他回转身望望嵌在壁上的一个大自鸣钟（那是从前西洋某国的赠品），看是什么时候，可是书案上本来是有一个小自鸣钟摆设着的。我觉得很奇怪，便问道：“皇上为什么不瞧在眼前那一个，不辞辛苦地转身过去看墙上的那一个呢？”他回答道：“这个小的我看得不清楚啊！”

不消说，逊帝的近视程度已是很深了，我便将这个严重问题对他的生父醇亲王、内务府大臣们、师傅们提出。使我觉得非常奇怪的是，他们对此简直不在乎，大有漠不关心之意。于是我自告奋勇，认为非找个外国著名的眼科医生来检查一下逊帝的眼睛不可。当端康太妃译注：即瑾妃，珍妃的姐姐听说那个洋文师傅请求叫个外国眼科医生来给皇上检查“龙目”，她就斩钉截铁地回说：“万万不能！”理由是皇帝的“龙目”是何等尊贵矜重之物，怎可以轻易地交给外国大夫去检查？当我再三恳请，说明这是一个严重问题时，她说："外国大夫检查皇上'龙目'之后，如果说是近视眼，非戴眼镜不可，那么，试问一下，历来做皇帝的，哪一个曾戴着眼镜这劳什子的呢？"我答道："我知道以前的皇帝确实没有一个戴过眼镜，但现在这一个皇帝却是要戴的，何妨自我作俑呢。"

太妃的反对没法予以说服，但醇亲王和内务府那班人最终勉强让步了。为什么会有此成绩呢？因为我曾通知内廷，如果到1921年底他们仍然不准我请个北京著名的眼科专家入宫为逊帝检查，我只好辞职。内务府那班人一向是讨厌我多事的，他们恨不得我早日滚蛋。可是他们并不能如愿以偿，逊帝对这个问题自有主张，他说，他本人要处理这件事情，不必人们额外发表意见，我的辞职他也不会接受。译注：关于溥仪配近视眼镜一事，《我的前半生》略有述及，溥仪说："我十五岁那年，庄士敦发现我的眼睛可能近视，建议请个外国眼科医生来检验一下，如果确实的话，就给我配眼镜。不料这个建议竟像把水倒进了热油锅，紫禁城里简直炸开了。这还了得？皇上的眼珠子还能叫外国人看？皇上正当春秋鼎盛，怎么就像老头一样戴上'光子'（眼镜）？从太妃起全都不答应。后来费了庄士敦不少口舌，加之我再三坚持要办，这才解决。"庄士敦所记的比溥仪今日所写的详细得多，可互相参阅。

为配眼镜几弄出大事

这么一来，我得到胜利，又觉得快慰了。1921年11月7日，我写一封信给协和医学院（美国煤油大王基金委员会所设的）眼科主任美国人贺越特（H. J. Howard）教授，请他到紫禁城为逊帝检查眼睛。关于请贺越特教授入宫一事，事先没有告知端康太妃，直到贺越特教授完成任务离开紫禁城后，她才知道皇上的眼珠子给洋鬼子瞧过了。后来内务府一位大臣对我说，如果这件事情不让端康太妃知道，她会认为是瞧不起她，她会吞鸦片烟自杀以表示抗议的。我对于有这样可能的事忽略了，未免孟浪。

贺越特医生和他的一位助手中国人李景模医生译注：李医生后来成为北京著名的眼科专家，他的女儿今在上海，也是眼科医生是11月8日入紫禁城为逊帝检查的。他们的报告书指出，逊帝的近视程度很是严重，因此视觉不清，非配近视眼镜来补救不可。一年后，仍须要再检查一遍，看看情形如何。他们觉得逊帝的眼睛近视程度到了这般田地，何以这些年来竟然没有注意到，这是一件很奇怪的事。当我对贺越特医生说及宫里头种种阻力时，他几乎不敢置信。

逊帝戴上了近视眼镜后，他的视力清楚了，看东西觉得很舒服。不久后，他简直日夕不离他的眼镜，大有不可一日无此君之概，甚至在摄小影或人家给他画像的时候，他仍然要戴着他的“光子”。

我竭力主张逊帝戴近视眼镜这件事，使得宫里的人个个都怪我多事，他们对我大为不满。至于端康太妃是否宽恕我这一行动，我不知道，不过，无论如何，我绝不后悔我这样做而使得她减缩了她的寿命。她第一次见到“天子”戴上眼镜，会作何感想，这一层我可不知道了。

有一件事情值得在这里一提的。贺越特医生办妥这件事之后，他不肯接受诊视费，于是逊帝命内务府送到协和医院一千元，作为捐款。更值得一提的是自此之后，贺越特医生声名鹊起，人们都知道他曾经“御赏”，当过“御医”，因为那时候眼科的技术还没有现在这么发达，贺越特医生在工作进行中当然没有今日译注：指1933年时期，距离溥仪验眼配镜已是十年了。那样顺利，其获此盛誉，自是实至名归。但盛名之下，也会“满招损”，某一次贺越特医生到东三省，当地土匪也许久闻大名，以为他曾在“皇上”那里捞到一大笔，将他绑架而去，要求巨额赎金。“高明之家，鬼瞰其室”，此之谓矣。

逊帝剪辫吓坏了太监

第二件震动宫廷的大事，一般人认为是与我直接有关的，就是逊帝剪去他的“御辫”那一行动了。他曾经好几次表示过要剪去他背后那条辫子。他的叔侄以及皇族人员，多数已经把辫子剪去了，他也要剪，但宫廷那班人却说什么人都可以剪辫，独有他不可以，因为他是满族的主人，他要尊重祖宗传下来的留辫子的传统，万不能剪去。逊帝便不和他们争辩，某日，他突然传那个剃头太监剃头，命他将辫子剪去。那个太监吓到面无人色，他想，如果奉命，必定受到严厉的处罚，说不定要拿他去杀头呢，于是哀求皇上另请高明吧，他万不敢动手将“御辫”割掉，这个罪名他担待不起。逊帝见他吓到那个样子，一声不响地走向另一个房间，拿起一把剪刀，亲手把辫子剪下了。

逊帝亲自剪去辫子之后，在那几天之内，宫里的人对我大有怨言，认为是我唆使的；但这件事发生后一个月内，紫禁城本来至少有一千五百条辫子的，现在只剩下三条了。这三条辫子是属于那三位师傅的，不久后，有一位师傅逝世，只剩两条了。译注：庄士敦所说的一个师傅逝世，只剩两条，他没有指明哪一个死去。大概死的是满文师傅伊克坦，剩下两条，则属于陈宝琛、朱益藩，其实除此之外，还有几个内务府大臣也。他们不肯剪去，目的在留着辫子以示永远哀痛及抗议之意。（关于逊帝剪辫的传说到达英国后，新近退休回国的驻华公使朱尔典答英国记者询问的一番话，1922 年 10 月 28 日天津的英文《华北先驱报》予以刊载云：“逊帝是一个很开通的青年，他从他的英文教师那里学到了很多西洋文化……他剪去辫子这一行动，充分表现他有进步和改革的决心，这样，他的声誉会增加不少。”）逊帝剪辫后数日，当他上中文课之时，他的辫子在师傅们眼前消失了，于是有一首七言诗呈现在“御前”，大意是说洋鬼子是没有辫子的，现在中国的辫子越来越少了，这是一件令人痛心的事。译注：溥仪割辫一事，庄士敦书中没有说明发生在哪一年哪个月，只引《华北先驱报》1922 年 10 月的通讯所记朱尔典的一番话，使人们稍知日期。今按《故宫周刊》登有溥仪“御辫”小影一幅，附有名士廉泉（字惠卿，号南湖，无锡人，举人出身）一诗，诗写在印有帆影楼字样的笺纸（廉氏在上海曹家渡别墅名小万柳堂，帆影楼为其中一建筑），诗题“燕雀”，下署南湖二字。诗云：“燕雀犹飞恋阙魂，九重忍扫旧巢痕。贞元朝士无人在，一发千钧未易论。”记事云：“点查故宫物品清委员皆不到，甲子旧腊廿六日，余第一次到会为监视，于端凝殿查见帽盒一个，原签曰：'宣统十三年闰五月初三日，上交辫子一条。'""宣统十三年"系民国十年辛酉（公元1921年），但这一年并非闰年，所谓"闰五月初三"的"闰"字，恐怕系误写。下一年（1922年壬戌）是有闰五月的。假如廉南湖这个"闰"字有误，则溥仪剪辫是辛酉四五月之间，阳历为6月，这一消息传到英国为三个月之后，于理亦合。溥仪出宫后，11月7日，摄政内阁命组织"办理清室善后委员会"，委员十五人，监察员六人，由委员公推选任，廉南湖亦委员之一。十五个委员中，清室方面占五名，是：绍英、载润、耆龄、宝熙、罗振玉。绍、耆、宝三人还是"内务府大臣"呢。他们始终没有到会。

胡适觐见成了大新闻

紫禁城发生的第三件"小地震"事情，可说完全由我导致，因为逊帝开始对"少年中国"的活动感兴趣，是我介绍他读陈独秀等人在《新青年》杂志发表的文章所引起的。我并不想使逊帝成为一个旧风气的破坏者，也不想他成为《新青年》那一派的社会改革者的信徒。我对于这一派是不大崇拜的。不过，我认为像逊帝这样年轻聪明的人，他应该要和中国青年人的心打成一片，成为新时代的人物，不管这后果是好还是坏，或好坏皆兼而有之，他既是中国青年，就不该不知道这一潮流。他绝不会从他的中文师傅们口中知这些情形的，所以介绍他认识这个新时代和这个反封建思想的责任便落在我身上了。

我和《新青年》及文学改革运动的几位领袖是相识的，其中有许多个和我同属文友会的会员，该会常有定期集会，我们在开会时常讨论各项问题（该会创于1920年，到1924年就没有活动了。会员有中国人、美国人、英国人和英联邦的人、法国人、荷兰人和苏联人）。我曾经担任过一年该会的会长职位，继任人是那个著名的哲学家和"文学改良家"胡适博士。我选择了胡博士写的一些文章，和胡博士与其友人经常投稿的一些定期刊物送给逊帝阅读，使他知道五四运动后的中国文化、思想界是怎样的。

结果，这引致了1922年5月末胡适博士被召入宫的事。胡博士入宫“觐见”之前，他曾和我讨论到和逊帝见面时的礼节问题，我对他说逊帝不会叫他磕头的，他听后大为安慰。我们知道逊帝召见这个著名的“危险思想”传播者入宫，一定会引起强烈的反对，逊帝是用电话和胡博士联系的，所以这件事就绝对不能让内务府的人知道。届时，胡博士到了神武门，守卫的护军不放他进去。几经交涉，才由逊帝命令护军放行。译注：《我的前半生》说：“我这无心的玩笑，真的把他（指胡适）给引来了。据庄士敦说，胡适为了证明这个电话，特意找过了庄士敦。他没想到真是‘皇上’打的电话。他连忙向庄士敦打听了进宫的规矩，明白了我并不叫他磕头，我这皇上脾气还好，他就来了。不过因为我没有把这件事放在心上，也没叫太监关照一下守卫的护军，所以胡博士走到神武门，费了不少口舌也不放通过，后来护军半信半疑请奏事处来问了我，这才放他进来。”

胡适博士“觐见”后数日，有一封信给我，信上的日期是1922年6月7日，现在摘录如下：

> 我入宫见皇帝时，他对我很客气也很恳切。我们谈到新诗和新诗人以及其他文学等事情，我在宫里的时间只不过二十分钟，本来我预定的时间不止那么短的，因为在神武门受阻，把一部分时间耗去了，并且我又另有一个重要的约会，不得不向皇帝陛下告退。……我原意是不想新闻界知道我们这次会见之事的，可是，不幸得很，有很多家我不大看的报纸却似乎认为这是一件大新闻，把它登出来了。……我不得不承认，我很为这次召见所感动。我当时竟能在我国最末一代皇帝——历代伟大的君主的最后一位代表的面前，占一席位！译注：这封信我照着原文译出，并没有增减一句，原文确系称溥仪为“皇帝”和“皇帝陛下”（His Majesty）。末后数句，自“我不得不承认”至“占一席位”，则根据《我的前半生》所载，大概是溥仪所译的，译文亦极忠实。溥仪自

胡适（1891—1962）

传云：“这里我要提一下在这短暂的而无聊的会面之后，我从胡适给庄士敦写的一封信上发现，原来洋博士也有着那种遗老似的心理。”溥仪所说的“遗老似的心理”这六个字，绝不冤枉了胡博士。

胡博士所说他和逊帝见面一事会被人认为“大新闻”，那是确实的。这件事情经报纸刊载后，新文学运动中的左派人物就攻击他，骂他在逊帝面前磕头——这是不准确的，但骂他称逊帝为“皇上”（“Your Majesty”）则是事实。三年后，胡博士仍为国人攻击，说他背叛民国，有失体统，其实他口称逊帝为“皇上”是他不愿视优待条件为废纸罢了。（这件事情，中国的中西文报纸皆有撰文评述，1925 年 8 月 11 日，我有一封信给英文《京津时报》，对胡博士“觐见”一事，说到当时的具体情形。）

觐见礼节引起的诟骂

这一次“觐见”之后，胡博士又在两年后的1924年3月27日入紫禁城和逊帝见面，为时亦极短。（George E. Sokolsky先生在1932年出版的那部*The Tinder Box of Asia*第272—273页，提到胡适博士与逊帝见面一事，皆不正确。他说逊帝以电话跟胡博士上课，逊帝是他的学生，逊帝在卧室接见胡博士云云，皆不可靠。）译注：胡博士第一次见溥仪的经过，据他在1922年7月出版的《努力周报》第十二期所写的《宣统与胡适》（这题目就不通了。“宣统”是一个年号，应加一个帝字方能变成人称。我们不能称唐朝的唐太宗李世民为“贞观”，只能称他为唐太宗或李世民。亦即是不能称溥仪为宣统也。）所说，1922年5月17日，溥仪在电话里约定进宫，5月30日他入宫见逊帝，与庄士敦所说“五月末”相符。胡博士文中说到他们见面时，有“他称我先生，我称他皇上”这两句。因为胡博士尊重民国和清廷所订的“优待条件”，所以对这个保留着“尊号”不废的“宣统皇帝”，仍以“皇上”称之。这件事确引发了一大堆人抨击胡博士无聊和帮闲。胡博士文中又说：“三十日上午，他派了一个太监来我家中接我……”但庄士敦的记载却没有这回事，溥仪的自传也没有这件事，而胡博士写给庄士敦的信却自言在神武门被阻。胡博士大概是不肯在文字上降低自己的身份，不惜骗读者一下。我手上有1930年11月30日出版的《国闻周报》第七卷第四十三期一册，中有徐一士所作的《与胡适之博士一席谈》一文，其中第十一段涉及“皇上”问题，今尽录于此，以备读者参考。文云：

> 胡君昔尝以入宫见清逊帝称谓问题，引起一部分人之诟病。当时余于《京津时报》草一短评，谓“优待条件”既谓清帝尊号不废，待以外国君主之礼，胡君称谓，亦犹见外国皇帝耳，不误。胡君见之，颇谓《京津时报》能持公论也。余与胡君谈及此事，胡君因以与溥君晤谈经过相告。盖溥君亲以电话约胡君入谈，事前左右老臣及英教师庄士敦等，均不知之。胡君以溥君处彼之环境，居然有此举动，自为青年有志，不妨相见。而彼无随意出入宫禁之自由，势不能来访，惟有入宫见之。既见之后，赠以新书，

而未与通书问。民国十三年，溥君出宫时，外间对于胡君，颇有蜚语，比见清理溥君文件，仅获胡君一名刺，上书“今日有课，不能入宫，请原谅”十一字（溥君某日遣人请胡君往谈，胡君以无暇未往，书此由来人携回）。乃爽然。至溥君出宫一事，胡君谓当时颇病当局者手续之未妥，曾致书王儒堂译注：王正廷也。1961年死于香港论之，及今思之，溥君出宫，在其个人得一解放，可有相当之自由，胜于蛰处深宫，势等囚禁。而故宫图籍珍品，亦得与国人相见，作研究之资料，尤胜于长此锢闭，听其埋没。是此举虽近操切，而事实上实为有益，觉当时意见犹有几许火气未除耳。余谓此为一种非常举动，故立时解决，若按部就班，缓缓商办，即将办不动矣。胡君曰然。余问近复与溥君相晤否？胡君谓溥君出宫后，仅一晤，久未再见矣。（当胡君入宫见溥君时，有人告以宜循旧仪除眼镜示敬，溥君亦必以除镜相答，俟其请戴，然后同戴。溥君近视颇深，亦不能离镜也。胡君诺之，而以社交上此礼久废，故临时忘之，遂均未除镜。）

徐君文末注语关于溥仪大近视云云，可与上文互阅，原来当时胡博士已立定主意见溥仪时先除眼镜示敬，亦即所谓君父之前不敢“目中无人”，“礼”也！我们在四十年后的今日评论胡博士口称“皇上”这件事，自然有很多材料可资利用，并且所处的时代也提供给我们很多材料。大概胡博士早在三十年前已深知自己这样的称呼为不对，不过绝不肯降低身份认错耳。他要尊重“优待条件”，不愿视此条件为废纸，故依照条件规定，叫溥仪为“皇上”。我现在且引孙中山先生一封信以辟胡说，读者可自下断语，到底孙先生说的对呢，还是胡博士说的对。

孙总理驳斥宝熙的信

根据台湾近年出版罗家伦所作的《国父年谱》下册，民国十三年（1924年）“四日，抵天津，受盛大欢迎”栏下，记事云：

各方函电中，有署名清室善后委员会委员宝熙者，具函请求恢复清室优待条件。函诉国民军驱逐溥仪出宫之举，与民元大总统所定优待条件违反。先生命秘书答称："条件须双方遵守。自民元以后，清室帝号自娱，不迁居颐和园，屡违条件，至民六复辟，更有何条件之可言！"义正词严，宝熙无词以对。

罗君这段记事没有注明引自何书，据我所知，1931 年故宫博物院出版的《故宫周刊》第一〇一、一〇三、一〇四等期，即载有此函。原来中山先生到天津后，清室"内务府大臣"绍英、宝熙、耆龄、荣源四人，认为中山先生是当日辛亥革命的领导人，便联名致函孙先生，请他主持公道，并说他有"保持信义之责"，又什么"一国之信用所关，即列邦之视听所系"，居然捧出"列强"来吓孙中山先生。中山先生是懂得国际公法的，即嘱秘书复他们一信，今摘之如下：

凡条件契约，义在共守，若一方既已破弃，则难责他方之遵守。民元之所以有优待条件者，盖以当日清室既允放弃政权，赞成民治……故有优待条件之崇报。然以国体既易民主，则一切君主制度之仪式，必须力求芟除，一以易民群之视听，一以杜帝制之再见。……又于民国三年清室优待条件善后办法第二款载称："清皇室对于政府文书，及其他履行公权私权之文书契约，通行民国纪元，不适用旧时年号。"第三款载称："清皇室谕告及一切赏赐，但行于宗族家庭及其属下人等。其对于官民赠给，以物品为限，所有赐谥及其他荣典，概行废止。"……乃自建国以来，清室始终未践移宫之约**译注：即优待条件甲项第三款规定，溥仪辞位之后，可暂居宫禁，日后移居颐和园。溥仪始终没有移居颐和园，其内幕已见庄士敦在上文所述。**而于文书契券，仍沿用"宣统"年号。……是清室应履行之各款，已悉行破弃。逮民国六年复辟之举，乃实犯破坏国体之大眚，优待条件之效用，至是乃完全毁弃无余，清室已无再请民国政府履践优待条件之理。……综斯数端，则民国政府对于优待条件，势难再继续履行。……**译注：此复函用孙中山先生秘书处名义发出，起草人为汪精卫。**

丁巳复辟，溥仪虽曰无知，但他却是主犯，当时的黎元洪、冯国璋、徐世昌、段祺瑞等，不敢逮捕他控以叛国罪名，责成他交出从犯，处以应得之罪，这是那班人不对，以致国家纲纪扫地。那班军阀一味要宽大，要“忠厚”，不肯法办复辟党人马，致使后来溥仪被日阀利用，而有那一幕滑稽剧出现，结果也害了溥仪，使他成为战犯，以过气皇帝而坐牢十三年，差不多相等于他在“满洲国”的在位之年，也可说是巧合了。可惜复辟党与遗老遗少，到现时存者已寥寥，他们眼见今日这种情形，大概会后悔不及吧。

以上所述各种事情的发生，大部分由我负责而引起的，同时，逊帝对于现实环境的不满意，也受到我的影响，所以在1922年这一年，我不为紫禁城里头的人物喜欢，是不足为怪的。以绍英为首的内务府大臣——其时世续已死——及其属员，虽然对我仍保持其尊敬的礼貌，但他们是讨厌我的，把我当圈外人看待。然而逊帝对我的信任有增无减，我虽有辞职之意，可是他当面请我打消此意，无论如何不许我辞退，所以我仍然在紫禁城服务下去。

心惊胆战的一群小朝廷人物

要靠张作霖做“保镖”

1922年的上半年是一个政局不断紧张的时期。广东的军政府仍持不承认北方政府的态度，但北方政局的不安定，却不是孙中山和他的信徒们使得情形如此，而是安福系、奉天系、直隶系三大军阀的斗争，他们都要控制北京，一旦将北京抓在手里，他们就可以“号令天下”，自称正统了。奉系的张作霖和直系的吴佩孚是死对头。张作霖认为他仅拥有广大的东三省地盘为未满足，非控制北京，做全国的“主人翁”不可。而吴佩孚这人不是一个伟大的将军，而是一个勇敢的军人，他自称是爱国者，他要用武力统一中国，所以他瞧不起北方那班军阀。

我在前节书中曾说过，张作霖至少在1922年以前，是有复辟倾向的嫌疑的，他有意捧逊帝上台，而在幕后操纵，但自1923年下半年以后，他对紫禁城的态度起变化了。

早在上一年我已经发觉紫禁城里某些人是张作霖收买的奸细了，他们供给张作霖各种情报，以及内务府及王公大臣的各种行动。到1922年，紫禁城里的人把张作霖看作是他们最有权力的朋友，同时，更把张作霖当作他们的战士，以便碰到有什么危害清室的事情发生时，有他出来做“保镖”。我在这里不是说内务府全部官员和王公大臣们尽是同谋，与张作霖合作为保卫清室之举，因为我和那些王公大臣并非个个相识，但我确实知道内务府有此意向，他们把张作霖视为天人，就是想利用他维持优待条件，优待条件一日不废，他们就一日仍享其利。只要张作霖在中国政治上

张作霖（1875—1928）

吴佩孚（1874—1939）

有势力，保卫清室，内务府的人就把他当作自己人看待，尽力支持他，对他有信心。

皖直之战吓坏小朝廷

在1920年夏间有一场小内战，从这一场短暂的战争中我获得上面所说的一番话不会错的证明。在此数日中，内战在北京附近进行，这场仗，似乎是将由张作霖的敌人获得胜利，得以控制北京而会对于清室和逊帝大有不利的。这时候，小朝廷圈子里的人物个个心惊胆战，连忙叫我入宫参加一个秘密会议，他们要我保护逊帝，一遇到逊帝有人身危险发生时，我要随侍在侧来做保镖。所以要我立刻搬入紫禁城暂时居住。我拿了一个小皮包装上衣物，离开我的住宅，迁入紫禁城住宿，把皮包放在逊帝所住的地方。小型战争在北京近郊继续进行了数日，一日，情形突然起了变化，张作霖在这次小型内战中胜利了，不久，张作霖已到了北京的城门了，于是内务府的人认为逊帝的危险时期已过，不必我在左右保镖了，我可以拿起皮包离开紫禁城了。译注：此指民国九年皖直战争也。自徐世昌做大总统后，皖直二系意见日深，而中央大权仍操诸皖系（又称安福系）之手。7月3日，直系的曹锟、吴佩孚通电声讨段祺瑞的亲信徐树铮，徐世昌惧直系之势，令免徐树铮本兼各职，调任为空头的远威将军，段祺瑞大怒，也弹劾曹、吴，徐世昌不得已，下令将曹、吴撤职留任。7月9日，段祺瑞成立定国军，自任总司令，徐树铮为总参谋长，声讨曹、吴。日战争开始。张作霖在关外派兵入关助战，17日奉军胜利，段祺瑞辞职。这就是著名的皖直战争。经此一役后，段祺瑞已失去兵权，皖系消灭，从此政局上只有奉直二大系。这三系的首脑都是脑子充满封建思想的军阀，他们是拥护溥仪的，未见得皖系得势就会对溥仪不利。还有，这时候做总统的仍是徐世昌，他在位一日，也不会亏待溥仪的。庄士敦所记的与当时的形势相反，不知何故，不得不注一下。

吴佩孚生日逊帝送礼

然而局势的发展，有大出小朝廷意料之外者，那班王公大臣及内廷当差的人在民国九年（1920年）之时对张作霖是当作皇室“保镖”看待，而寄予极大希望的，但到了民国十二年（1923年），他们的这种信心粉碎了。这时候，吴佩孚在洛阳开府，雄视中原，直系的势力控制了整个华中与华北，在这一带的人——尤其是北京的政界人士，大都相信不久的将来，吴佩孚将是中国的主人翁，张作霖在长城内的势力甚至在关外的势力不久将会被消灭。有地位的王公和内务府大臣们也有不少人持此见解；紫禁城里本来有张作霖的特务人员潜伏着的，一举一动，张作霖皆了如指掌，他听到这个消息当然很不高兴，原来小朝廷居然向他的敌人直系军阀吴佩孚大送秋波。更有一事使张作霖十分相信特务所报告的，那个故事并非是捏造的，就是著名的“保皇党”领袖康有为到洛阳祝寿了。民国十二年吴佩孚生日，小朝廷的内务府派专人携带逊帝“颁赏”的寿礼到洛阳祝贺，吴佩孚把“旧君”之赐，陈列在寿堂里一个最尊贵的地方——正中。译注：这一年的阴历三月初七日为吴佩孚五十整寿，阳历为4月22日。原著者庄士敦在这一段中有注文，今译于此：“关于1923年吴佩孚生日事，作者从私人方面得到一个消息，即利用所闻，于1923年5月18日致书英国一个官员，略云：‘各方所送的寿礼，包括有逊帝御笔的匾额一方，大总统黎元洪送的也是匾额，但吴佩孚将逊帝所赐的悬在寿堂正中，黎元洪的悬在侧面。即逊帝派去的代表，其座次亦在黎总统代表之前。’”据庄士敦所说，只是听到的一个故事而已，在未有确实证据以前，我未便审判这件事。如果庄士敦所供属实，则吴佩孚此人简直是混账东西，对后来他死后国民政府下的褒扬令已先开了个玩笑，他身为民国地方大吏，而对于元首之赐冷落如此，这个人还算得是读过古书会崇拜关岳的人吗？溥仪派去祝寿的“专使”是郑孝胥。

徐世昌两面皆不讨好

假如张作霖、吴佩孚对逊帝是有真正拥护之意，则他们可说是同一阵营。然而他们并非如此。他们捧逊帝的目的无非是为自己的利益打算，这样反而使这两个军阀之间的敌意更为加深了。张作霖对于小朝廷跟吴佩孚眉来眼去之举，大感不快，虽然他对逊帝本人没有什么恶意，但对于那班王公和内务府大臣们却采取了冷淡的态度。在此前后，张作霖和总统徐世昌之间也有芥蒂，发生了很严重的矛盾，张作霖不满意徐世昌那种两面讨好的政策，尤其是吴佩孚反对奉天支持的梁士诒内阁。吴佩孚声讨梁阁，徐世昌慑于军阀之威，不敢作主张，一任梁阁倒台，张作霖对此亦大感不满，于是遂有民国十一年（1922 年）四月二十六日第一次奉直之战。译注：5 月 5 日，奉军兵败，退出关外，徐世昌亦于 6 月 2 日辞职，回天津租界做寓公。自此中央政府即为直系所控制，于 6 月 11 日迎黎元洪总统复职。十个月

晚年的吴佩孚

吴佩孚画作

后，就是吴佩孚的五十岁生日，如果真有黎元洪“御笔”不如“宣统御笔”之事，亦可见军阀之气焰矣！张作霖越想越相信这一次是徐世昌在作怪，是徐设下陷阱来引他入彀，使他和直系作战，以削弱其实力而垮台。后来事实表现，奉系实力未见削弱，也没有垮台，这样，徐世昌就觉得自己的“宝座”危危乎不稳了。徐世昌失去张作霖的支持，又因为他采取的两面政策失败和他的优柔寡断而引起此种局势，以致对奉直两大系皆不讨好，结果，不但不能将某一方面拉倒台，反而又成为吴佩孚的敌人。

逊帝想避居东交民巷

1922年春的军事政治危机，又引起紫禁城那班人的恐慌了，他们认为在此种局势之下，只会使逊帝的危险增加，于是又旧事重提，利用我去英国公使馆找英国公使，在东交民巷使馆区给逊帝安排一个避难所。这时候，继朱尔典为驻华公使的是贝尔贝·阿尔斯顿爵士（Sir Beilby Alston），我把来意向他说明后，阿斯顿爵士很表同情，但他不想由英国公使馆公开这样做，恐怕蒙上不洁之名，为中外人士指责英国有干涉中国内政之嫌。他向我建议，在英公使馆里拨出一个房间给我居住，我以逊帝师傅的名义住在这个房间，而邀请我的学生去同住，当作我的客人。同时，我又和葡萄牙公使、外交团首席代表弗列达先生及荷兰公使欧登科先生商洽，一遇事态紧急时，皇室人员可以到他们的公使馆暂时托庇，这样便可以万无一失了。

但这种想象的危机很快就消逝得无影无踪，因此逊帝就没有移居东交民巷的必要。张作霖与吴佩孚真正的实力比较，展期在几个月之后。

两年以后，张作霖和“基督将军”冯玉祥合作得很好，于是有1924年11月驱逐逊帝的那件事。然而在1922年第一次奉直战争时，冯玉祥对于当时的政局是有所主张的，我在这里应该提一下，1922年4月的时候，“基督将军”正在陕西做督军，陕西是中国西部的一个省份，当时他有一个通电向他的敌人张作霖宣战，我现在略引天津出版的《中国画报》

译注：原文*China Illustrated Review*，未知中名是什么，姑译如此，以待查考。1922年4月29日所载冯将军的电报大意，他骂张作霖存心破坏共和政体，要建立一个君主政体的国家。译注：奉直双方于3月下旬已做军事布置，吴佩孚密令湖北督军萧耀南调兵北上，又令陕督冯玉祥出军援助，指令将其所部第十一师赶出关外，与阎治堂所部，分驻京汉、陇海两路，以维持保定、洛阳之交通。庄士敦所引《中国画报》所载之通电，即4月25日由吴佩孚领衔发出的宣布张作霖祸国殃民十大罪状也。署名者计为：齐燮元、陈光远、萧耀南、田中玉、赵倜、冯玉祥、刘镇华等人。电文长数百言，有云："……张作霖包藏祸心，窥窃神器，盗取假谋统一之名，阴行破坏统一之实。……其罪一。梁士诒洪宪祸首，张作霖则举为总揆；张勋复辟罪魁，张作霖则邀求巡阅，倒行逆施，危害国体，其罪二。……"

受人豢养溥仪感耻辱

尽管外界这样乱糟糟，军阀们通电相骂，然后兵戎相见，但在紫禁城里的那个"宣统皇帝"所关心的并不是这些厮杀之事。这时候他已是一个十七岁的青年了。他不仅觉得他在紫禁城里过着的生活令人讨厌，同时也渐渐知道那个腐化的机构——内务府的种种坏处。他看出内务府的人什么都不理，只要维持现状他们就满足。现状能够维持，那不是等于说他们的饭碗不会摔掉吗？此外，逊帝也知道自己拥有一个"皇帝"的虚名，而实际上没有皇帝的权力。他是一个很热心的爱国者，对于一度曾是他的子民的中国人连年受战争之苦，很是关怀，他渴望着中国能有进步繁荣的一日，所以他时常觉得像他这样的一个拿公家钱而不做事的人，实在是耻辱。事实上，民国的优待费虽然日见减少，在不久的将来，只是变成徒有其名的一张空头支票，但逊帝绝不会因此情形而减少他内心的不安，而满意于现状。即使就是他在名义上是一个民国政府豢养的人，他也认为耻辱，他和我谈话时就屡次这样表示过。

1922年6月2日，徐世昌总统知道他的地位不保了，突然辞去总统之职，离开北京。他离京的那一幕很是冷落，没有什么典礼，事实上他是逃走的。徐世昌之辞职，无论在我或在逊帝方面，都表示很遗憾。他是一个守旧的文质彬彬的君子，与其说他是个政治家，毋宁说他是学者。译注：徐世昌根本就不是学者，他只是官僚、政客而已。他虽是翰林出身，但从未得过翰林应得的差使——主考、学政——有“黑翰林”之称，仅于光绪三十年甲辰末科朝考充阅卷大臣，其所为“甲辰同年录序”有云：“策论之试，甫定于寅岁；科场之制，遽迄于辰年。余于是科获襄阅卷，含元殿上，曾瞻金镜之持；光范门前，细数晓钟之列。马融晚性，惟爱琴音；徐演残牙，犹思饼啖。”辞气有悲喜交集之致，虽未能掌文衡，然亦慰情胜无，好过李鸿章终身未获也。徐世昌下台后，即脱离政界，集众文士相助编《清朝学案》《晚晴簃诗汇》等书。他虽然得到巴黎大学于1921年赠予文学博士学位，但他的学问很庸劣，未足以言学者。关于他的文学博士之得，很多人都说他以两万元买黄郛所作的《欧战后之中国》一书，为博士论文，故巴黎大学以博士赠之云云，这倒是冤枉了他，名誉博士之授，不必有论文的。

满脑子帝制的徐世昌

徐世昌上台后，倒也想救国救民，无如他心有余而力不足，始终厄于奉、直、皖三系的军阀。当他在位时，按时邀请几个满族王公和毓庆宫师傅（我也在其列），为私人宴会，在饮宴进行中，徐世昌表示他对于他的旧君很是关怀。我相信，如果在适当的时候和在礼貌上的必要，他一定很心悦诚服地放下他的总统职务而俯伏在皇室之前的。当他和我们做私人谈话时，每逢提到已垮了台的皇朝，不曰“前清”，而曰“本朝”，好像民国十一年的时候仍然是清朝在统治着的。译注：在封建时代，无论官民，对于朝廷皆称“国朝”或“本朝”，不称“明朝”“清朝”的。例如清朝人提到明朝，必曰“前明”，不曰“国朝”或“本朝”。徐世昌以堂堂中国元首，而口中有“本朝”之称，可知他是个无耻的文人。今日见庄士敦提到“前清”与“本朝”字样，忽然想起前几年有个山人写诗贺银行家的母亲在原籍过一百零几岁大寿，附以引言，略说，像这样的人瑞，在“前清国朝”，一定赐予建亭庆祝云云，读之甚可一噱，前清与国朝并用，亦一新例，为庄士敦所不懂者，值得在此一提也。

虽然徐世昌是个满头满脑帝制思想的中华民国大总统，幸喜他不会走袁世凯的老路，我也相信他绝对不会违背他就任中华民国总统时的宣誓诺言。紫禁城里一些同事和我谈到徐世昌送礼给逊帝时不称臣表示不满。我听到同事们说这样的话，立刻为徐世昌辩护，我说，以一个国家的元首而向一个有名无实的皇帝称臣，这对于逊帝是一种毫无意义的称呼，而于中华民国却是一个大侮辱。

徐世昌下台后，恬静地住在天津的英租界，过着文人隐士的生活，去年（1933年）他在天津庆祝他的八十岁生日呢。译注：徐世昌死于1939年6月6日，享年八十五岁。在重庆的国民政府下令褒扬，有“用示国家眷念耆旧，激励忠贞之至意！”读者请对勘一下上文所说这个徐世昌的为人，他在精神上、思想上是否忠于民国，不必我下定评了。

在1922年初，逊帝对于内务府那班人死要维持的现状，表示极端不满意，无论哪一个和他见面的人都看出他有这种表示。但内务府那班人却要维持现状，将他打扮成皇帝，关起紫禁城来发施号令。而逊帝则又倔强不听话，处处要和他们作对，因此他们就要想个方法来减少逊帝对他们不满意的情绪。他们想来想去，最好的方法无如为他选个皇后了。

溥仪不屑做空头皇帝的经过

袁徐之女皆未做皇后

民国十一年3月11日（1922年，阴历为壬戌二月十三日），小朝廷的“宫门抄”发表如下的一段文字：“荣源之女郭佳氏立为皇后。”

这个布告，并不是说溥仪婚礼已经告成，也并非是说在不久之将来要举行。西洋人对于中国皇帝的婚礼制度是不清楚的，中国人的与西洋人的大不相同。西洋的皇后，只要国王或皇帝和某一个女子结婚，她便顺理成章地变为王后，可说是妻凭夫贵，不必经过一番册封的手续。但中国的皇后却不是这样变成的，要经过皇帝的册立，敕书写在金册上，由一班文学侍从之臣以骈体文撰成，非常典丽矞皇。册封之后，她就是皇后了。

荣源之女被封为皇后之时，她正和家人住在天津（他们卜居天津已有数年）。皇后的父亲是满族贵族，他的祖父是吉林将军长顺。译注：《我的前半生》说，荣源是满洲正白旗郭布罗氏。但没有详其家世，也没有说荣源之父是什么人。当辛亥革命爆发时，荣源年纪还是很轻，所以在此之前他没有担任过什么显职。他的继室——皇后的继母——是毓朗贝勒的女儿。毓朗在皇族中是个鼎鼎大名的人物，又是乾隆帝嫡派子孙。译注：毓朗曾留学日本，宣统二年任军机大臣。

在同日的“宫门抄”上，也发表了选额尔德特氏端恭的女儿为淑妃。端恭在前清的官阶很低，只是一个候补知县。逊帝这次所选的后妃都是满族人，因此有不少忠于清室的汉人大感失望，他们曾孕育着一个希望，将来逊帝选择配偶，应向汉族方面求淑女。但满族人那种死硬的顽固思想，

婉容选秀时照片

坚持不许清朝皇帝立汉人为后的“祖制”，对这个娶汉女的问题不予以认真考虑。虽然，曾经有一个时期传说逊帝将立徐世昌总统之女为后，但这个谣言是没有根据的。译注：袁世凯搞帝制时，曾提议以其女嫁溥仪，据《我的前半生》，也有记这件事，今摘录于下：“我的父亲日记里就有了这样一段记载：‘十月初十日（即 1915 年 11 月 16 日）上门。偕世太傅公见四皇贵妃，禀商皇室与袁大总统结亲事宜，均承认可，命即妥行筹办一切云。……’”后来老袁的皇帝做不成，溥仪也没有跟袁家女儿结婚。后此一个时期，有个死硬派遗老劳乃宣上书清室，主张溥仪做德皇威廉二世的驸马，理由是德国为世界最强国，将来可借德国之力，恢复“大清江山”。溥仪结婚时，香港一个遗老何藻翔（顺德人，光绪十八年进士，是个芝麻绿豆的官儿，但也在香港充遗老）作诗示意，认为他的“皇上”应该与蒙古人结婚才是，将来可以借“外藩”之力复辟云云（见何氏的《邹崖诗集》)。这班遗老的识见真是可怜，如果他们能见今日的事情，也许会面红耳赤了。

逊帝反对一夫多妻制

3 月 14 日（阴历二月十六日）的“宫门抄”又刊载，荣源入宫，在皇上跟前谢恩，叩谢立他的女儿为皇后的恩典；同时，文济译注：原文作 Wen-Chi，不知中文作什么，现在还未能查出，只好音译，将来查得后再补正。也托内务府代为谢恩，他觉得他的侄女儿文绣被封为淑妃是莫大的荣幸。译注：这个文济也许是官职极低的人，又因文绣是妃，所以没资格到御前谢恩，而要托内务府代奏。“宫门抄”又发表，“皇上”加恩后父，赐予种种恩典，包括头品顶戴、御前侍卫、紫禁城骑马等。不久，又派为内务府大臣，最后还晋封公爵。

依照清朝的“祖制”，一个皇帝除了皇后之外，还有许多妃嫔。逊帝到了立后的年龄，宫里三位太妃都要循旧制办理，但逊帝竭力反对。此举不仅使整个小朝廷为之震惊——尤其是那三位太妃——她们苦苦劝逊帝不可破坏祖制，但逊帝表示，西方那些文明的君主，也是一夫一妻过活，现在已不是一夫多妻的时代了。但敬懿太妃反对得最厉害，逊帝不得不顺从所请，选了文绣为淑妃。

清室皇族中有些和我要好的朋友曾对我说，逊帝崇拜一夫一妻主义是受到我的影响。这样的说法完全不是事实。这和一个法国作家在他的文章里说我存心把逊帝造成一个“英国的花花公子”同样不可信。我只是对逊帝说过，像他这样的一个十六岁大的孩子，不必考虑到结婚的问题，最好还是等几年后再说。

逊帝的立后典礼是在 3 月举行的，在办喜事期中，他不必花费什么时间，自然有人去替他办得妥妥当当，然而在此后数星期中，在 6 月里却发生了一件很重大的事情。这件事情发生后，我立刻写了一封长信给一位懂得英文的前清官员，现在将这封信抄录于此：译注：庄士敦这封信长万余言，可说是“万言书”，但却很重要，这是小朝廷中的珍贵资料，所以我也摘要译出。他所说的“前清官员”，盖李经迈也。

给李经迈一封万言信

亲爱的××先生：

在端午节期中，我离开北京一个时期，等到我归来，已是6月3日了。到家之后，我才听到徐世昌总统突然辞职的消息。在这天的早晨，逊帝从电话中知道我回来，就派一个心腹人送一封信给我，信是用铅笔写的中国字，请我即日下午三点钟入宫在他的寝殿和他见面。他又教我预备好两辆汽车在三点钟时停在东华门等候。但他却没有说明用途。最后他教我对此事严守秘密，因为他不想内务府和那班师傅知道这件事。

我雇了一辆出租汽车，我自己开着我的车子准时到了东华门。……入宫后，逊帝已在养心殿等候我了。殿里头除我们外，并无第三人。我们见面的时间共一个多钟头。这是我生平所遭遇的大事之一。他要我立即带他到英国公使馆。他已下了决心，所以他一见我面时也不想和我讨论这个问题。这就足以说明他要我多雇一辆车子的原因了。他的意思是我和他同坐一车，另一车是给他的侍从乘坐。逊帝对我说，他一到了英国公使馆，就发出告中国人民的通电，说明他每年接受民国政府那四百万元的津贴是一件耻辱的事，他不想无功食禄，徒靡中国人的血汗，同时他也决定放弃他的有名无实的大清皇帝的尊号，即日迁出紫禁城。通电发出之后，他就立即准备一切前往欧洲游历。所以他想打扰英国公使馆一下，让他居住，准许他办理这些事情，待各种必要的手续办妥后，他便离开。

我以前曾屡次和您谈到在这一两年之中，我常常和逊帝讨论中国局势的问题，又讨论到他处境的现实问题。就算北京政局上没有什么风浪，逊帝已经是不想久安沉默的了，何况他现在已经不是个孩子，而是一个会思考会作主张的青年。他已经瞧出他这样生活下去是绝不合理的，他如果不改变这环境，他就一日不能安静。……

逊帝戏剧化地突然决定抛弃一切尊荣，并不会使我觉得骇异，因为他以前曾和我表示过多少次，所以我恭听之下，也就不会为之愕然，吓到屁急尿流和那班内务府人员一样了。他知道我早已了解他的心事，所以他才推心置腹托我办理。我对逊帝说，如果他在徐总统辞职逃出北京后的第二天，也跟着走到外国公使馆里托庇在外国旗帜之下，人们会很自然地联想到逊帝与总统之间一定有什么阴谋存在，中国人和报纸就会根据这些事情攻击徐世昌，自然也会把逊帝连带在内攻击的。……

我进一步向逊帝指出，他要在这个时候做英国公使馆的客人，这个想头是错了。不错，在不久以前，北京附近发生内战，局势的发展，也许对逊帝本身有危险，所以由我去英国使馆办交涉，请他在英使馆做客，英国公使当然乐于答应，但目下的情形与前完全大不相同。逊帝本身并没有什么危险，所以英国公使答应保护自不能成为理由。逊帝说他要利用英国使馆为护符使皇室人员无从阻止他发表通电和出国，如果这是一个理由，照我看来，英国公使一定不肯答应以使馆接待逊帝的。即使英国公使私人愿意这样做，但英国政府也不会让他这样，因为恐怕引起中国人民与政府的反感，认为英国干预人家的内政。我对逊帝说，待我去英国公使馆和阿尔斯顿爵士解决这个问题，在一小时内，我便可以将阿尔斯顿爵士的答复带回来的。不消说，这件事当然办不通的，逊帝只好很勉强地打消此意了。……

你也许要想知道为什么逊帝忽然这样急于要放弃他的尊号和民国的优待费。其实他在很久以前就屡次和我讨论到这个问题了。至于他在今日突然要采取行动，照我推想是有三大原因促使他的。

第一，请让我指出，逊帝是个聪明而有思想的青年，他很留心阅读各种报纸，并细心去观察报纸中那些千差万别的政治言论。他对于现代中国的情形较之一般成年的读者认识得更清楚，所以他对自己的处境，绝不存有幻想。逊帝所知道西方国家的社会情形，比他的师傅们更多，他的师傅尽是读古书出身的翰林，所知者只限于中国文史这方面，但逊帝能拿中国的社会与西方国家的社会做比较，他们却没有这种能力。逊帝对于他的王朝的历史很清楚，能知道其中的兴衰原因，所以他对于中国人发动革命把他的腐败的王朝推翻，并不埋怨，他也曾对我很坦诚地批评慈禧太后等人的昏庸贪污无能。当他在孩提时代，他自然是安于一切帝王的享受，从未想过是谁和当日的临时政府订下了这个优待条件。到了最近这三年，根据我观察所得，逊帝已渐渐感觉到每年拿民国政府一笔巨额津贴而他本人却坐着不做一事，这对他是一个巨大的耻辱。……

第二个原因是，逊帝对于宫里的办事人那种腐败程度，已渐发生深恶痛绝之感。他曾对我很愤慨地谈到某些人——他们的名字，我不想在信里写出来——种种蒙蔽浮冒欺骗的情形；他们揩油受贿是绝不会脸红的，而且大小不捐，只要有利可图，无不全力以赴。他曾对我谈到庄和太妃逝世时那种可怕的情形，她一断气，伺候她的太监就把她寝宫所藏的财宝尽行偷去。更使他说到就生气的是当他要惩办那班匪徒之时，王公大臣们纷纷阻止，自然，宫里全部太监也求情，使他不能动手。……试想逊帝处在这个环境之下，他有什么自由可以发出通电放弃他的一切权利和虚荣呢？逊帝不愿徒负虚名受民国津贴巨款，是可以理解的，因为实际上这笔款项是完全归内务府那班人糊里糊涂地赚了去，他何必为他们担起这个责任？……

逊帝有一个观感，恰恰和我的也一样，他认为当日代表皇室和民国签订优待条件的人，他们签订此件的真实用意，不在保存皇帝与皇室人员的利益，而是为了他们的利益打算，有了这个优待条件，宫里的办事人便可以继续过着他们的奢侈生活，不必出来到社会上找寻职业了。我过去三年中，在紫禁城里所观察的种种情形，证实他们绝不为逊帝的福利着想，而只是为私人的利益打算。无疑地，宫里的人是绝对希望逊帝活着的，如果一旦逊帝死去，他们便会陷入经济的窘境，只要逊帝一天活着，他们便满足，至于逊帝的健康以及其他，他们满不在乎。例如去年逊帝患近视症，假如不是我以辞职要挟，内务府大臣们还不肯让我带外国眼科专家入宫为逊帝检查哩！……

第三个原因也许是逊帝鉴于中国的议院在不久的将来就要恢复了，激烈派的议员，会提出关于取消优待清室的问题。所以他为了“面子”起见，不如自己先来个行动，反觉得大方。

除了上述三大原因外，我还要提出第四个原因。我曾向逊帝的首席师傅陈宝琛提到逊帝所处的环境对他智力和体力的健康有恶影响，因此陈宝琛就安慰逊帝，说什么历代的皇帝皆与人隔绝，他们要受种种拘束，行动不能自由等。逊帝对他道："可不是，他们是有实权的名副其实的皇帝，所以就要受做皇帝的规矩束缚和限制。虽然行动上少些自由，但他们却有皇帝具备的实权，可以补偿损失。我呢，只是一个空头皇帝，徒拥尊号，我的百姓就是太监和一些所谓宫内的大臣，甚至我在我管辖的宫廷里要做一些合理的事情，我平时不敢信任和鄙视的人民往往反对和破坏。"……

我向逊帝指出一件事情，也是使他暂时打消此举的一个原因。我说，中华民国现在还未有国会（在目前甚至也没有总统），没有一个机关可以接受他放弃的各种权利的。……

此外还有一个重要的问题，我尚未提及的，那就是几个月前我对您和刘健之译注：刘健之原文作Liu Chien-Chih，为李经迈的亲戚，健之是安徽庐江人，父亲刘秉璋，官至四川总督，与李鸿章关系极深。溥仪《我的前半生》说，他请李经迈主持清理财产事情，李不肯到北京，只推荐了他一位姓刘的亲戚代替他。这个姓刘的干了不过三个月，就请了长假回上海去了。说过，逊帝曾对我说，他要放弃民国的优待费，您叫我对逊帝说，除非他对皇室的财政情形全盘调查详细之后才可以这样做，否则将对己不利。

我们须知道，皇家那班办事官员多年来的种种作弊和蒙混，到今已十二年了，在目前，我们很不容易知道皇室共有多少财产。因此，我们为逊帝的利益打算，似乎不应放弃民国政府的优待费，等到皇室财产彻底清查之后，有一篇详细账目，哪些财产仍为逊帝所有，他可以靠这些入息而生活无缺，到那时再放弃未迟。经过劝告之后，逊帝同意组织一个特别委员会，负责清理皇家财产。这个机构，自然不能让内务府各官员参加，非找个外边能负责的人来担任不可。我建议最好委派阁下与刘健之先生做这个委员会的委员，逊帝认为我这个建议很好，他同意了，他还很高兴地表示他对阁下极端信任，并愿意封阁下为“太傅”，提高阁下在紫禁城中的地位，可以随时见驾。这个建议，紫禁城里那班官员是竭力反对的，但逊帝坚持要这样做。他召见内务府大臣很坦白地对他们说，并叫他们转告摄政王，他不再是他们的傀儡了，他要自作主张。逊帝对那班大臣所说的一番话（后来给我看他的训示的草稿），他们也许一生都不会忘记的。

提到皇室的财政问题，我想促请阁下注意一事，因为阁下将是该未来的委员会里一个有力量的人，所以阁下就要和民国政府弄清楚哪一些是属于皇室的可以移动的财产，这些财产逊帝有绝对主权可以使用的。假如阁下留心一下近数月来的北京报纸，便会发现它们不时登载有关宫廷出卖某些宝物的新闻。已经有人提出反对紫禁城此种举动了，他们的理由是这些宝物完全属于国家所有，逊帝无权将它变卖。今日的《顺天时报》登载一个消息，据说近日紫禁城将一批贵重物品送入某外国银行，由“某外国人”居间，将之出卖，如果成为事实，则“此无价之宝将不复为中国所有矣”云云。

逊帝本人对我说，《顺天时报》所载的那一段新闻，大体上是正确的，不过，如果暗示“某外国人”是我，那就大错特错了。因此，我想阁下必会同意我的观念，这件事关系逊帝与皇族甚大，阁下应要早日与民国政府弄清这件事情，划分清楚哪些皇室财产属民国政府，哪些属于清室和皇族。

刘健之先生和我谈及这些事情，他认为逊帝不必放弃民国的优待条件和尊号。如果逊帝决心要放弃优待条件，那么，他在目前至少要保留着尊号。在您给我的一封信中，您也持此意见。然而我似乎未能与阁下的意见相同。根据我的看法，解散紫禁城的整个组织及其一切，这才是对逊帝本人有利的事情。我们看得很清楚，逊帝一日不放弃民国政府准许他拥有的那个空头尊号，自然就有一大批人为其本身利益所驱使，死要维持着一个有名无实的朝廷和一个皇室。其结果当然是逊帝要继续过着那种虚伪的生活，拿出他个人所有的少量私产来和这班自私自利的人享用。如果您仍然认为他非拥有这个空头尊号不足以壮观瞻或对他的祖宗有愧，对不起，我恐怕未能与阁下的意见相同。逊帝一日拥其虚衔仍住在紫禁城里称孤道寡，中国的激烈派报纸就一日不停其攻击。中国人民见他退位之后，仍然拥有一切皇帝排场倒也没有什么表示，他在紫禁城里封官赐爵，民国政府也像没有这回事似的并不干涉。可是在外国人看来，他不过是一个已经退位的皇帝而已，与其他退位的皇帝在本质上没有丝毫差别。他们在闲谈或在文字上提到逊帝，也是这个概念，并不把他当作今皇帝看待。所以，他放弃这个空头尊号，在外国人面前绝不会失去“面子”。从外国人的观点来说，他放弃了尊号之后，他仍然是中国的退位皇帝。

您和其他的人也许以为逊帝一旦放弃他最后所有的一切，那么，他就会失去将来的复辟机会。但在我个人来说，我对于这个机会却不感兴趣，我感兴趣的是看见逊帝成为一个智力健全身体健康的青年，而不愿意见他成为复辟派的中心。我们在这里不妨这样说，如果中国人民到了某一个时候，认为共和民主不足以救国，非恢复帝制不可，那么，我就不得不很自然地想到此时也，逊帝的复位希望不只不会减低，而且会大为提高，因为人民念他在1912年慨然应允退位，接受优待条件，于是加以拥戴以为崇德报功呢。

从前朱尔典爵士曾和我谈到，有朝一日，逊帝完成其学业及游历各国之后，他也许会被选举为中华民国的总统。这当然是一件很可以想象的事，但是一定要把小朝廷的组织完全解散，逊帝本人永远放弃“皇帝”的尊号和民国的优待费。否则没有人敢推选他出来做总统候选人，因为这样他的政敌会攻击他违背民主制度的……

毓庆宫的师傅们个个都是旧式的读书人，他们没有什么阴谋，也没有什么胡为的行动，他们的道德上是无可非议的。不过他们是旧式人物，对于中国现代的政治思想、社会文化的活动一无所知，他们的见闻远不如他们的学生那么广阔。他们并未出过国一步，又不懂得外国文字，他们自以为中国的文化道德为世界第一，而不知世界上还有很多国家有其辉煌的文化。某一个师傅对他的年轻学生所说的一番话我觉得很有损害性，我认为是不大好的。前几天，逊帝对我说，某日他和某一个师傅谈到民国政府财政极度困难，人民负担很重，生活艰苦，他认为情形既然这样恶劣，不妨暂时停止支付皇室的优待费，使人民舒一口气。那个师傅正色对逊帝说，他不必为了自己应得的利益而体念民国政府与人民的艰难，尤其是不必眷念中国人民，他们既然将大清江山推倒，他们就是逊帝的敌人。逊帝听了后，不加思索予以有力地答道："如果人民是我的敌人，我就更应该立刻停止接受他们的金钱了。"……逊帝一向都没有把人民看作是敌人之意。人民把他从宝座上撵下来，他不但对他们没有憎恨之心，甚至也没有听见他对参加辛亥革命的某一个人或他们的党派有过一句怨言。某一次我和逊帝谈天，偶然谈及南方一个军阀，逊帝说，从报纸上的言论来看，这个军人似乎很能干，并且也不腐化贪污，如果他能统治中国，倒也是一件好事。我对他说，这个军人是个激烈派人物，也和南方那些领袖们一样对于皇室是没有好感的。逊帝答道："这有什么关系，只要他们对中国有利就好了。"……

我和逊帝的关系一向都是很好的，如果不好，我老早辞职了。至于我和前摄政王及内务府大臣、毓庆宫同事们的关系也很融洽。不过我总有点恐惧，那就是他们认为自从我到了紫禁城之后，影响了逊帝，使他对现实环境不满。但我既然为逊帝信任，推心置腹，我也不管许多，我将尽力保持我的地位，做逊帝的教师或做他的可靠的顾问……

庄士敦谨上

1922 年 6 月 8 日北京

紫禁城里究竟有多少无价之宝?

逊帝久有出洋的理想

我那封信透露了一些我不赞成逊帝实行他的计划的原因。并且，我还有其他原因认为值得顾虑。其中一个就是内务府那班大臣和他们的同党某些王公了。因为他们看见树倒猢狲散，此后已无吃饭的地方，他们会一不做二不休，采取激烈的手段制造事件，使逊帝不得不下台，另行在皇族中捧出一个听话驯良的人来做“大清皇帝”。这一计划当然是不易于成功的，但这班人很会玩阴谋，他们和民国政府的掌权官员很有关系，一方面他们利用宫中的宝物，变卖现款贿赂北京政府的要人支持他们。另一个难于解决的问题是，逊帝很不易迫使内务府大臣们在解散此组织之前交出一份皇室财产的清单。他们盘踞内务府多年，皇室的财产一共多少，在什么地方，只有他们知道得清楚，除了这班人外，谁都无从知其底蕴的。

此外，我，另有一个很严重的问题使我感到十分麻烦，那就是一旦逊帝离开紫禁城后，以平民身份随意卜居在某一个地方，问题又来了，这样他大有被复辟派包围的可能。他们奉逊帝为复辟派的领袖，进行复辟活动，以前我曾说过，复辟派一向不敢邀请逊帝本人亲自参加复辟活动，因为在优待条件之下，逊帝的身份和处境不便参加他们的活动。但逊帝自动放弃优待条件后可不同了，逊帝不受条约的限制，这班人就会感觉到逊帝是个自由身，不妨参加他们的阴谋。逊帝既然离开紫禁城，随便住在一个地方，这时候，那班复辟派的活跃分子就会大肆活动了，他们包围着逊帝，奉他为领袖，向他施展一番功夫，甜言蜜语，恭维他是中国人民的救

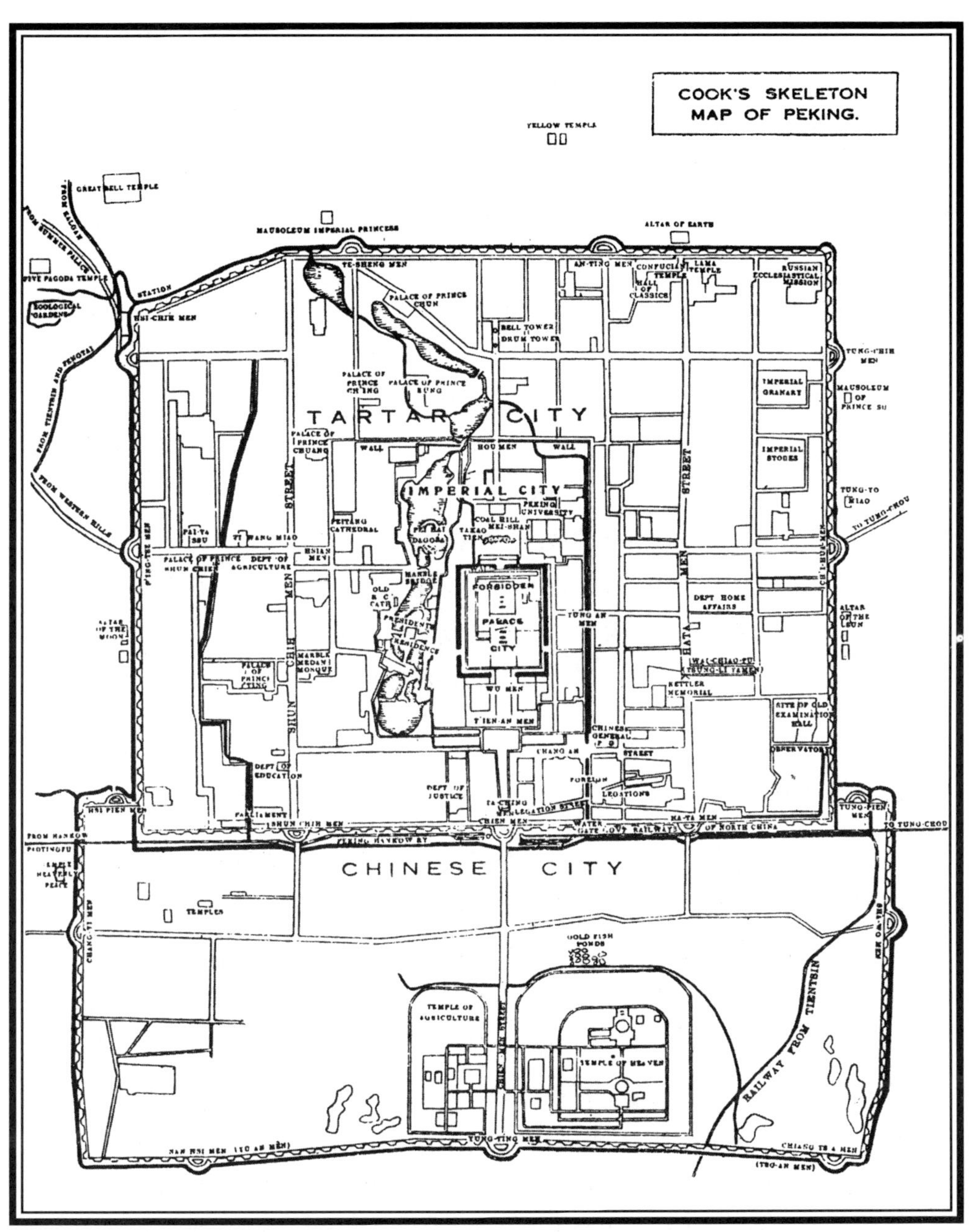

《紫禁城的黄昏》（伦敦维克托·戈兰茨有限公司，1934 年）所附北京城示意图

星，要他学东汉的开国之君汉武帝，救人民于水火之中，重新出来建立大清王朝。试想逊帝不过是一个十六七岁的大孩子，有血气而高傲的人物，听到这番说话，难保不会坠其圈套的。

还有，我在给某君那一封长函中已经提到过，如果逊帝在英使馆里发表他的宣言，英公使一定不肯让他这样做的。中国的智识青年对于英国在华种种行动，已极端憎恶，他们骂英国为帝国主义者，假如逊帝的宣言是在英使馆发出的，则更足以证实英国参加此项阴谋。我本人也不能避此嫌疑。因此我对逊帝这一建议认为不可行，但我向他提议，他应该召集王公大臣、内务府大臣，明白宣示，他要履行优待条件，即日移居颐和园，同时组织一个委员会，授以全权，命其清查皇室的财产，并负责草拟一个认真节省经费的计划和改组内务府的方案，还有，逊帝移居颐和园后，他就要立刻自动邀请民国政府和他做友好的谈判来修改优待条件，并表示愿意放弃一切权利和尊号。这样，他一方面可以使得皇室中人（其实是内务府）满意，又使民国政府高兴，于是逊帝可以实现他久存心中的理想——出洋游历，先到欧洲，后往美洲，也许还要在英美的大学念书哩！

古物陈列所宝物无数

当我写上述那一封长函之时，我对于某一件事还知道得不清楚。紫禁城里藏有很多无价之宝，逊帝本人不但未尝见过，并且也不知道它们藏在何处，奇怪的是，民国政府一向都认为这些宝物属于清室，而不是属于中国政府的。我在函中曾提到中国的报纸时时攻击紫禁城出卖宝物，它们反对的理由是这些宝物是中国政府的，现在小朝廷把它们私自出卖，就是犯了盗卖国宝之罪。在我写下那封长函后不久，我发觉民国政府竟然没有承认故宫的宝物是属于国家的。清室内务府因为开销庞大，无法平衡收支，不断将宫里的宝物出卖或抵押给人家。而中国政府竟然没有出面阻止。徐世昌总统及其继任人似乎不愿干涉这些事，他们好像是内心有愧，认为民国政府既然不能按时支付清室的优待岁费，清室财政困难，出卖一些宝物以维持生活是可以原谅的。

但是除了在紫禁城里仍然由内务府保管着大批宝物外（这些宝物，时时刻刻都在被变卖、抵押，甚至被盗窃），还有很多书画、铜器、瓷器、玉器等，系民国成立后从奉天的故宫及热河行宫运来北京收藏的。当民国五年（1916年），民国政府将运京一部分宝物分贮在三大殿，但大部分却藏在文华、武英两殿，成立古物陈列所，开放给人游览。游览古物陈列所可以从东华门或西华门入内，但不能从北部的神武门进入，因为那一部分地方仍然由逊帝居住，并未开放。自1916年后，古物陈列所展览的中国艺术品吸引了世界无数观众，慕名而至北京欣赏的人很多。

到古物陈列所参观的人大都以为陈列的宝物，系中国政府没收清王朝的，或系在辛亥革命后移交民国政府的。但没有人知道其中的授受经过是有条件的。在1923年以前，我还不知有此事，到1923年，我向清室调查此事，希望得到正确的答案，他们抄给我一些中国政府文件，我才对此事了然。

宝物仍属清皇室私产

我现在把其中一份文件照原样影印于此，据我所知，此项文件从未在中国公开过，读我这部书的人，如果其中有中国人的话，他们一定觉得很惊异。这份抄本的日期是1916年9月11日。其中所说的是1914年1月民国政府和清室内务府共同派人往奉天、热河两处皇宫运送该两处的宝物入京。这些宝物是被认为清室财产之一部分。他们曾请公正的专家来估价，这批七万件宝物，其中有些是无价之宝，不易予以定价。民国政府和清室双方协议，除一部分为清室保留外，其余由民国政府依照估价单所开的价钱收买，但因为民国政府目前的财政情形极度困难，一时没法支付这笔购买费，因此，这些宝物就当作由清室借给民国政府陈列，到民国政府财政好转时，才支付全部价钱；同时，运京的这批宝物，大部分藏在武英殿，该殿应辟为古物陈列所，开放给民众，由内务府一个名叫治格的官员做所长，他向民国政府及清室负责。译注：以上是译自庄士敦的原文的，今将庄士敦影印的中文抄本抄录于此，以备读者参考。文云：

国务总理段祺瑞为呈请事：窃据镶红旗蒙古都统兼护军都护使治格咨陈，民国三年一月同清皇室人员前往奉天、热河两处检取清宫历存陈设物品及珠宝书籍等件，运送来京，分置太和、中和、保和、文华、武英各殿，统计两处古物共七十余万件，均经分别品类，登记册簿。旋由清皇室派员约同古玩商家逐件审定，折中估价，约五百余万元之谱。尚有物极罕贵无从拟价之件，不在此数。当经内务总长商明清皇室，就武英殿地址，建设古物陈列所，并呈经前大总统责成经理古物陈列所所长事宜。三年十月，该所开幕，环宝杂陈，奇珍备具，中外瞻仰，侈为巨观。此该所成立之实在情形也。惟此项古物系属清皇室私产。本拟由政府备价收归国有，徒以财政支绌，迄未实行。现值大局稍宁，清皇室待款甚亟，治格对于民国及清皇室均负有保存之责，朝夕维护，常用兢兢。窃以国粹重要，为中外观瞻所系，自未便由清皇室收回；而未经付价以前，究未能属诸国有，常此悬置，殊非永久办法，亟应从速解决，俾得有所归宿，等情。查此项价款，为数甚巨，必俟财政稍裕，始能筹议措还，当未付价之先，该都统既以清室护军都护使兼充该所所长，受有双方委托之责，自应饬就原有地址，照旧妥慎保存，以重国粹。对于清皇室方面，即由国务院确实担保，用昭大信。所有酌拟缓付古物陈列所价款，照旧保存办法，除俟分行内务、财政两部，及清廷内务府查照外，理合呈明大总统鉴核训示祇遵。谨呈大总统。中华民国五年九月十一日。

这时候的总统是黎元洪。

溥仪曾偷运古物出宫

清宫这些古物，有些是清朝入关后接收自前朝，有些是取诸民间，有些是官员及人民所贡献，历年三百，所积渐多。清朝既亡，民国政府本应也照清政府之例，接管明宫文物，但以辛亥革命时，有优待条件这个诺言，其中第七款规定："大清皇帝辞位之后，其原有之私产，由中华民国特别保护。"所以清宫宝物，仍归小朝廷所有。其实这些宝物，并非满族人侵入中原时带与俱来的，朝代既易，新政府就应该没收其财产。就算当时革命军俯念清帝愿意退位，让出政权之功，为了报酬，制定优待条件，也应在"原有之私产"方面划分清楚，哪些应归国有，哪些仍归清室，如此始见公允。今一概不理，尽归清室，未免太过宽大，太过慷国家之慨了。所以1924年冯玉祥等驱逐溥仪出宫，修改优待条件，实符中国人民之望，否则故宫文物不知还有多少损失。例如溥仪未出宫前，即以"赏溥杰"名义，偷运出宫的宋版书二百余种、历代名画千余件。后来这些文物有一部分为溥仪带往伪满洲国，到伪满洲国垮台，又有一部分流出市面，张大千买得的董源《潇湘图》、顾闳中《韩熙载夜宴图》，就是三十年前溥仪从故宫盗出的。溥仪《我的前半生》说："我们行动的第一步是筹备经费，方法是把宫里值钱的字画和古籍，以我赏溥杰为名，运出宫外，存到天津英租界的房子里去。……这批东西移到天津，后来卖了几十件。伪满成立后，日本关东军参谋吉冈安直又把这些珍品全部运到了东北，日本投降后，就不知下文了。"

在那些抄件中，又有一份关于奉天、热河故宫古物的估价清单，现在抄录如下：

总估计

奉天故宫	一百九十八万四千三百一十五元
热河故宫	二百零八万一千七百三十二元
合计：	四百零六万六千零四十七元

不拟售与民国的古物

奉天故宫	五十二万零一百七十一元
热河故宫	三万四千四百元
合计：	五十五万四千五百七十一元

我们从上表可以看出由奉天、热河运京的古物，除了清皇室所保留部分不计外，民国政府应付给清皇室的价款是3511476元，以当时的英镑来计算，每一银元值二先令，其总值约为351147英镑。

清室的权威方面对我说，上述的古物估价单中，民国政府从未付过半文。他们在公文上承认这批古物为清室的财产，愿意不改变其现状，等到将来财政好转时，才照估价的数目，向清室收购，但民国政府后来竟然不顾写在公文上的词句，把全部古物没收为国有了。他们手订的“优待条件”，从未履行，现在对这批古物的处理又食言而肥，视公文如废纸。译注：清室这样责备民国政府，未尝无理由，当民国初成立时，那些人急于成功，和清帝订下了所谓“优待条件”。但所谓“条约”者，不能永远是有效的，时势不同，就有修改的必要，不能“一部通书睇到老”也。以前有些“列强”强迫中国订下一些条约，意欲中国永远受其约束，每逢一个新政客上台，恐怕失去“列强”的欢心与支持，必郑重声明“尊重国际条约”。例如1924年段祺瑞执政，就作此宣言，其时中山先生正北上，欲废除不平等条约，听老段这样表示，气个半死，病势加重，其死也与此不无关系。中国人受各种“条约”所束，近十五年始全部破除之。一个愚昧的政府和清室订下了这些对己不利的条约，到了一个精明的政府出现，推翻前约，订个合理的条约，这才是合理的事情。试问清室曾在“优待条件”之下循规蹈矩吗？溥仪不移居颐和园、复辟、行使“宣统”年号、赐谥赐爵等行为，简直是破坏民国，将他置之极刑，还是罪有余辜，他现在才肯认错，已算是造化了。庄士敦之流也是希望中国永久尊重国际条约的，对清室当然大表同情，故不得不于此斥之也。更有，庄士敦在本章中说到1925年中国的知识分子发生反英剧烈行动，乃是直接或间接受到苏联大使馆的鼓动云云。这是含血喷人之词。1925年中国人反英行动，乃系五卅惨案及六二三沙基惨案引起的，当时全国人民完全是基于爱国行动和正义感，起而反对，是乃良知，无须受什么人鼓动的。译者注此之时，恰为1965年5月30日，五卅之四十周年纪念也。

熊希龄“盗宝”的内情

从奉天、热河运京的古物，其价值之巨是无可否认的（我有理由认为官方的估价太低），它们的价值，远过存在紫禁城里清室的那一批。它们的总价值若干，很难有正确的估计，但我从各方面所听到的估计数字，至低限度值一千万英镑。1933 年日本及“满洲国”的陆军实力威胁北平，于是引起国人注意，连忙把故宫古物运往华中分别保存，以防万一。故宫古物的最后命运如何，将来必有答案，但深爱中国及爱护中国古代文化的人，却很诚恳地希望这批古物不致消失或流入外国。至少其中有一些将不会再存在中国却是很可能的。译注：庄士敦先生关心中国古物，盛情可感。自 1924 年接收故宫，成立故宫博物院后，除国民政府任用非人致有易培基、李宗侗等盗宝一案外，故宫古物，大体上还保存得很好，未尝有散失过。反而是庄师傅的那个不肖学生，偷了很多，早在古物南下之前，溥仪已经卖了不少给外国人了，确实是不再“存在中国”。其实故宫古物的价值，若与敦煌文物比较，还要低一筹，“深爱古代文化的人”，见到斯坦因、伯希和等人偷去敦煌文物，摆在伦敦、巴黎的博物馆，更应为中国可惜，而这些“爱中国”“爱中国古代文化的人”似乎未对这班“雅贼”的行动有过指斥，这倒是很有趣的事，可惜庄先生早死十五年，如果他还健在，他也许知道有人买回许多故宫所藏的字画，仍存原处呢。又，庄士敦说奉天热河两处故宫的古物，价值远在紫禁城里的古物之上，此说尚有问题，今不具论。写到这里，记得民国二年北方曾发生热河故宫失窃宝物的传说，而且此说与热河都统熊希龄有关，这可见自民国元年以来，热河故宫常有失宝之事。熊希龄是否盗宝，当时传说纷纷，但后来证明不是，谣言始息。原来熊氏盗宝一事，是袁世凯陷害他，要拉他出来当国务总理的一种手段。据前财政部旧人贾士毅先生的《民国初年的几任财政总长》一文（刊台湾《传记文学》第五卷第二期），其中有说到关于熊希龄此事，今摘录以供参考。文云：

> 熊总长在任从三月二十九日正式受命，到七月十四日准辞，只有三个多月的时间，便外调就任热河都统，延聘清朝的知名人士连同本

籍绅士设立行宫古物整理委员会，编列号码，分别保藏。后来会同装运送去故宫博物院陈列。译注：应云古物陈列所，因为故宫博物院之成立，系在民国十三年溥仪出宫以后的事也。到袁氏阴谋称帝时，就暗里指使人放谣言，说是热河宫里的地毯放在琉璃厂出卖了，借这个谣言迫令熊总长赞成帝制。那时陈汉第供职国务院，积年收藏古董，很懂得鉴别，摆在琉璃厂出卖的地毯经他鉴别之后，证明不是热河的古物，谣言遂息。

这是说袁世凯要熊希龄赞成帝制才出此阴谋。贾先生在熊财长任上时，在财政部做财政讨论会会员，他所说的大概还可信。陈汉第先生字仲恕，为叔通先生的仲兄，我和他很熟，但未闻他说过这件事。另一位在熊希龄内阁做农商次长（总长为张謇）的刘垣先生，前几年他著的《张謇传记》，则说袁世凯因熊希龄不愿做国务总理，即以盗宝一事为要挟，与赞成帝制无关，今摘录以便读者参考。文云：

热河行宫所陈列之美术品，虽不能如沈阳行宫之富丽与精美，但品类甚多，每一个都统到任，都以检查为名，私取古玩若干件，贿赂北京当局，视为成例。在庚子以后，已成公开的事实。民国成立后，禁例更弛，热河城中之市肆，时常有不甚宝贵之西藏铜佛等类出售，到处可见，皆行宫管理员所携出售卖，以弥补其薪资之不足。热河都统明知之而不能禁，盖其俸给不足生活也。因以上的原因每一个都统新到任，照例进宫检查，看守之官员，照例请示都统需要何种玩物，可以吩咐照办。希龄对于古玩，完全是门外汉，既无赏鉴知识，亦无收藏雅兴。而看守者屡以为言，希龄心中明了如不收取数件，此看守者必不安心，因亦收取若干件。我敢断言，绝非有价值之物品，或者即是乾隆帝御笔之类。谁知世凯所派监视之人，即开一清单，以正式公文呈报总统。等到国会通过熊希龄为国务总理，希龄到京，仍向世凯面辞，世凯即另派一人向希龄交涉，他对希龄说：“你不就总

紫禁城一角 · 千秋亭

理之职，即是看不起总统。你可知道，你有把柄落在总统手里，如此如此。”希龄听了，只得自己落篷，应允就职；但必须张謇、梁启超、汪大燮同时入阁。世凯立刻应允，并且保证定可通过国会。

所述较贾君所记的可信，此殆闻诸张謇者。

紫禁城内的“鬼故事”

尽管紫禁城里有许多无价的艺术品，它的建筑又是如此宏丽，媲美阿房，然而这是一个悲惨的地方。我得承认，它曾经有过快乐欢愉的日子，住在里面的人也并非个个都是过着愁苦的生活或怀悲挟怨而死的。不过，如果我细心去看一下或听一下，也许会见到这座城里的鬼魂走来走去，对我们讲述很多故事。最令人惊心动魄的就是那个明朝末代皇帝思宗了，他眼见大小臣工都各自逃命不理他，从前跟随左右的太监，只剩下一人，他知道自己的末日来临了，杀妻杀女，走上煤山自缢身死，以求自由——如果一死可以自由的话。继明思宗为紫禁城主人的是那个顺治皇帝，照道理，他应该生活得很快乐了，然而民间传说他是为了要自由，走往五台山出家。假如此事属实，那么，这个皇帝也不是很快乐的。我曾把这些事情写成文章在各英文刊物上登载过。1920 年，我在上海的《新中国评论》第二卷第一、二期（2 月和 4 月）刊载《一个皇帝的浪漫故事》，文末有这几句话，现在转录如下：

如果这个世界有一座宫殿堪称为监狱的，我想，北京的紫禁城就应该当选了，清朝的开国之君顺治皇帝，为了寻求自由，舍弃帝位，出家做和尚。他的子孙，最末的一个统治者光绪皇帝，于十二年前也在紫禁城里完结了他的终日提心吊胆的惊慌日子。在二百六十年前，这座皇宫已是不祥之物，它是皇帝的囚牢，一直到今日，仍然是一个有名无实的皇帝的监狱。

由此看来，我的年轻的龙在1922年开始坐立不安，要鼓翼而飞，会觉得奇怪吗？译注：关于顺治帝出家一事，近三十年已为孟心史先生考证认为绝不可信，久已成为铁案，庄士敦亦不过摭拾民间流传故事入书而已，未能据为典要。至于说到故宫有鬼魂来来去去，倒也很有趣，不妨附说一个鬼故事。传说崇祯皇帝在煤山自缢后，每于天阴时候，在煤山高呼："君非亡国之君，臣乃亡国之臣！"因此很多人不敢在阴暗时从煤山下经过。一日，有一士人不知此事，偶行经煤山，忽闻有人高呼这句话，他知道是崇祯帝阴魂不散，便高声答道："亡国之臣谁用？"据说，崇祯皇帝的鬼魂听到后，自知不能诿过于人，从此安心去投胎，不敢再发鬼牢骚了。这虽是神话，但对刚愎自用的古今统治者皆给予一强烈的讽刺。

龙凤之喜

大婚的三个重要仪式

我在上一章已经提到逊帝立后的典礼是1922年3月11日。在这一天以后，到是年12月1日大婚之日，这个期间内，逊帝下了很多道上谕，宣布大婚典礼中各项应行事务。（我在这一章里描写大婚典礼，大都根据我所写的三篇文章，两篇登在伦敦的《乡村生活》杂志，日期是1923年2月3日，及4月14日；另一篇是1923年1月22日伦敦《时报》的通讯。我在通讯稿中，对大婚典礼有极详尽的全面报道。在此典礼中，中西新闻记者都没有被邀入宫观礼，除我之外，也没有外国人被邀入宫。）

1922年3月15日，"宫门抄"登载一项消息，皇后的父亲荣源，因为升了官，又被封为御前大臣，赏紫禁城骑马，入宫谢恩。同时，又登载一道上谕，派四个大臣主持大婚典礼，这四个人是郡王衔贝勒载涛、朱益藩（中文师傅）、绍英、耆龄（这两人是内务府大臣）。

第二个行动就是把皇后请入北京城了。这并不是意味着她立即进入紫禁城，因为她接近逊帝的日期还远得很呢！在此期间内，她只是学习宫廷各种仪礼。派往天津迎接皇后入京的仪式也很隆重，逊帝指派几个宫里的官员、太监、护军等到天津，3月17日，他们护卫着皇后，乘搭预备好的专车到达北京了。

专车到了北京的东车站，这时候，车站上挤满了红顶拖翎的满族官员，其中有内务府大臣和少数女官，民国政府也派了一队仪仗兵在车站欢迎，从车站到"国丈"私邸的街道上，皆有军警站岗，以资保护，他们经

溥仪大婚像

上头吩咐，皇后鸾驾经过时，要向她致敬。“国丈”的府第是在北京皇城东北隅的一条幽静的街道，叫作帽儿胡同。帽儿胡同离神武门约四分之三英里。从皇后到北京之日起，“国丈”的私邸就被“官方”称为“后邸”了，就算“国丈”荣源仍然住在里面，也得让他的女儿——皇后占先。

4 月 6 日，逊帝亲往景山的寿皇殿，向他的祖先禀告纳后的事情。在结婚前一两天，又要派人向太庙及寿皇殿行礼。这一天所行的礼节，分别派遣礼亲王和怡亲王做代表的。

在大婚典礼举行之前，有三个最重要的仪式：第一个纳采礼，是 10 月 21 日举行的；第二个是大征礼，在 11 月 12 日举行；册封礼于 11 月 30 日举行。上述日子皆是钦天监选择好了的“黄道吉日”。这三个典礼的繁文缛节都大致相同。每一个典礼，正副使都是在乾清宫出发，执事人等随同到后邸，后父跪在大门外迎接“天使”。而每一次皆由一个王公贝勒——近支的亲王、郡王、贝子、贝勒——持节先行为导。

坤宁宫外景

纳采礼大征礼册封礼

10月21日早晨举行的纳采礼，并不是随便行事而是绝对依照清朝历代帝皇之礼的。礼物之中，计有配备鞍辔的马两匹、羊十八头、缎四十匹、布八十匹。缎与布皆放在龙亭里面。所谓龙亭，看来颇像一顶小型的黄色轿子。

奉命送礼到后邸的王公大臣，由鸿胪寺官分别指导他们站在乾清宫外。宣制官进入乾清宫，站在东边，高声宣读谕旨："候补道荣源之女郭博罗氏着立为后。命卿等持节行纳采礼。"译注：内务府大臣耆龄的《赐砚斋日记》说，溥仪册封皇后的册宝，办事人将皇后姓氏瓜尔佳误作郭佳，及发觉，恐溥仪不高兴，乃将错就错，亦趣事也。

殿的正中有一张桌子，上面放着一支圣节，由一个官员以圣节授给正

坤宁宫洞房内景

使。于是正使前导，众执事人随之，出紫禁城的神武门，浩浩荡荡向帽儿胡同进行，沿途观者人山人海。这一行列，不单是由全副鼓乐吹吹打打的伴着而行，并且有民国的步兵、骑兵护送。在一个民主国家的首都里出现了这些帝制的仪仗和威风，而民国的总统及其政府居然也不以为怪。

纳采礼行后两星期就是大征礼了，这一礼节也和纳采礼差不多。宣制官入殿，立御座之侧，高声宣读谕旨，派某某人持节行礼。这项礼节也是送礼物给新娘和她的家人的，不过这些礼物是较纳采礼所送的更为贵重。送给皇后的是黄金一百两、白银一万两、金茶器一、银茶器二、银盘二、缎二百匹、配备鞍辔的马二匹。送给皇后父母的礼物是：黄金四十两、白银四千两、金茶器一、银茶器一、缎四十匹、布一百匹、配备鞍辔的马二匹、朝服二袭、冬服二袭、带一。送给皇后两个弟弟的礼物（其中一个只十岁）是：缎八匹、布十六匹及文房四宝一套。后邸的仆役也共沾“恩泽”，赏四百元给他们去分配。

这三个典礼中，以末后一个为最堂皇壮丽，举行的日期是吉日前一日，即是 11 月 30 日。乾清宫的御座前设下三张桌子，中间的一张安放着圣节，东边一桌，上面放着金册，西边一张安放金宝。这两件宝物将送到皇后手上，她入宫做新妇时就带着回来。

除了皇后的册宝及御节外，乾清宫大门外，又停放着皇后的凤舆，这一顶轿子由二十二人抬着到后邸迎接皇后入宫。乾清宫外的东西檐分悬各种乐器。

当一切预备妥当后，逊帝穿起朝服，入乾清宫检阅册宝、升座。这时候，乐官奏“中和乐”。据传这一支曲谱是舜帝所作的，他在公元前 2255 年已登帝位，统治中国了。

奏乐时，王公大臣及办理大婚人员皆在丹陛上就班行三跪九叩首礼，接着就是宣制鸿胪寺官，高声宣读第三道谕旨，奉节及册宝给正副使，他们接过后即出发往后邸。译注：溥仪的婚礼，仍遵照《大清会典》行事，但因为这个时代已是小朝廷时代，只能依照《大清会典》所规定的礼节酌减。纳采礼中，有鞍马、金银、布帛，而无甲胄。查《太祖武皇帝实录》，明万历二十五年

大婚时的婉容

大婚时的文绣

丁酉（公元1597年），太祖聘布羊古之妹，用盔甲、鞍马等物作聘礼，这是满族旧俗，象征着男子以武勇得妻之意。顺治八年大婚，聘礼也有甲胄十副。今溥仪纳采礼，已删去甲胄。满族人未入关前，婚礼最重亲迎和大宴，清太祖纳妃也行亲迎礼，然后大宴。顺治帝入关后，已举到了明朝制度，不行亲迎礼（明朝的皇帝虽不行亲迎礼，但皇后凤舆入宫，降舆，皇帝由东阶下，迎之于庭，揖皇后入内殿。这还存有夫妇敌体之意，清朝的皇帝则唯我独尊，并此礼也去掉）。溥仪既为废帝，尚摆此种"皇帝"臭架子，甚可笑也。

正副使率领全部执事官员，到了后邸，这一次的典礼，较以前两次更为庄严堂皇，皇后出堂跪受册宝，恭聆敕谕，然后三跪六叩首。礼毕，女官照料皇后动身入宫。

北京市民蜂拥看奇景

就在同一日（即11月30日）的清晨，淑妃先入宫。我不再在书中描写她的婚礼了，对她的礼节大致与皇后的相同，只是没有那种排场。她先皇后入宫，为的是使她可以率领宫中各妇女恭迎皇后。

皇后的凤舆入宫是12月1日清晨四时。她在三点钟就离开后邸。这是遵照满族旧俗。在清晨四点钟的时候，天空没有片云，有月光。

凤舆从乾清宫抬到后邸这一个礼节是很隆重而严肃的，由銮舆卫的舆夫抬着，到了后邸的前院停下，然后由太监抬入内院，停在一个吉利的方向，以待吉时一到，新人便上轿了。

新娘打扮得花枝招展，穿起她的结婚礼服，等候吉时来临。届时，女官向新娘启禀，请她上轿，新娘不敢怠慢，立刻坐上凤舆。抬轿的太监连忙将轿子抬起，穿过若干院子，出了大门，放在地上，然后由那班轿夫接手，结婚典礼的行列启程，向紫禁城方向而去。皇后上了凤舆后，她的家人并没有陪伴着她同行，只有她的父亲跪在大门外的一张红垫子上恭送，一直到看不见了才起来。

婚礼行列有清室护军、民国的陆军、骑兵及保安警察护送，同时还有

婉容的凤舆

两队乐队，一队中乐，一队西乐，幸喜这两队乐队不是同时合奏，否则中西杂陈，滑天下之大稽了。行列中有一乘空着的银顶黄缎轿子，此外又有三辆空着的旧式北京大车，皆银顶黄缎。这四件交通工具，据说皆为皇后“御用”之物，以备她异日之用，因为凤舆用过一次之后就收藏起来不再用了。队伍中有六十人拿着宫灯，七十多人持龙凤旗及罗伞，数不尽的宫中仆役抬着龙亭，龙亭里安放着宝册和皇后的丰富的嫁妆。正使庆亲王捧着圣节，副使郑亲王捧着圣旨。在正副使之后，很多执事人拿着香炉，焚烧着各种名香，所经之处，异香扑鼻。接着便是二十二人抬的凤舆了。在凤舆的两旁由御前太监伴着而行；在凤舆之后是内务府大臣以及其他官员及马队等。

当婚礼队伍出发的时候，正是早上三点至四点之间，月亮已经落了，路上很黑。北京的路灯本来就很暗，它们虽然也是电灯，但只能略辨人影；可是路旁看热闹的人多到了不得，他们很守秩序地站在军警之后，静候一看奇景，因为除了紫禁城里头之外，在外边是难得看见有人穿起清朝服色满街走的。凤舆所经的道路，正中皆撒黄土，居然帝制排场。译注：溥仪结婚是民国十一年壬戌，阴历十月十三日，即12月1日。12月14日的天津《大公报》北京通讯有记此事，颇可参看，今尽录于此：

《大公报》报道大婚详情

旧历十月十二夜（即十三日上午）十二点钟，清室恭迎皇后队伍自东华门中门出，门上钉有门神，即神荼郁垒也。神武门、景运门、乾清门皆有门神。彩饰门首扎一大彩坊，坊柱以黄绸扎作龙形。左柱悬一红纸牌，上书“观礼庆贺人员均由神武门出入”字样。门之左右，装水月电灯四个，并有军警两排，在此守卫（警士着大礼服）。迎亲之秩序，下首先为步军统领衙门马队，次为警察队马队，再次为保安队马队，再次为军乐两班。再次有黄缎银顶轿一顶，黄缎银顶车三辆（无人乘坐）。鸾驾七十二件（龙凤旗伞执事等），又黄亭四驾（内装印、凤冠霞帔等），宫灯六十个，及顶翎辉煌之清室官员，暨民国军警方面派去照料人员等。其后为警察保安队、步军统领衙门部队，又军乐队两班。后为正副大使（正为庆王，副为郑王）一捧圣旨，一捧圣节。最后系皇后所乘之金顶凤舆（三十二抬）。左右前后，除民国军警护卫外，更有清室官员三十二名，随从由东安门出门，北向经北池子，往西北进三座门，过景山东街，出地安门中门、地安门大街，入帽儿胡同，西至皇后邸。邸门扎彩坊，与东华门者同。后父、后之兄弟等，已在门外跪接圣旨圣节。后之父兄随大使等入内，凤舆亦一同入内。约十五分钟之久，即出帽儿胡同东口，走南锣鼓巷，向东经北皇城根宽街，南行过大佛寺、马市大街，至丁字街向西，进东安门大街，度轿入东华门。时为三点四十分。是日抬轿执事等人，皆系銮舆卫当差之人，一律剃头，闻剃头者均须加价，以为讲究。经过路线，以黄土垫道，马路两旁，满布军警。沿途观者数万，更有无数乘汽车、马车、洋车之中外男女等，前往参观者沿途如

溥仪大婚时的乾清宫

堵。清皇后凤辇出宫时，为正十二点。出宫以前，宣统升乾清宫，送凤舆，非清廷有职务人员，瞭望不得知其详，但见清臣叩贺而已。凤舆之前，仪仗先行，即外间一般人所见情形也。又王公大臣派往后邸者，皆乘朝马从神武门出，先至帽儿胡同，瞻礼人员发出凭证约二千枚，又庆贺瞻礼徽章一千二百余枚，入内者皆登名簿，第一入者为溥珣，最后列名者为聂宪藩，共有二百三十七人，其中西洋男女瞻礼者约二十余人（均以私人资格），日本人四人，中国女子三人，议员着乙种礼服者约二十余人，武官着民国大礼服及文职着燕尾服者约二十余人，其余或系清室官员，或系旧臣遗老，均着清制礼服。以上各瞻礼人员，均自神武门入，而西而南，至御箭亭待棚，并设有茶会（东方饭店承办），备茶点水酒之类。景运门两旁皆燃羊角双喜字，立杆灯五十对（类似庭燎），南路铺厚棕地毯。转至乾清门，并有仪仗器具。乾清门内，高角路上，两旁汉白玉栏杆，均有铁镫。记者至乾清宫阶下止，再进则不能入矣。夜四点钟，景运门、乾清门皆关中门，凤舆入宫，各仪仗两旁分立，中西音乐会乐队以后四黄亭两旁分置。凤舆抬入，自函路北行，入乾清宫，以后情形，不得而知矣。凤舆入宫时，普通观礼人及外国人均在景运门外，无执事者，不得入乾清门。总统所派致贺清帝大婚专使入宫时刻，夜间不便，于本日正午十二点钟，始往致贺云。

徐世昌总统身兼二职

12月3日，《大公报》北京通讯又载云：

昨（二十九）日神武门前，汽车、马车、骡车都摆得满满的，神武门额扎有彩棚，中间那两扇门居然开放，对过的北上门里有许多兵。再往东去，路上有临时站岗兵，领上有“内城”两个字。在九点钟的时候，瞧热闹的人拥挤不开。出入神武门的，都是十一年没有见过的服色，头上顶着些各色球儿，身上是些花斑斑的衣服。更有些耀武扬威与文绉绉花人儿，坐在一辆汽车上，一直向后门驰去。还有年轻的男子与女子站在马路旁边，说是皇帝的送嫁妆。那些抬嫁妆的人都套上一件花衣，顶着一顶大帽。一步一步地向神武门里走去。这些站岗兵，仿佛是一种陈设品似的，或者因为苦人太多，怕闹事，故特地叫来弹压，亦不可知。大中华民国所派致贺专使黄开文，亦有礼物致送清帝，共有二色：为三镶如意，及花缎衣料。又总统于二十七日致送荣宅清帝之后邸奁仪四色：三镶如意一柄、百鸟朝凤银瓶一对、湘绣挂屏四幅、印度花绸衣料四色。阴历十一日午时，淑妃妆奁入宫，十二日丑时，淑妃入宫，十二日巳时，行册立式。十二日午时，皇后妆奁入宫，十三日寅时，清皇后入宫。十四日，清帝后出神武门，入北上门，至寿皇殿行礼。**译注：寿皇殿在景山之上，殿中供清帝后遗像。**十五日午时，乾清宫受贺。又闻前大总统徐世昌，曾为前清太保，至今清室犹有太保徐世昌名（并未辞职，或云尚领太保之俸），因清帝大婚，徐送礼四色：一为如意、二为紫榆八合圆桌、三为彩缎匹头、四为屏风。礼单具名"徐世昌谨赠"五字。清帝颇不谓然，说徐世昌还有太保之职，如何用徐世昌谨赠五字？他如果是现任总统，我们应当尊崇他，他既不是民国职员，又系皇室太保，未免不合规矩。前意国出使大臣黄诰，昨进奉清室宣统帝金洋元一百个。译注：黄诰是广东汉军旗人，字宣廷，光绪二十四年戊戌科庶吉士，未散馆。

皇后的凤舆从东华门入紫禁城，到了乾清宫前舆夫停下，另由太监将凤舆抬着，其他执事人等都不能接近乾清宫，只能在乾清门外站着。凤舆入乾清宫后，停下来，向着宝座。宝座两旁分站着宗室王公及其福晋格格、女官、太监、内务府大臣和几个所谓内廷行走的高级官员，其中自然包括各师傅。

吉时已到，新娘要从花轿中走出来了，依照宫廷规矩，除了女人和太监外，其余王公大臣完全要退出殿外，殿门关闭了。

新娘由一群太监、福晋格格们搀扶簇拥着，步出花轿，由乾清宫后一个门行往坤宁宫，她那个十六岁大的主子站在宫里等候着欢迎她。她到了之后，经过揭盖头的礼节后，他第一次看见他那个十六岁的新娘生来是什么样儿。译注：溥仪的《我的前半生》，亦写其结婚情形，他说到揭盖头有这些话："只是当头上蒙着一块绣着龙凤的大红缎子的皇后进入我的眼帘的时候，我才由于好奇心，想知道她长的什么模样。按着传统，皇帝和皇后新婚第一夜，要在坤宁宫里的一间不过十米见方的喜房里度过。"溥仪在书中写他的结婚情形颇为简略，没有庄士敦写得详细。

婚礼是依照满族旧俗行事，可以不必赘述。主要的礼节中包括喝交杯酒行合卺礼，和在龙凤床边吃子孙饽饽。其余重要的礼节就是第二天新夫妇同往寿皇殿拜祖。此外就是宫廷饮宴行乐，大大地热闹一番，自慈禧太后逝世以后，紫禁城中向来就未有过这样的热闹和高兴，因此宫中的一草一木，似乎都有欣欣向荣之意。

破例设酒会招待外宾

逊帝的婚礼中有一项重要礼节，就是12月3日皇帝升乾清宫受贺了。满蒙王公、内务府大臣、内廷行走大臣、遗老遗少和旧日的清朝大官都来向他们的主子叩贺。他们穿起清朝官服。此外又有民国的文武官吏若干人，他们穿的是西洋式的制服和燕尾服，和清朝的古香古色的冠服做一强烈的对照，煞是好看。这批民国官吏，有些是怀着依恋故主的心情，以私人资格来叩贺的，有些是代表政府的。译注：《我的前半生》就说："民国派来总统府侍从武官长荫昌，以对外国君主之礼正式祝贺，他向我鞠躬以后，忽然宣布：'刚才那是代表民国的，现在奴才自己给皇上行礼。'说罢，跪在地上磕起头来。"可知必定有些民国显官，也和这个无耻的荫昌那样的。荫昌是旗人，少时在德国习陆军，宣统间做陆军大臣。因为他是正白旗人，所以自称奴才。民国政府仍然是要尊重清室，谨守优待条件的条文，所以对清室的逊帝的大婚也尽了地主客气之礼，好像对待一个在中国领土上的君主一样。

在逊帝大婚后受贺的典礼中，有一项节目是出人意料之外的，那就是逊帝打破老例，清室帝后设酒会款待外国贺客，这在清朝的历史中是第一次。以前慈禧太后这个"老佛爷"也曾款待外国人，但是正式的宴会，这次逊帝是非正式的，并且男女宾同席，和"老佛爷"的不同。"老佛爷"宴请外宾是分别举行的，一日宴男宾，又另一日宴女宾。现在这个年轻的皇帝和年轻的皇后，在婚后第二天就招待外国贺客，又是男女同席，所以值得一提。这次招待外宾是在正式赐宴满蒙王公中国官员和旧臣之前，赐宴时逊帝是不出席的。

入宫道贺的外宾约有二百人，首先由接待的官员把他们引到乾清宫，略进茶点，各赠以一个小银盒以为纪念。为了要表示非正式的招待，亦为了使气氛较为轻松，所以逊帝不升宝座，也不在乾清宫接见，他们夫妇见外宾时也不坐着不动。外宾一个一个地分别进入乾清宫西暖阁和清室帝后握手。逊帝夫妇并立着，左右两面有两个公主译注：原文作公主，但未必是公主，也许是什么福晋、格格之类。因为英文中的公主并不必限于皇帝之女，与中国大不相同也。和两个内务府大臣，另外有四个人是负责向逊帝介绍外宾姓氏的。这四个人，一个是梁敦彦，一个是联芳，一个是蔡廷干，另一个是我本人。联芳曾在前清做过外务部侍郎。梁敦彦和联芳都不曾入仕民国。据说袁世凯时代，民国政府曾征求联芳同意，给以一个很高的职位，但联芳说，他宁愿做洋车夫也不愿做民国的官。译注：联芳是汉军正白旗人，字春卿，同文馆毕业。光绪二十七年以三四品京堂署外务部右侍郎，二十九年改左侍郎，不久即实授。宣统二年改荆州将军。梁敦彦是广东顺德人，字崧生，他是同治十一年派幼童赴美留学的第一批学生，时年十五岁。光绪三十三年任外务部右侍郎，三十四年署外务部尚书，宣统二年实授。丁巳复辟，溥仪授以“外务部大臣”。蔡廷干是广东香山县人，生于咸丰十一年，同治十二年派第二批幼童赴美留学，蔡年十三岁同往。光绪十四年回国，在大沽水雷学校任职。甲午中日战争，在威海卫力战被俘，囚于日本大阪监狱。释放后，亦被革职。光绪三十一年六月，直隶总督袁世凯奏请留他在北洋差遣，奏语谓其“曾游学美洲，熟谙工程图算。……臣考询所学，颇有心得，才识亦优，实为不可多得之材，请留北洋差遣委用。”从此蔡廷干与袁的关系日深，宣统三年任海军部军制司司长。入民国，任总统府高等军事顾问。袁世凯封他海军上将，庄士敦书中亦以海军上将称之。民国十三年任税务处督办，十五年杜锡珪的摄政内阁，一任外交总长，不久即下台。十六年辞税务处督办。国民党登台，蔡亦被列入北洋余孽之内，似乎亦被通缉，乃隐居大连。

入贺的外宾中，几乎全是外国的外交官员；但他们也能看清事实，他们是派来驻在中国政府的使节，不是派驻清政府的，所以他们以私人资格参加这个酒会，并不是代表他们的政府。

外宾既集之后，便有人对他们说逊帝将向他们略致谢词。当逊帝登上宝座的台基时，众宾肃静以示敬，逊帝用英语很慢而清晰地念出他的谢词。这个谢词是这样的：“今在这里，见到来自世界各地的高贵客人，朕感到不胜荣幸。谢谢诸位光临，并祝诸位身体健康，万事如意。”译注：谢词录自《我的前半生》。据溥仪说，英文是梁敦彦拟好，他按词向外宾念一遍的。念完后，逊帝从梁敦彦手中拿起一杯香槟酒，向左右两面各鞠一躬，然后举杯凑近口唇边。

逊帝大婚收到的贺礼

逊帝大婚典礼的费用一共花了多少钱，这个数目很难说，总之是个极庞大的数字。中国各方面送致的礼物为数极多。大婚后不久，内务府印行一本“红册”，详记礼物名称及送礼人的姓名。送礼人中有很多是民国现任的官吏，这些人在前清是逊帝的臣工（自然，孙中山及其党人是没有送礼的）。“基督将军”冯玉祥送一柄白玉大喜如意，满族王公及宗室人等以及内务府官员师傅等的名字也在册中。下台总统徐世昌送礼金二万元，此外还有贵重礼物，计为：名贵瓷器二十八件，龙凤大地毯一张，大婚之日，这张名贵的地毯就铺在喜堂上。译注：徐世昌所送的礼物，与上引《大公报》所说的不同。蒙古王公、“活佛”、有地位的喇嘛所送的礼物，也列在册中。复辟健将张勋送现金一万元。民国高级官员，除送礼物之外还附有礼金的，计有吴佩孚、王怀庆、蔡廷干、颜惠庆（不久之前，他是中国派驻日内瓦国际联盟的代表，现任驻苏联大使。译注：颜博士已于1950年5月24日死于上海。他本是宣统二年的洋翰林，官外务部右参议。）、曹锟（此人不久后做了总统）。东三省方面，也送了一份厚礼。张作霖和黑龙江、吉林两个督军，各送一万元，他们的若干属员也各送数千元。至于旧日曾在清朝做过大官的人所送的礼金也不少，例如陈夔龙和后来在民国做外交官的胡惟德（胡君是一个著名的外交家，历任驻俄、日、法公使，1933年死于北平），继徐世昌做总统的黎元洪也送二万元，此外还有很多礼物，最值得一提的是，逊帝收到这两位总统的贺金之后，命内务府将这笔四万元巨款捐赠给慈善机构，救济北京贫民。译注：胡惟德字馨吾，浙江吴兴人，光绪二十八年以候补道任出使俄国大臣；光绪三十三年召回，署外务部右丞。光绪三十四年授出使日本大臣。宣统二年召回，授外务部左侍郎、会办税务大臣。宣统三年，袁世凯组阁，任外务部副大臣。民国成立，历任外交总长，驻法、日、西、葡等国公使，以外交总长兼摄国务总理。1928年辞职，1933年11月逝世。胡世泽是他的儿子，父子皆职业外交家也。陈夔龙字筱石，贵州贵阳人，光绪十二年与徐世昌同中进士，但他没有入翰林，官至北洋大臣、直隶总督，抗日战争期间，于1937年来香港小住，下一年回上海。1948年8月死于沪上，年九十二岁。遗老中以陈夔龙的宦囊为最富，初时他打算进贡一万，后来不知怎的改为五千。大概因“猪怕壮”之故。

民国官吏竟跪进礼物

另一个前清官员，他虽然生活十分困难，但他为了表示依恋故主之情，特地将家藏二百余年，一向视为无上至宝的康熙皇帝手书《千字文》一幅为贺礼。

送礼人在他们的自称上表示的忠贞比他们所送的优厚礼物更为有重大意义，在这一层上可见他们恋主之忱。做过总督及身居显职的遗老，他们所进贡的礼物，皆署“臣某某恭进”字样。有些议员毫不羞耻也很大胆地称臣。蒙古、满族人也称臣，但有些满族人仍然照老例自称奴才。

民国官吏的自称则颇不一致，他们大部分皆不称臣，而称“敬进”或“恭进”。但颜惠庆博士的那一份礼却居然大书“跪进”，和张勋、张海鹏的“跪进”一样。张海鹏现在（1934年）是热河省的“省长”了，他晚年得遂所愿，公开回到他的旧主子那边了。译注：张海鹏字仙涛，奉天省盖平县人，本是冯麟阁部下，后来归张作霖。九一八事变后，在昂昂溪等地方与马占山激战，伪满成立，任侍从武官长、热河省长。

关于逊帝的结婚礼物，值得在此特别提一下的。1924年11月，冯玉祥回师北京，将总统曹锟拘禁，黄郛组织摄政内阁，由内阁下令驱逐逊帝出宫，没收他的财产，连同他结婚时人们送他的和送皇后的礼物也在内。民国政府和那班政客居然无视他们和清室所订的优待条件所保证的保护皇室财产的条文了。藏在紫禁城里的宝物，被没收后宣布为国家财产，但这批财产中，有些是逊帝结婚时人家送的礼物呢！我想送礼的人对此行动一定大加反对的，不过，有一个人当然不会反对，就是那个送一柄大喜白玉如意的“基督将军”了，他做了紫禁城的主人翁后，便当即捡起那柄玉如意送回那个三年前收礼的人。译注：庄士敦这些议论是极端荒谬的。他忘记了溥仪复辟叛国这件事，当时的北洋政府不治以叛国之罪，七年后的一个比较进步的临时政府治之以罪，驱他出故宫，没收他祖宗二百余年剥削中国人而积聚的财产，正是符合中国人的愿望。此事在今天的中国人已更看得清楚了，不过庄士敦这样的话，仍须驳斥！至于冯玉祥送如意的事，是否真有，今可不论，即使有，也不能拿来作为攻击他逼宫的行动。他在1922年送如意做一种普通礼物，亦不过是交际罢了，有如香港商人送溥仪婚礼一千元那样，何足为奇？一个人的思想会由落后而趋进步，也会由进步而开倒车的。冯玉祥在1922年的思想也许很落伍，但经过几年后，他进步了，他和黄郛合作，清除故宫，这是他的好行动，到现在还被人称赞。外间的造谣，说他逼宫时盗宝，这是想当然尔之词。1930年《故宫周刊》对于当时怎样封存故宫古物，怎样组织保管委员会，委员中各方面的人都有，今日仍在台北故宫博物院服务的那志良，前几年在台北出版《故宫博物院三十年之经过》一书，用客观的态度写成，也没有说冯玉祥盗宝之事，如果有，那君在今日是可以直言无忌的，因为冯已死十多年，也不必为他隐讳了。

遗老陈伯陶一份厚礼

溥仪结婚，香港有个遗老陈伯陶四出活动，居然也有人托他带给溥仪现金，以为贺礼，兹据调查所得，计：陈望曾（台湾人，割台后，占籍福建，辛亥革命时，方为广东劝业道，后来卜居香港，其子孙仍居此）、戴培基、罗元燮、陈汝南（字殿臣，广东澄海人，光绪二十九年癸卯举人，太平绅士）各一千元；卢宝泉、苏志纲各五百元；陈应科二百元，曹受培、冯溥光、赖际熙、章果（字珠桓，在广州挂牌的中医生）各一百元。陈伯陶以一穷书生中探花，做了二十多年小官，居然也有能力送一万元。以上一万五千六百元是陈伯陶本人亲自带入北京的。另有永安公司经理梁创送五百元，汪精卫的异母兄汪兆镛也送一百元，这两笔不知是否也托陈带去，现在未能查出。送礼的人，内务府各发还一张收据。陈伯陶入京贺“大婚”，有一奏折上奏故主，名叫“大婚趋朝进奉奏”，很可以一见遗老恋主的心情，倒也是情文兼至之作，只要他不搞倾覆国家阴谋，单在文字上“跳梁”，我们倒也不责备这个“陈文良公”的。今录原奏如下：“为恭值大婚，趋朝进奉事：窃臣生从东粤，入直南斋，衡文历滇黔奉岱之邦；提学莅淮海维扬之地。记宠施之稠迭；愧报勖之无由。嗣因老母八旬，乞恩归养。旋以我朝三让，守节穷居；处海滨者十一年，望京华兮八千里！今幸我皇上遵时养晦，及岁论婚。臣景迫桑榆，已臻暮齿；而心同葵藿，思觐天颜。重念昔年膏泽之深；弥思此日涓埃之报。谨将平素俸廉所得，及节缩所存，共大洋银一万圆，敢竭愚忱，赍呈御用，匪颁有式，庶少资天府之流泉；贡献无多，聊自比野人之暄负。……”陈伯陶在前清不过官至江宁提学使，即在前清死后实在没有资格赐谥的，但小朝廷看在一万元分儿上，不妨大减价，破例谥之为“文良”。文良之谥，在前清不多，也可说十分矜贵了。

大婚加恩一律有“赏”

逊帝在大婚前，下了一道“谕旨”，把同治帝的瑨妃、瑜妃，光绪帝的瑾妃，晋封为皇贵太妃。译注：“谕旨”之末，还有一句“着该衙门敬谨办理”字样，仍然是旧日皇帝派头，究其实不过关门做皇帝，滑稽之至！

“大婚加恩”，宗室王公、大臣、师傅也有一份。逊帝的胞弟溥杰封为辅国公。至于我本人则由二品顶戴晋为头品顶戴；陈宝琛晋升太傅；朱益藩封太子少保。内务府总管大臣绍英封太保，内务府大臣耆龄封少保。至于逊帝的祖父醇亲王奕譞也照例追加尊号一番。

在“大婚典礼”中，内廷行走人员皆被“赏”入座听戏，日期是12月3、4、5日一连三日。凡有资格被“赏”入座听戏的官员，个个都觉得非常荣幸。被“赏”的人，皆在“上谕”中出现，这是紫禁城里的一种老规矩。被“赏”入座听戏的人，都由内务府以公函通知。我本人也被“赏”入座，现在将内务府的公函抄录如下：

> 敬启者：现由奏事处传出，奉旨
> 赏庄　于十四、十五、十六日在

內務府信箋

敬啟者現由奏事處傳出奉

旨

賞莊　於十四十五十六日在

漱芳齋聽戲等因欽此用特布達專此即頌

公綏

內務府啟

内务府致庄士敦函

漱芳斋外景

漱芳斋听戏，等因；钦此！用特布达，专此即颂

公绥！

内务府启

译注：信纸是用印有“内务府信笺”的衔头的。信末不用公安，而用公绥，居然避李鸿章之父李文安之讳，甚有趣也。同治、光绪间，鸿章兄弟显贵，其幕友代拟书函，为了避“安”字，改写公安为公绥，于是天下风从，直到今日仍受此影响，向来唯我独尊的“内廷”，不意亦为李中堂避家讳，封建的潜势力，真可惊人！

漱芳斋演戏，一连三天，北京的名伶都被邀请入宫演出，这三日内的戏目共有三十三出。满蒙王公及其他贵族都全身补服，翎顶辉煌，入座听戏。和我相连坐着听戏的一位年老的公爵，从前极得慈禧太后欢心，他在休息时对我说，自光绪十九年（1893 年）以后，紫禁城中未曾有过这样的喜庆。美中不足的是皇后和其他格格等都没有出席，未免减色。不过，无疑地，她们是在纱帘背后，也一样能欣赏到好戏的。

邓元彭提议取消优待

在这三个冬日里，满族的宫廷似乎有从黄昏而扩大到一种看来像朝曦的样子——然而却并不是。译注：溥仪婚礼完成后，天津《大公报》在 12 月 3 日另有一段通讯报道，并提到国会议员邓元彭等提请取消优待条件的提议。今将全文录出，给读者参阅：

清室婚礼，可谓于昨日一天一夜而大礼完成矣。淑妃于昨日黎明，业已进宫，新后于昨夜三时（即旧历十三日午前寅时初）迎入禁籞。一时凤舆龙旗，朝服仪仗，小朝廷不异昔时。吾侪观之，续往事于秘辛，纪佚闻于胜国而已。总统派公府黄开文大礼官为致贺专使，并派陆军中将王恩贵、陆军中将罗泽暐、陆军少将张青林、陆军上校殷同保四员，均着民国大礼服，随同前往，于十二月一日夜三时

（即旧历十月十三日寅时）入乾清门，由导引大臣引至乾清宫，清帝起立，专使行一鞠躬礼，前行三步，又一鞠躬，再前行三步，又一鞠躬。清帝答礼如仪。专使致贺词，清帝答谢，前行三步，握手，彼此寒暄数语。专使行一鞠躬，退三步又一鞠躬，再退三步又一鞠躬。清帝一一答礼。专使退出，礼毕。清帝派贝勒载涛于十二月二日上午十时，至总统府代表致谢总统云。清帝大婚之次日（即旧历十月十四日），清宫演戏三天，每日前三出，系升平署戏。升平署在极盛时，当差者有一千余人，现时只有一百三十余名，梨园子弟白发新，西宫南内，非复昔时矣。内廷演戏，升平署戏先演，然后各名角传差入内演戏，以尽一日之欢。正当此乐事融融、春色正酣之际，忽然来一噩耗，则有取消优待条件之提议是也。据云，溥仪结婚，轰动全国，近日报纸所载各节，均与共和国体有关，而一般亡国大夫，反以参与其间以为荣宠。民国政府派员酬酢，尚可援引优待条件。独有曾任民国大总统之徐世昌，恋恋于太保头衔，贡纳礼物，致为溥仪所挑拨，谓徐为清室太保，竟不称臣，应予处分，以昭炯戒。其藐视民国，与夫徐世昌之不自爱惜，均足为全国之羞。而国会方面因此刺激，遂有邓元彭之提议，取消清室优待条件，并禁止一切帝制仪仗，以杜乱萌，巩固国本一案。兹将其原文录下：

"查民国成立临时参议院，订有优待清室条件，所以昭示共和国家之宽大，非所优容帝制余孽之尊崇也。我中华民国既定为共和国体，一切人权平等，无特殊阶级，昭垂中外，十有一年于兹矣。何物溥仪，不知自爱，生存于五色国旗之下，胆敢借结婚之仪仗，特标榜其黄龙旗大皇帝之徽号，形似滑稽，事同背叛。至其发生各国公使观礼问题，若非速予制裁，窃恐祸机隐伏，有不能幸免者矣。本席提议此案，不惟无怨于清室，且深具爱护之隐衷焉。彼溥仪一雏龄之孩童耳，日与昏耄庸聩三五辈伏处宫禁之中，何异小蛙之观天，夏虫之语冰也。不识世界之潮流，不知国本之重大，徒为匹夫匹妇之谅解，硁硁自守，意谓关门皇帝，稍涉奢侈，何伤大雅，特操黄纛，亦足自豪。而不知祸人家国，固已罪不可逭矣！回忆民六张勋复辟，一时黄龙旗招展于京津间，可以为彼蓄长辫戴翎顶者一泄愤懑郁塞之气矣，然一方既陷谋害民国之危险，一方面即启覆绝清室之祸机。曾几何时，覆辙可鉴。本席不欲按其复辟叛国之罪，只认其为不合潮流不适国体，请将优待条件取消，犹是心存忠厚，不加攻讦之微意云耳。至于一切帝制仪仗，亟应禁止者，不惟无谓虚文，徒乱人意，且与共和国家制度抵触，断无存留之理。特此提请，是否有当，即请公次。提出者邓元彭等。”

这一文件，当然是没有下文的，谁有这个胆量去断然取消呢？但我们不能谓中国无人，邓元彭等提出后不到二年，就有黄郛的摄政内阁以大刀阔斧的手段，将溥仪逐出故宫，从此首都之上，再没有帝制余孽在兴风作浪，而国体也稍为保全一些了。

大婚典礼的繁文缛节

庄士敦这一章完全是描写溥仪结婚情形，关于“内廷”婚礼的制度，他当然不能知道得很清楚，他向紫禁城里的办事官员问过之后，用英文写出，译者又译成中文，似乎颇有隔靴搔痒之感，现在我从《钦定大清会典事例》第三百二十四卷“大婚典礼”一条所载各礼节，摘录如下，读者可备参考，亦可见小朝廷虽竭力铺排，但比起全盛之时已有大小巫之别了。

大婚。凡纳采之礼，内务府官备文马十（鞍辔具）、甲胄十、币百、布二百。是日早，礼部鸿胪寺官设节案一于太和殿内正中。内阁官自阁奉节陈于案。译注：据溥仪说，“节”颇像苏武牧羊所执的那支节一样。内务府官以龙亭分载甲胄布帛，陈于丹陛上左右，陈文马于丹陛下左右。正副使祗俟于丹墀东，鸿胪寺序班二员立正副使后。授节大学士一人朝服立殿东檐下，鸿胪寺官一员立大学士后，豫备宣制，朝服西面。鸣赞官二员朝服分立殿东西檐下，届时，鸣赞官赞齐班，序班引正副使就丹墀东班立。赞进，赞跪、叩、兴，行三跪九叩礼。序班引正副使升东阶，立丹陛上。鸣赞官赞有制，正副使跪。宣制官进至殿东门之左，面西。宣制曰："皇帝钦奉皇太后懿旨，纳某氏某女为后，命卿等持节行纳采礼！"宣毕，大学士进殿左门，诣案奉节由中门出，授正使。正使受节，偕副使兴，前行，降自中阶之左。内务府官率校尉舁亭，自中阶下，卫士牵文马随行。御仗前导，由太和中门出，诣皇后邸第。是日，后父饬子弟洁扫邸第，有司豫设案一于厅事正中，南向，又设案二于左右，东西向。正副使持节至邸，后父朝服跪迎于大门外道右，候过随入。正副使入中门，升中阶，正使陈节中案，偕副使退就案中，西面立。龙亭至仪门外止。内务府官奉甲胄布帛入，陈于左右案。卫士以文马入，陈于中阶下左右，讫。后父升自西阶，于厅事中门外正中北面跪。正使传制纳采。后父跪受。行三跪九叩礼，兴。正使诣案奉节出，偕副使复命。后父跪送于大门外如初。内务府官皆退。是日皇后邸设纳采宴，皇帝特命公主、大臣命妇宴后母于内。命内大臣，侍卫，八旗公以下、满汉二品以上官，宴后父于外，如常宴仪。大征之礼，所司备黄金二百两、银万两、金茶器一、银茶器二、银盆二、币千、文马二十（鞍辔具）、闲马二十、驮甲二十，备赐后父、后母。黄金百两、金茶器一、银五千两、银茶器一、银盆一、帛五百、布千、马六（鞍辔具）、甲胄一、弓一韔、矢一箙、朝服各二袭，衣各二称，皆冬一、夏一、貂裘各一、带一，备赐后兄弟，及从人服物有差。届日，陈大征礼物于丹陛上，陈赐物驮马于丹陛下。礼部奏请命使传制授节于太和殿。如纳采仪。正副使承制持节诣皇后邸，执事官陈礼物于堂，陈赐物于阶上，陈驮马于中阶下之南。后父跪受行礼。均如纳采仪。传制讫，后父率子弟于中阶下之东，向节行三跪九叩礼，豫往大门外祇俟。后母率诸妇出，于中阶下之西，向节行六肃三跪三拜礼毕，退。正使持节出，偕副使复命。后父以下跪送如初，执事官皆退。大婚前一日，遣官各一人，祗告天、地、太庙、后殿、奉先殿如常仪。届吉，行册迎礼。是日早，陈皇帝法驾卤簿，乐悬于太和殿外。陈皇太后仪驾，乐悬于慈宁宫。礼部鸿胪寺官设节案、册宝案于太和殿内，设龙亭于内阁门外，銮仪卫陈皇后仪驾于太和门阶下及午门外。内务府官陈官服于凤舆之南。内阁礼部官自阁奉余册、金宝，及宣读册文、宝文，分设龙亭内，校尉舁行。至太和殿中阶下，亭止。礼部堂官奉节诣太和殿，陈节中案，陈册左案，陈宝右案。正副使序立于丹墀东卤簿之南，授节大学士。宣制鸿胪寺官举册宝案内阁礼部官，均序立于殿檐下，如册立皇后遣使之仪。钦天监官报吉时届，礼部堂官奏请皇帝具礼服乘舆出宫。……至慈宁宫门左西向立，内监转奏皇太后升慈宁宫宝座，礼部堂官引皇帝就正中拜位行三跪九叩礼，毕，皇太后还宫。皇帝……御太和殿，午门鸣钟鼓，作乐鸣鞭，序班引正副使就丹墀东行礼毕，升东阶北面跪，宣制官宣制辞曰："皇帝钦奉皇太后懿旨，纳某氏为皇后，兹当吉月令辰，备物典册，命卿等以礼奉迎。"宣毕，大学士授节于正使，偕副使兴，执事官举册宝案，由中阶下，设龙亭内，以次出太和门。……由大清门各中门至皇后邸。是日，宫殿监督领侍，率内监备交泰殿内外铺陈，恭侍命妇朝服，豫诣殿外祗俟，导从命妇，赞引侍仪宣读女官，均朝服，及给事后邸内监，均服彩，诣皇后邸祗俟。有司预设节案一于邸第之内堂正中，前设香案，均南向，又设册宝案二于左右，东西向。设皇后拜位于香案之南，侍仪女官四人，立拜位左右，东西面，宣读女官二人，立东案之南，西面，内监于外堂阶下承应。正副使至皇后邸，后父率子弟朝服跪迎于大门外，候过随入……内务府官奉冠服授内监赍入，转授女官以进皇后。内銮仪校陈凤舆于阶上正中，陈仪驾于阶下左右，至大门内……后父由西阶升，至外堂中门外正中，北面跪，正使传制，后父行三跪九叩礼毕，退。正使授节于内监，副使自龙亭奉册宝以授内监，由中门入。皇后御礼服，引礼女官二人，恭导出迎于内中门道右，立候过。后母率诸妇咸朝服跪迎随入。内监奉节并册宝陈于各案，引礼女官引皇后就拜跪位，宣读女官次第宣册宝，皇后受册受宝行礼，均如宫中册立仪。内监奉节出以授正使，皇后及母祗送如初。女官奉册宝仍授内监，分设于龙亭。钦天监官报升舆吉时届，内銮仪校进凤舆于内堂阶下正中南向，女官恭导皇后升舆，后母率诸妇送至舆前。皇后升凤舆，后母及诸妇退。正副使持节出，乘马先行。后父跪送于大门外。导迎乐前导（陈而不作），次仪驾，次册宝亭，次皇后凤舆。启行出大门，前导命妇四人，后扈命妇七人（谨按：同治十一年大婚，光绪十五年大婚，前导后扈命妇俱未派）均乘骑。译注：命妇乘骑，皆满族在关外旧俗，同光二次大婚皆不简派命妇，由此看来，有些满俗已被扬弃了，大概满族贵妇多已不能骑马了。内监步行，左右扶舆，内大臣侍卫在后乘骑护从，由大清门中门入，至金水桥，正副使下马持节入，皇后舆至午门外，鸣钟鼓，仪驾止。九凤曲盖前导，执事命妇下马步行导从，内大臣侍卫于金水桥步从，由午门太和门中门，入中左门、后左门，至乾清宫。龙亭止。正副使复命，偕内大臣、侍卫各退。内监奉册宝前导，凤舆入乾清门中门，至乾清宫阶下。内监奏请皇后降舆，诣交泰殿。导从命妇皆退，恭侍命妇祗迎皇后入中宫。内监奉册宝授守宝内监，讫，退。吉时届，设合卺宴。宫殿监督领侍具奏，皇帝礼服御中宫，行合卺礼。给事宫人、恭侍命妇皆退。……译注：“册”是册封皇后的金册，上面是写着诏书的；“宝”是皇后的印。

以上所记的大婚礼节，极为详细，可见封建帝皇那种排场与威风。

同治大婚与光绪大婚

有清末代两个皇帝在紫禁城大婚的是穆宗与德宗。穆宗大婚在同治十一年九月十四日，李慈铭《越缦堂日记》是日记云：

是日皇上寅初御保和殿，命礼部尚书灵桂、礼部右侍郎徐桐持节为册立皇后正副使，取“桂”子“桐”孙意也。申初复御殿临遣凤舆，受百官朝贺。惇亲王福晋某氏、恭亲王福晋瓜尔佳氏，率命妇八人往迎，皆骑马，仪从出大清门，至皇后府。闻内中礼多如民间，开脸者，侍郎崇厚之夫人也；妆饰上舆者，两福晋也。夜寅初，自府迎入大清门，进交泰殿，拜天地及寿星、灶君，奉进皇上、皇后汤圆子者，亦两福晋也，煮麦汤圆子者，礼王之福晋也。……

德宗大婚是光绪十五年正月二十六日，李氏日记，于二十四、二十六日分记其事。二十四日云：

子培来，五更介唐来，偕入正阳门，进东安门，已昧爽矣。夹道新列双喜字灯，绛烛犹晃，入东华门，道中列峙波黎龙凤灯，直接乾清门。天明烛已尽息，朝官毕至。……卯刻日出，宫门悬彩，五云四映，欢迎皇后妆奁，先以四亭，黄䌷幂之，皆首饰服玩之属，次以陈设之具，凡一百舁，最后为大镜屏两架，自古铜彝器、白玉瓶盂、碧玉盘合以外，镜奁几案之物，大率如民间，桌椅箱厨，皆粤中所制，紫檀文木，不加雕饰，闻明日尚有百舁，则匡筐帷幕床帐类矣。……

二十六日云：

午入宣武门，至西长安门，下车至天安门、端门，风劲甚。门内陈列凤舆及黄帷车三，册亭、宝亭各一，奉迎伞扇、旌旗灯仗之属。进午门、太和门。上御太和殿受贺毕，遣大学士额勒和布、尚书奎润持节迎后。王公大臣庶僚扈从者数十人。……寅刻，皇后凤舆至，前列画凤波黎灯数十对，马百余匹，午门鸣钟迎入乾清门。……

溥仪计划逃出紫禁城

醇亲王是内务府靠山

尽管那班王公大臣用尽心机来铺排逊帝的大婚，以为这样便可以使他安静下来，同时又使他可以和这个圈子里的人物修好，可是这一切都没有什么收效。内务府这个机构是和一些有力量的王公勾结的，逊帝坚决地要成立一个委员会来调查改良紫禁城的行政及皇家的财产，他们虽然竭力反对，但逊帝志在必行。内务府的官员一向认为他们这班人在这里当差是有传统的“特权”的，外围的人想打进来办事，窥探其中秘密，他们绝对不能容忍。何况这些委员中还包括汉人，这更是他们所反对的理由。直到现在为止，内务府仍然是反对有汉人加入去办事的，他们认为只有满族人才有资格。他们一听见这个委员会，赋有全权来处理一切事务，并且委员中不包括一个满族人，他们就已经老大不高兴，要尽力反对了。

内务府的人得到前摄政王载沣的支持，暂时把我建议的用一个汉人为内务府大臣的计划否决了（每逢有整顿内务府的计划，他们就向醇亲王求助，醇亲王一出头，计划便被打消），但关于我建议那个委员会要包容有汉人这一着，他们失败了。在我个人而言，我是希望委员会的委员尽是汉人，或至少不包括内务府大臣在内。此举虽不能实现，然而我所建议的用两个汉人做委员之议得到成功。一个是我在上一章写信给他的那一个人译注：即李经迈，鸿章季子也。另一个是在那封信中曾提到的刘健之先生，他是华中人。译注：刘健之名体乾，安徽庐江人，其父秉璋，官至四川总督。体乾在清末官至候补道。刘秉璋之女嫁经迈长兄经方为妇，故经迈与体乾有亲戚关系。

很不幸的是那一位先生译注：即李经迈因为长期患病，不能到紫禁城就职。并且他对这件事极感悲观，认为内务府的人以醇亲王为靠山，又加以其他有影响力的王公助阵，这个整理委员会一定不会搞出什么成绩的。刘健之先生接受了这个职位，但他的同事不单只是满族人，并且还是内务府大臣，因此他的远大计划便不能实现了。不过，话得说回来，内务府一向为满族人把持，不容有汉人在其中知道皇室种种事情的，现在这个传统也被打破了。译注：溥仪《我的前半生》说："我在婚前不久，干过一次清理财产的傻事。那时根据庄士敦的建议，我决定组织一个机构，专门进行这项工作。我邀请庄士敦的好朋友，老洋务派李经迈来主持这件事，李不肯来，推荐了他一位姓刘的亲戚代替他。内务府并没有直接表示反对，曾搬出我的父亲来阻拦。我没有理睬父亲的劝阻，坚持要委派李经迈的亲戚进行这件事。他们让了步，请刘上任。可是他干了不过三个月，就请了长假，回上海去了。"但庄士敦记这件事发生在溥仪结婚以后。

内务府认为这件事的发生是我主使的，因此他们就很讨厌我，认为我太过可恶，于是我和内务府之间的关系就极度紧张。1923 年春初发生了一件很不愉快的事情，这可以窥见我和他们在那个时候的关系如何了。

我怎样与内务府斗法

我时时提醒逊帝，要他注意内务府那种卖古物押古物来弄钱做经费的方法。对于他们变卖古物来筹经费之举，本来我是没有权利控诉他们的（然而我却常常如此）。我们不妨假想一下，如果不能裁撤内务府，而民国又不能按时拨给清室优待费，清室当然要想方法来筹款，以应付一切开销。所以我对他们出卖古物绝不反对，不过，我所反对的是他们在变卖古物时那种上下其手的手段，他们只与一向和内务府有关系的商人交易，进行其不可告人之事。他们互相勾结，由来已久，在有利双方的条件下，他们完成了买卖，内务府收进的货款，其价值往往比外间的市价为低。到底相差多少，这是一个小秘密，双方皆守口如瓶，秘而不宣。年轻的逊帝对于这个秘密似乎也不会巴巴地要去查究。逊帝本人简直就不知道金钱的价值，对于不时从宫中库房搬出来变卖的古物价值多少，他一无所知。内务府的人就利用这一点，进行其剥削蒙蔽的勾当，逊帝的损失当然很大。直到有个好管闲事的外国人向逊帝指出其中种种弊端，逊帝才睁开眼睛看一看这个事实。

有一次，内务府搬出一批很值钱的古物向逊帝请准变卖，其中包括一座高约四英尺的金塔。逊帝责备他们，说他们作弊，并提到我的名字，说我曾说过如果在北京或别处公开拍卖，所得的价钱当远较由几个私人集团买去的更多。

就在那一天的晚上，内务府派人抬了那一批金银制品和金塔一座到我家里。来人说，内务府奉皇上之命，饬将此项物品交给我，由我做主去变卖。我叫他们出示皇上的“上谕”，但他们却没法拿出来。于是我叫他们把这批东西拿回去，并说，如果逊帝吩咐我处置这些宝物，待我明日入宫见他时，听取他的命令。来人说，他们确是奉命而来，请我收下这些东西，并给一张收条由他们带回去。我立即斥责他们道：“我万不能给你们收据。如果你们不拿去，一定要放在我家里，我就把这些东西拿到大门外，放在路上。”这么一来，他们才垂头丧气，不敢坚持，并低声下气地恳求我为他们说好话，不使受责。说后，他们就把那批宝贝搬走了。译注：《我的前半生》记录了这件事，颇可参考。今摘录于此：“顶不喜欢庄士敦的，是内务府的人们，那时宫内开支仍然十分庞大，而优待条件规定的经费，年年拖欠。内务府为了筹办经费，每年都要拿出古玩字画金银瓷器去变卖和抵押。我逐渐地从庄士敦口中，知道了里面有鬼。有一次内务府要卖掉一座有一人高的金塔，我想起庄士敦的话，内务府拿出去的金银制品，如果当作艺术品来卖都是有很高价值的，可是每次都是按重量卖，吃了很大的亏。据庄士敦说，除非是傻子才这样干。我把内务府的人叫来，问这个金塔怎么卖法。果然他们说是按重量卖的，我立刻大发脾气：‘这除非是傻子才干的事！你们就没有一个聪明人吗？’内务府的人认为这是庄士敦拆他们的台，他们便想出一个办法，把金塔抬到庄士敦家里，说是皇上请他代售。庄士敦立刻看穿了这个把戏，大怒道：‘假如你们不拿走，我马上奏明皇上！’

结果是内务府的人乖乖地把金塔抬走了。他们拿庄士敦没有办法，因为他既是清室的保镖，又得到了我的充分信任。”

第二天我对逊帝说知昨天的经过，他也同意我的说法，是内务府假传“圣旨”，其目的在使我为难。他很生气地叫内务府的人来问，他们只说是误会，后来也不追究了。

某公使口中一件秘密

另外一个故事比金塔还要惊心动魄，我现在要详细说一下。

1923 年 2 月 24 日（逊帝大婚后两个多月），民国的大总统黎元洪在总统府宴请外宾，我也在被邀之列。在会场中，某国的公使夫人对我说，她的丈夫因为重伤风，不能出席，他很渴望见我一面，希望我能早日和他相晤，有很要紧的事情要和我商量。

我会见某公使。他对我所说的事情有关溥杰。他说，三日前溥杰到公使馆找他，说逊帝已下了决心秘密离开紫禁城，派溥杰来见他，请他帮忙完成逊帝的计划，收留他在公使馆里，并请他协助，设法使逊帝搭火车往天津。

某公使问溥杰，他本人或逊帝是否和我商量过这件事。溥杰回答不曾，因为相信我不会同意此举的。溥杰又说，另有一个王公也是同谋的人，逊帝一旦到了天津，便住在这个王公在英租界的房子，宫里有很多宝物早已运到这所房子收藏起来了。某公使对溥杰说容他考虑这个问题，又问溥杰的电话号码，和他所说某王公的电话号码。溥杰把两处的电话号码都留下了；溥杰走后，后来他又打电话给某公使，很急切地请他不要打电话给某王公，因为某王公不想和人家讨论这件事。

某公使对我说他再三缜密地考虑这个问题后，对年轻逊帝的处境很是同情，他居处在故宫里面本非所愿，某公使已决定要收留逊帝在公使馆里，然后亲自陪他乘火车前往天津。当然，某公使不会采取护送逊帝出宫的行动，他所做的只是当逊帝到达他的公使馆之时，以主人的身份接待他。

我听某公使所说的整个故事之后，我也很推心置腹地把上一年六月所发生的那件事对他详详细细地说了。我说到当时逊帝怎样求我带他到英国公使馆和我不肯这样做的理由。我又告诉某公使，逊帝想离开紫禁城并不容易，除非他事前遍赂所有的太监和宫门的护军，否则他们声张起来引起注意，逊帝就寸步难移了。

第二天是 2 月 25 日，我写了一封信给某公使。信说：

> 昨晚阁下对我所说的那件事，我再三想过，越想越觉得你的客人译注：指溥杰的那个计划太过孟浪。如果这个计划一旦实行，那么，对于我们所爱护的那个人必有不幸的后果。有此原因，不消说，我自然不能插手其中，尤其是我深知道我一参与其事，英国公使馆和英国政府一定强烈反对。如果那个设计的人拿这件事来和我商量，我将会劝他不可采此行动，但我也不会采取实际行动以阻止这个计划的实施，因为阁下对我说出其中秘密，我也得保守秘密。

逊帝逃走计划失败了

这件事情发生的日期我得说一下。这是发生在阴历新年假期间，即是从阴历壬戌年的除夕（癸亥年的春节是 1923 年 2 月 16 日）到逊帝的生日（正月十三日，1923 年 2 月 28 日）那几天。在此假期中，所有的师傅都因解馆不必入宫授读，除非有特别宣召才进宫去。

我写给某公使的信，并未能改变他的决心。就在那一天（2 月 25 日）的下午，某公使给我一封信说：

> 我的来客（溥杰）对我说，某君决心要实行他的计划，他已经详细再三考虑过，要在今晚行事了……我对来客说我曾经对阁下谈及此事，他听后绝不以为异。但如果阁下认为要有所行动，就请您下午去一见我们那一位朋友，并且，如在可能之内，请告知你们会晤后的结果。

读信后，我马上作复。信说：

> 得读来信，很感谢。今日下午我绝不会去见我们那位朋友的。我深知某君的性格，所以我觉得我绝对不能改变他的决心——尤其是他知道我一向是衷心同意他的一般态度——并且常常极端赞成他采取彻底的手段来改变他的生活方式的。现在这一个最后所采取的计划，是唯一我所不能同意的。现在我只能希望一切进行顺利，使我那个悲观的预感不会实现。某君得到阁下这样有地位而又有同情又热心帮忙的朋友，真是再好没有了。

这封信从我的住宅送往东交民巷使馆区之时，已经是下午将挨近黄昏了。我待在家里等候消息。还未到晚上最后一班火车开往天津的时间，电话铃声响了。对方的人就是那位某公使。他说的话很简略。“计划失败了。”他说，“我们的朋友没有来。”

第二天上午我前往某使馆，要从某公使口中得知一些消息。但他所知道的很少。据说，就在约定好了逊帝应到达公使馆的时间之后（依照行事计划，溥杰是用他的马车把逊帝送到使馆的），逊帝本人忽然打电话给某公使，他说，事情有些不妙，请他派一辆汽车到某一个宫门载他往使馆。某公使对此一举拒绝了。他仍坚持他的主张，只能在公使馆内接待他，伴他一起前往天津，其他概不与闻。某公使又对我说他已准备好一切旅行手续，早已买了即晚往天津的火车票，并订下了一个车厢了。他对于逊帝何以不能到使馆的缘故完全不知。

逃走计划失败的原因

至于我也是一直到去见某公使的第二天——2 月 27 日——才知道。这天上午——恰恰是逊帝生日前夕——逊帝派人叫我入宫。我们见面时只有溥杰一人在座。逊帝一见我面，就认为我当然是知道他要逃走的事情——

溥仪、溥杰（左）和润麟（右）在养心殿院内

已经有人告诉他我知道了——他向我道歉为什么不先和我商量，原因是参与此谋的某一个王公坚持不可与内廷任何人谈及这件事。这件事只许逊帝本人、某王公和溥杰以及某外国公使知道便好。

这个逃走计划的失败，有很多原因。溥杰曾数次从紫禁城出来便走往东交民巷使馆区，他每一次离开皇宫都带着几个贴有封条的箱子。经他带往东交民巷的箱子总数共十四个。溥杰的行踪和他搬运箱子这两件事，便引起内廷一些人的怀疑。此外相信随侍溥杰的仆人也曾将这一秘密向他的父亲醇亲王报告。同时，逊帝本人在准备离开紫禁城的行动也引起宫里太监的怀疑。结果是逊帝还未有所行动，早已有人用电话通知内务府大臣，叫他们赶快入宫，宫中各门的护军都换了人，如果逊帝要移动一步，他就会得到阻止。他最后的一个希望就是寄托于某公使来设法，帮助他离开紫禁城进入使馆区。所以他才亲自打电话给某公使，请他派他的汽车来相接。这当然是不会成为事实的。

逊帝和溥杰都对我说负责计划这件事情的某王公，否认他与闻其事。在某王公的教唆或毋宁说是恳求之下，逊帝只有采取一种缄默的政策，一言不发。当醇亲王和内务府大臣们向他问及此事时，他一概否认，力说他并没有偷偷走出紫禁城之意。在当时，我认为逊帝这样说是错误的，我毫不迟疑地这样对他说了。可是我在那时候，并没有想到如果他很勇敢地承认他要这样做，他有权可以在高兴时便离开紫禁城，那么，醇亲王和内务府大臣必会向民国当局求救，请他们设法阻止逊帝离去的。

至于溥杰，他虽然不能否认他是同谋者。但他也和逊帝一样不开口，不答任何盘问，他对我说，他以后仍然要这样做。因为他是前摄政王的儿子，又是王爵的继承人，他的倔强态度不会受到惩罚的，可是那班地位较低的同谋者，他们就没有此“免疫性”，后来个个都受到责罚了。

两种互相矛盾的记载

译注：关于溥仪要逃出紫禁城一事，《我的前半生》也有提到，但奇怪得很，溥仪说他这个计划还是庄士敦替他想的，而庄士敦在书中则说事前他完全不知道，还是某公使夫人通知他，说某公使有病，因有紧要事要和他商量，庄士敦才在某公使口中知道。这和溥仪所说的大相矛盾。现在摘录溥仪所记的于此，以供读者参考：

> 我们的第二步计划，是秘密逃出紫禁城。只要我自己出了城，进到外国公使馆，就算木已成舟，不管是王公大臣还是民国当局，就全没有办法了，这是几年来民国历史给我们的一个最有用的知识。更重要的是我的庄士敦师傅给我想出了更具体的办法，他叫我先和公使团的首席公使荷兰的欧登科联络好，好使他事先有所准备。庄师傅给我出这个主意已是民国十二年的二月了。九个月前，他曾反对我出洋，

认为时机不好。**译注：庄士敦从未反对溥仪出洋，他所反对的是以英国公使馆来庇护溥仪，弄他出洋而已。**现在他何以认为时机已经到来，以及他和东交民巷的公使们如何商量的，我一点都不知道。我从他的指点上获得了很大的信心。这就很够我满足的了。我先请他代往公使那里通个消息，然后我亲自给欧登科公使直接通了电话，为了把事情办得稳妥，我又派溥杰亲自到荷兰公使馆去了一趟。结果一切都是满意的。欧登科在电话里答应了我，并亲自和溥杰约定好，虽然他不能把汽车一直开进宫里，但将在神武门外等我，只要我能溜出这个大门，他全可以负责。当下我们把出宫后的具体日期钟点都规定好了。到了2月25日这天，剩下的问题就是如何走出神武门了。紫禁城里的情形是这样，我身边有一群随身太监，各宫门有各宫门的太监，宫廷外围是护军的各岗哨，神武门外，还有由民国步兵统领指挥的"内城守卫队"巡逻守卫，我认为，最重要的是身边和宫门太监，只要这几关打通，问题就不大了。我想的实在太简单了，我打通太监的办法，也不过是花点钱而已。拿到钱的太监欢天喜地谢了恩，我就认为万事俱备，谁知在预定时间前一小时，不知是哪个收了钱的太监报知了内务府。我还没走出养心殿，就听说王爷传下令来，叫各宫门一律断绝出入，紫禁城全部进入戒严状态。我和溥杰一听这消息，坐在养心殿里全傻了眼。过了不大工夫，我父亲气急败坏地来了："听听听听说皇上，要要要走……"看他这副狼狈的样子，做错事的倒好像是他，我忍不住笑起来了。"没有那么回事。"我止住了笑说。"这可不好，这可怎么好……""没那回事！"我父亲疑心地瞅瞅溥杰，溥杰吓低下了头。"没有那事儿！"我还这样说。父亲嘟嘟囔囔说了几句，然后领走了我的"同谋犯"。他们走了，我把御前太监叫来追问，是谁说出去的。我非要把泄底的打个半死不可。可是我没办法问出这件事，又不能叫敬事房去查，只好一个人生闷气。……第二天见了庄士敦，我向他发了一顿牢骚。他安慰了我几句，说不如暂时不去想这些，还是现实一些，先把紫禁城整顿整顿。……我那时万想不到，后来他在那本书里写到这次逃亡时，竟然把自己说成了毫无干系，而且还是个反对者。

溥仪所说如此，庄士敦所说的又如彼，难道庄士敦在这事件发生后十年写此书时记忆发生了问题，抑或溥仪在三十五年后写《我的前半生》时的记忆坏了。我们如果要找证据，最好是庄士敦仍然藏有欧登科写给他的那封信，或欧登科也著有“回忆录”或自传那一类的书。又，溥仪口述潘际坰笔记的那部《末代皇帝秘闻》说：

> 溥仪毫无保留地向我承认，在1924年冯玉祥将军逼宫前两三年光景，他已经做过两次逃出紫禁城且到外国乘机观变的尝试，失败了的尝试。第一次留学英国的计划虽然遇到了打击，但是溥仪并没有死心。他曾经和他的同母弟弟溥杰（后来有“杰二爷”之称的人物）商议，打算两个人秘密逃出紫禁城。然后依靠当时驻北京的外国使馆帮助，再到英国留学。溥仪说，英文老师庄士敦同意了之后，我译注：应作“他”才是就托他想办法。庄士敦说去托北京外国首席公使——荷兰公使欧登科。于是溥杰亲自打电话给这位公使提出请求，答复是派汽车来接。杰二爷登门提出请求，也答应了。毛病出在汽车身上。公使馆派来的汽车只能停在紫禁城外。城里有“护军”，也就是宫里的警察，在各处布岗。这些护军归内务府大臣管辖，而溥杰的父亲却有支配内务府大臣以下的大权。所以溥仪要想收拾细软堂而皇之地走出皇宫，当然会遭遇到极大的困难，为了自私和眼前的利益，早已表示反对他出洋留学的了。溥仪在失败之后，又和溥杰商议从皇宫西北角的一个小门里私奔出来，这小门后来给我找到了，是在故宫北部延晖阁的西侧。但是，这次私奔又因为泄密而流产。在他准备行李、分钱给近身的太监的时候，不料走漏了风声。结果是载沣下令，严闭宫中各门，一时竟然断绝了出入。

溥仪出逃密谋的幕后导演

奉命而来的两位客人

出乎我意料的是逊帝对于这次逃走失败并不觉得怎样沮丧，他反而处之泰然。在初时，倒使我有点迷惑了，但我们谈过后不久，我才深信这件事在开始计划时，一定是和另一个人商量而没有和逊帝谈到的，逊帝只是被说服而为其中的主角罢了。那个真正的导演，我确信另有其人，这个人就是我在上文中提到的某王公，我在文中没有点明他的姓名，也许另有一个在幕后导演而不能露脸的人，这人利用某王公行事。

逊帝固执地一言不发，而溥杰也三缄其口，使得醇亲王和那班内务府大臣都感到非常困惑，因此他们就有个错觉，怀疑我是幕后的主要策动人，有此一怀疑，很快地就传遍了整个紫禁城。首先显示出的就在 2 月 28 日那一天，这天是正月十三日，是逊帝的“万寿”，我照例入宫行礼。以前凡遇此等庆典我入宫行礼之时，所有满蒙王公大臣及毓庆宫师傅们对我都特别看待，非常亲热而有礼。这次可不同了，他们完全不理睬我，扔下我一人孤零零地坐在那个配房里，照例以茶点款待我。这一天从我入宫直至离开紫禁城，没有一个人和我交谈，有之，只是和那些苏拉及太监交谈一两句。

第二天，我的同寅陈宝琛忽然来访，从他所问我的话中可以看出，一定是内务府派他来做侦探，企图从我口中知道我在这个“密谋”中所担任的是什么角色。当然，我很使他失望，我没法供给他想知道的情报，我说，我对于这个“密谋”毫不知情，并且竭力否认我参加过。我虽然说得这样坦白，但仍然不能消除他的怀疑。

第二个负有同样使命的来客是民国总统府的秘书。他带来的消息倒也使我多少吃了一惊，他说，逊帝企图走出紫禁城投奔某国公使馆一事，民国政府已经知道了，同时，国会一部分议员和曹锟（此人后来做了总统）、吴佩孚、徐世昌都知道。他还说，政府中人认为我是这件事情的主谋人。我答他的话也和答陈宝琛的一样。这个秘书走后，他又再来访问过两次，所谈的都是同样问题。在第三次来访时，他对我说，民国政府一定要彻查此事，以期水落石出，政府已交给京畿卫戍总司令王怀庆负责办理此案，他要传宫里的太监、仆役、护军来问话，看谁是受过贿赂放逊帝出宫的。不消说，被传去的人一定会受到刑讯，逼他们从实招来。

一封给英国官员的信

幸喜这件案子后来没有发展到如此可怕的程度。它的真相——或是真相的一大部分——已渐趋明朗化。在 4 月 18 日，我写给英国某一官员一封信，现在摘录于此：

> 根据逊帝对我所说，这件案发生后，他并没有受到苛待，也没有对他实施什么新限制。逊帝对我说，他们曾对他说过，如果守门的护军胆敢将他放出宫门，就要受到枪毙之刑。甚至他个人所用的电话也没有被拆去（这个电话是去年他要装的，曾经内务府竭力反对无效）。现在一切已归平静如常了，当局似乎对于我没有参加这个密谋而感到满意。我猜这件事要这样隐秘着不欲张扬的真正原因，是因为某王公与此事有极大关系。我知道在不久以前，逊帝曾托这位王公在天津替他买了一所房子，地点在英租界与某王公的房子相距不远。前几天某王公曾来看我，亲口对我说这件事，他还再三叮嘱我切不可向其他皇族走漏风声。据说，逊帝如果逃走成功，到了天津后就住在那所房子里，然后召我去相见，等候机会出洋。……据我看来，某王公

很可能将逊帝完全付托给张作霖，请张保镖。因为张作霖和某王公一向是很有交情的。译注：庄士敦文中的某王公，是指贝勒载涛，在前清他是郡王衔贝勒。载涛在幕后帮忙这件事，《我的前半生》中没有提到。载涛对溥仪很是关心，才参加这个密谋，但溥仪在“满洲国”做了“皇帝”后，却大摆架子，对这位七叔父拍案大骂。《我的前半生》说：“1944年初，一位按例来给我祝寿的长辈，竟平白无故地成了我发威风的对象。……我不禁勃然大怒，猛地拍了一下桌子，喝道：‘给你脸，不作脸，你还有个够吗？’这位老人这才明白了他的‘过失’，吓得面如土色，身不由己地向我双膝跪倒，诚惶诚恐地低下头来。而我却越想越气，索性离了席，对他嚷叫起来：‘你的眼里还有我吗？你眼里没有我，就是没有德宗景皇帝，就是没有穆宗毅皇帝！……’弄得全场鸦雀无声，可谓大煞风景。”溥仪没有说这个“长辈”是谁，现在所知，这个“长辈”就是他的七叔父载涛，在此事发生前二十年，这个“长辈”是帮助他逃亡的，现在“逃亡”成功，做了“皇帝”就发“皇帝”的威风了。甚有趣。

信里最后一句包含有整个密谋的线索。逊帝本人原来完全不知道这一密谋中还另有细节的，在这一细节中，他要担任一个重要的角色。人们一切都瞒着他。他所知的就是他老是想着离开紫禁城，然后出洋，完成他的梦想。首先，他到了天津英租界戈登路他所买的房子住下后，便有了充分的自由、有了充分的时间去考虑到将来的行动了。

张勋准备欢迎“圣驾”

我后来逐渐地获得一些支离破碎的证据，原来这一密谋里有一重要节目是要逊帝到东三省。复辟派领袖“辫帅”张勋将在天津欢迎他的“圣驾”来临，在天津负起“护驾”之责。一俟逊帝到了天津，他就前往奉天省省会沈阳附近的北陵，向他的祖宗致祭，禀告清朝的开国之君太宗文皇帝（他从1627年至1643年统治东北），告知他已经结婚了，太宗是首先创立大清皇朝的一个统治者，他取国号叫作大清。张勋护卫逊帝到了沈阳后，当然把他的“护驾”责任移交给当地的实际统治者。

这样，我们可以瞧出这一密谋的主要计划人并非别人，而是东三省那个有实力的军阀张作霖。和张作霖密切合作导演这一幕戏的是张胡帅的儿女亲家张辫帅。这个张辫帅是忠于前清的一个死硬派军阀。至于那个不露脸不出名的王公，他之同谋是有此需要的，但他不是个主要的同谋犯，他只不过安排一切使逊帝离开紫禁城，并预备好了一切使逊帝安然到达天津。在张作霖方面，他认为这个计划不管成功抑或失败，绝对不能拖他入旋涡，他装作局外人的样子，使人们不会疑心是他主持其事的。这就是为什么在逊帝大婚后数星期即实施这个密谋的原因了（这个密谋各有关方面在暗中考虑已久）。他们就是要找个适当的借口以便逊帝前往沈阳，而最好不过的口实无如“大婚”后，逊帝亲往北陵谒墓，祷告祖宗了。

这个密谋虽然极端保密，但宫里已经多少有些风声，有些人知道不久便有重大的事情发生了。在 2 月 23 日，即逊帝欲逃走的前两天，皇后的父亲荣源曾去访问一个美国朋友，荣源对他说，某一个消息灵通的外国朋友（此人是个法国人，和那个某王公的交情很好）对他说：“在这五六日之内，将有一件大事发生，使得人们为之不安。”荣源对那个美国人说，他听了后，对于政局很是焦虑。不错，在逊帝计划出走的前夕，内务府与皇室中人已提高警觉，时时予以注意，人们已经留意着逊帝的行动了。

现在我们可明白了，为什么逊帝离开紫禁城失败会引起民国政府诸公之不安。按照当日的情形来说，不管是哪个军阀控制北洋政府，他们对于逊帝欲往何处去是不大理的。因为逊帝的身份并不是国家罪犯。但是，如果有一丝理由令人怀疑他最终的目的地为东三省，而张作霖又是同谋犯，欢迎他到沈阳，事情就大不相同了，当然会引起严重的事态。单是在东三省重建清王朝一事，对于华北政治局面而言还不致引起极严重的困难，因为那班军阀中很少是忠于中华民国的民主共和政体的；但是，如果一个清王朝在东三省出现，而张作霖又是它的幕后支持者，那么，北京和洛阳的军阀就会感觉到这是不断地威胁直系的政治与军事组织的安全了。

如果说是同谋者最后的目标在于到东三省建立满族政权，拥逊帝登上大宝，那么，便有人会问，为什么要除了某王公之外，其他满蒙王公及宫里的官员都要瞒着？回答这个问题却是很简单，因为那班王公和内务府大臣一向都是只顾私人的利益，对于逊帝的利益全不做打算。他们如果知道逊帝要往东三省复辟，必定死力反对的，理由是：逊帝一离开紫禁城，民国政府很可能会派人接管，而内务府整个组织就要崩溃，那班王公大臣是靠着民国优待条件吃饭的，到时饭碗全部破碎了，所以，他们很自然地乐于和北京当局合作，采取紧急的迅速行动，以阻止逊帝前往东三省。

读者也许会以为打开公使馆大门接待逊帝，并且陪同他前往天津的那个某国公使是日本公使吧，其实不是。日本公使无论直接或间接都和这件事没关系。

我得在此说明一下，前文所说帮助逊帝的那一位某公使——他的大名，未得他同意之前我不能透露——他对于这个密谋是完全不知晓的。他的动机纯是同情逊帝，他觉得逊帝处在紫禁城中简直就是一个囚徒——这是离事实不大远的——逊帝是希望有自由的。某公使答应他力所能做的只是敞开公使馆的大门欢迎逊帝进来，然后陪同他一起前往天津，他所要做的只此而已，其他概不过问。译注：庄士敦在本书中始终不愿透露“某公使”是什么人，但溥仪在《我的前半生》已经说出是荷兰公使欧登科了。

逊帝逃走的政治阴谋

至于那个某王公——计划得不甚妥善的那个某王公，我觉得也许少说到他更好。我有种种理由相信张作霖一提到他就气忿忿地嗤之以鼻，骂他搞坏了大事。张勋则更不用说了，这个计划失败，使他的理想不能实现，因而促使他早一步走上黄泉死路，就在这一年的 9 月他死去了。

关于报纸方面，据我所知，没有一家曾登载过这件事。但这件事失败之后，北京有些中英文报纸也刊登与此略有关联的消息，据说，依照清代规矩，一个皇帝大婚后，必须谒陵，所以逊帝夫妇不日将往东三省行礼云云。它们简直不知道其中还有一个政治阴谋存在哩！现在且举一例，1923年3月23日——即这个密谋发现及被粉碎后的一个月，北京一家英文报纸有如下的报道：

据中国人方面消息，清朝的废帝不久后将往东三省谒陵。据说，根据满族旧俗，一个皇帝大婚后就要同他的皇后去谒陵，禀告他的祖先的。但谒陵之举却引起政界不少激动，很多人都忖测逊帝此行与张作霖有什么关系。关于逊帝往东三省之说，至今尚未能证实。

说得更为明确的是5月24日《京津时报》的北京通讯了。它说：

读者读到记者这段通讯时，不必大惊小怪，因为记者要说的是民国成立的十二年的历史中又要来一趟第五次革命了。……这个革命何时爆发，何人在幕后主持，这是值得讨论的问题。这件事情是从奉天的张作霖搞出来的，很多旧式官僚都在背后以金钱及其他力量予以支持。这个大野心是否是进行复辟，尚为一问题，不过那班复辟派人物已大肆活动，倾其全部财力，欲推倒民国而建立满清皇朝了。在目前，记者所能说的还不多，我只能说在此未来的革命中，张作霖和张勋都牵涉在内。这个消息是记者从中国官厅方面很不容易才获到的。

这个通讯记者所获的消息是正确的。不过他还不知道他所说的这一密谋在他写这一报道三个月前已经完全失败了。

从建福宫失火到遣散太监

琳琅满目的奇珍异宝

逊帝企图走出紫禁城一事已成过去，甚至人家在闲谈中也很少提到它，而逊帝本人也一心一意地多少带有些间歇性的去整顿内务府、清查财产。如果不是逊帝坚持着和鼓励那个整理委员会的办事人，他们谁也不敢带头去和那根深蒂固的内务府作对。尤其是这个委员会众委员中，没有一个是内务府的人，所以委员们有所顾忌是不足为奇的。

使得内务府手忙脚乱困扰非常的是，逊帝在这个时候突然吩咐它把宫里的经费由每年六百万元减少到五十万元。下一个对内务府的打击是逊帝命令内务府开列一张宫里所藏的古物清单，待他高兴而得暇时，随时指名要哪一样古物拿来给他看看。他往往叫我和他在一起检阅这些古物。这些古物大部分是装在箱子里，箱外面加上封条的，从封条的完整可以看出它们向来没有打开过。这些宝贝不知是哪些人哪些地方督抚进贡来的，自从入宫之后就被扔在那里，不见天日。贴有封条的箱子，封条似乎没有被人改换过；但是后来逊帝发觉库房的古物与清单所列的不相符，他指名要看的那一种，打开来看却不是他所要看的东西。逊帝不觉勃然大怒，整个皇宫慌作一团，引起不安。译注：《我的前半生》说："我看到满屋都是堆到天花板的大箱子，箱皮上有嘉庆年间的封条，里面是什么东西，谁也说不上来。我叫太监打开一个，原来全是手卷字画和非常精巧的古玩玉器。后来弄清楚了，这是当年乾隆自己最喜爱的珍玩。乾隆去世之后，嘉庆下令把那些珍宝玩物全部封存，装满了建福宫一带许多殿堂库房，我所发现的不过其中的一库。有的库尽是彝器，有的库尽是瓷器，有的库尽是名画。……在养心殿后面的库房里，我还发现了许多有趣的‘百宝匣’，据说这也是乾隆的玩物。这种百宝匣用紫檀木制成，外形好像一般的书箱，打开了像一道楼梯，每层梯上分成几十个小格子，每个格子里是一样玩物，例如一个宋瓷小瓶，一部名人手抄的寸半本四书，一个精刻牙球，一个雕着古代故事的核桃，几个刻有题诗绘画的瓜子，以及一枚埃及古币等。一个百宝匣中，举凡字画、金石、玉器、铜器、瓷器、牙雕等，无一不备，名为百宝，实则一个小型的匣子即有几百种，大型的更不止千种。还有一种特制的紫檀木炕几，上面无一处没有消息（编者注：指发动机械装置的枢机），每个消息里盛着一件珍品，这个东西我没看见，我当时只把亲自发现的百宝匣，大约有四五十匣，都拿到养心殿去了。这时我想到了这样的问题：我究竟有多少财宝？我能看到的，我拿来了，我看不到的又有多少？那些整库整院的珍宝怎么办？被人偷去的有多少？怎样才能制止偷盗？”我们读溥仪所记，便可知故宫所藏的珍宝之多。

建福宫失火损失无算

某一日，当着我面前，逊帝吩咐左右，他要亲自去点查一下某些贮藏珍宝的殿库。最先要去点查的是在紫禁城西北角的建福宫。

6 月 27 日天还未亮，仆人把我喊醒，说是逊帝叫我立刻入宫。还未到达神武门，在这样大清早的时候，路上行人拥挤，我的车子寸步难移。我到达神武门才看出紫禁城里某些建筑物失火。建福宫全部被毁，化为灰烬了。

我看见逊帝和他的皇后站在一堆烧焦了的木料上愁容满脸地沉思着。有几个王公早已到了现场，而内务府官员则若有其事地来往指挥着那班富有救火经验的意大利消防队。译注：《我的前半生》说：“据说火警是在东交民巷的意大利公使馆消防队首先发现的。救火车开到紫禁城叫门时，守门的还不知是怎么回事。”

当我到达现场之时，火焰仍然在冒着。我刚刚走到逊帝跟前，使我觉得惊奇万分的是见到三个欧洲人——其中一个是女性——从烟堆中微笑着出现，他们穿的是晚礼服，在早一些时候，他们的衣服都是整齐洁净的，现在已变成不堪再用的程度了。我和这三个人都是相识的，他们是贾干尼先生和英国公使馆的职员卡逊先生、卡逊夫人。我介绍他们见逊帝夫妇，逊帝向他们道谢，感谢他们热心救火、见义勇为。他们对我说，他们在北京饭店的天台花园看见紫禁城失火，所以立刻驱车前往，但到了神武门，守门的护军不让他们进门，他们只好混在意大利消防队里一同进去，略尽一点绵力。

除了有历史及建筑价值的那些宫殿被毁外，这次的损失是无可估计的。根据事后内务府向逊帝禀报的损失，全部被毁的物品共 6643 件，救出来的 387 件。烧毁的珍宝包括金佛 2685 尊；古画 1157 幅，大部分是佛教的；佛坛金饰 1675 件；周、唐、宋、元各代的瓷器、铜器、玉器 435 件；书籍数目无法计算；此外还有 31 箱貂裘、朝服等。译注：据《我的前半生》说：

> 这场大火经各处来的消防队扑救了一夜，结果还是把建福宫附近一带，包括怡静轩、慧曜楼、吉云楼、碧琳馆、妙莲花室、延春阁、积翠亭、广生楼、凝晖楼、香云亭等一大片地方烧成焦土。这是清宫里贮藏珍宝最多的地方，究竟在这一把火里毁掉了多少东西，至今还是一个谜。内务府后来发表的一部分糊涂账里，说烧毁了金佛二千六百六十五尊，字画一千一百五十七件，古玩四百三十五件，古书几万册。这是根据什么账写的，只有天晓得。在救火的时候，中国人、外国人，人来人往，沸腾一片，忙成一团。除了救火还忙什么，这是可以想象的。但紫禁城对这一切都表示感谢。有一位看热闹的外国太太，不知为什么跟中国消防队员发生了争执，居然动手把对方打得鼻子出了血，手里的扇子也溅上了血。后来她托人把这扇子拿给我看，以示其义勇，我还在上面题了诗，以示感谢。这场火灾过去之后，内务府除用茶点招待了救火者，还送给警察和消防队六万元“酬劳”费。

被烧毁的建福宫

打伤消防员的那个外国太太，不知是否就是卡逊夫人，可惜书中没有说明。建福宫是乾隆七年壬戌（1742 年）所建的。关于此次火灾的材料，朱偰的《明清两代宫苑建置沿革图考》一书也可参考，今摘录于此：

> 民国十二年（1923 年）六月二十六夜，西花园敬胜斋（斋额曰德日新）失慎，延烧怡静轩、慧曜楼、吉云楼、碧琳馆、妙莲花室、延春阁、积翠亭、玉壶冰、中正殿、香云亭十处。起火原因，言人人殊，当以点查内宫古物，宫监惧罪纵火一说，较为可信。（见慎言著《故都秘录》，虽为说部，颇近写实。译注：慎言是陈慎言，福建人，留法习海军，后来在北京京汉铁路工作，公余写长篇小说，以此著名，1958 年逝世，年七十一岁。）清室善后委员会，因点查养心殿，得当时内务

府报告失火情形及修理火场价单各一纸，内中仅列六处，亦宫中欺蒙习惯，不足怪也。兹摘录于后，以供参证："谨查五月十三日夜内，德日新失慎，延及延春阁、怡静轩、广生楼、中正殿、香云亭等六处，经臣等会同王怀庆、薛之珩、聂宪藩等，督率消防队当场救护，遂即会商清理火底办法。……现在清理完竣，所有检拾镕化佛像经版铜锡等项，共五百另八袋，金色铜片及残伤玉器等项共四十二箱，复经臣等前往详勘：恭查残缺佛像，亟应量加修饰，敬谨供奉，焚毁经版情形较轻者，拟交中正殿尊藏保管；其余镕毁铜锡玉器等件，择其完整者四十九件交进，其余残缺不齐者，交由中正殿司员，妥为收藏。谨此奉闻。"今焚余经版，悉存雨华阁，有洋白铁箱装载者皆是。于是西御花园及中正殿一带，一代豪华，悉成灰烬矣！

虚张声势的失火调查

这次大火在北京当然引起一阵紧张，中国人的报纸，一般皆认为是太监在作怪，他们平时盗取珍宝惯了，一旦听说要点查，就一不做二不休，放把火烧个干净来消灭证据。例如北京某报就有以下的记载：

六月二十九日北京电　星期日紫禁城某些建筑失火，现在已开始点查详列清单。据说幼帝已下令详细清查被焚去两座宫库珍宝的数目。这么一来，使得一向侵蚀故宫的那些犯人不久就会受到法律裁判，他们的阴谋一定会被揭穿。中国人的报纸曾举出前几年一个同样性质的例子。北海公园的万佛楼，因为常被太监等人盗窃宝物，为了消灭证据，突然失火焚毁。现在万佛楼已变成一片瓦砾的空院子，就在九龙壁之北那一个地方。

译注：《明清两代宫苑建置沿革图考》对万佛楼失火一事，颇有记述，今摘录于此，以备参考。它说：

九龙壁全景

民国八年春，北海大圆镜智宝殿（今运动场地）及阐福寺被焚，时余方寓帘子库，西望火光烛天，疑乃附近火起，次日始知为北海也。按《清宫史续编》卷六十八，记载嘉庆时北海该处之规制如下："西天梵境（今存）之西，有琉璃墙（今九龙壁）如屏障。墙北为真谛门；门内为大圆镜智宝殿，殿内匾曰：'法界真常'。联曰：'欢喜普人天，增五福德；庄严护龙象，现八吉祥。'殿后有亭，改建楼五楹，后为佛楼。……殿北及左右屋宇四十三楹，皆贮四藏经版之所也。五龙亭……后，石坊二：南向，榜曰'性海'；北向，榜曰'福田'（今坊已毁，石础犹存）。其北为阐福寺，入门为天王殿（今存），殿后榜曰'宗乘圆镜'。……再后为大佛殿（今焚），规制宏敞，仿正定隆兴寺。……再后有殿，高宗纯皇帝御笔匾曰'真实般若'……。"以上所载诸殿，今皆焚毁，自阐福寺以东，直至西天梵境之大琉璃宝殿，今之濯濯者，昔日固楼阁相属也。今日而入阐福寺，进天王殿，则见蔓草荒烟，满目苍凉而已。当被焚之次日，京中各报纷载万佛楼被火，实则乃阐福寺大佛殿之误也。

此书系 1937 年 4 月商务印书馆出版的。

调查起火的原因，由内务府主持，但没有什么决定性的结果。这次灾害的真正原因，从来就没有调查得水落石出，也许已经查得祸首而没有透露吧。曾经有人对逊帝说，失火原因是宫里的电灯保险管烧了，但逊帝不信此说。在建福宫一带值班的几个太监，及管理紫禁城电灯的太监因有嫌疑被捕了，但不久后，被捕者之中至少有数人获得释放，仍然在宫中服务。至于起火之初为什么没有发出警号叫人救火，一直到火势燎原，无可收拾，而那些珍宝也无从拯救之后才被发觉，这一层从来就没有过令人满意的答复。内务府似乎采取一种息事宁人的态度，认为损失的东西既然无法可以补偿，就不要提它了，最好还是把这事情忘记，相安无事。

然而逊帝却不肯就此干休，他是要追究的。在此后数星期中，紫禁城表面上似乎很平静，人们已经不记得火灾这件事了，其实这是大风暴前的一种宁静的现象。

大火之后的“大风暴”

大火之后十八日，大风暴发生了。7 月 15 日，发生了一件颇不平凡的令人激动的事情，在北京人眼中，这件事情比紫禁城失火还要令人激动。在中国宫廷中存在了两三千年历史的太监制度被废除了——据说太监之制，始于周朝——这一天，逊帝下令将紫禁城的全部太监尽行遣散，并且限时限刻要他们离开紫禁城。

逊帝为了要使他的目的达到，于是用全力并下大决心实行此事，这使他备受赞扬。我是知道他有这个意图的，所以总的来说极力赞成他此举。

我时常和他讨论太监问题，他知道这种制度是被西方文明国家訾为野蛮的遗迹的。到1923年上半年，皇族人员和他的生父前摄政王载沣及内务府，甚至他的师傅们都很顽强地反对他废除太监制度，因此他对这个行动感到失望。但到1923年下半年，他暗中已定下一个计划，不让任何人知道，到了适当的时候，就在那一天宣布要实行了。

他先通知他的生父将于某日去访问他。届时，逊帝到了北府，他们在单独见面时，逊帝告知醇亲王他已下了决心将宫中的太监尽行赶走，并且要立刻实行。醇亲王恳求他再度考虑这个问题。但逊帝没有听他的话。醇亲王见无效，便提出一个办法，请他要预先通知太监，使他们有所准备，并且要逐步实施，分批遣散，不能操之过急。逊帝对此建议马上予以断然拒绝，并指出，除非醇亲王想见到紫禁城走上建福宫之路才可以保留这班人，否则就要立刻实行，绝对不能宽容一日，甚至一个钟头，他们非同时全部遣散不可。他们离开紫禁城后，可以准许他们轮流再进入紫禁城，在严密监视之下，携取他们个人的衣物。如果照醇亲王的办法，给太监们一个时间，这将是一件极不聪明的事，因为太监们会联合起来造反，盗窃宫中宝物，甚至可能在他们离开紫禁城之前，又再放一把火来灭迹了。

醇亲王终向逊帝屈服

这一次父子的会面多少是有点痛苦的，事后，逊帝曾对我详述这次见面的情形，他说他不仅向醇亲王表示一定要遣散太监，并且表示如果太监一日不去，他就一日不回紫禁城。

醇亲王在一种坐立不安抓头挠腮的态度下，终于同意了。译注：《我的前半生》说：“我知道这件事必定要引起一场风波，不把父亲对付好，是行不通的。我想好了一个主意，亲自去找我的父亲。他没有办法和内务府大臣及师傅们商量，突然遇到了这个问题，他的口才就更加不行，变得更加结巴了。他非常吃力地讲出了一些七零八碎的理由，什么祖制如此咧，这些人当差多年不致图谋不轨咧，等等，来进行劝服。并且说：‘这这也得慢慢商议，皇帝先回到宫里，过两天……’我不管他怎么说，只用这一句话来回答：‘王爷不答应，我从今天起就不回宫啦！’他见我这样对付他，急得坐也不是、站也不是，又抓头、又挠腮，直在地上打转儿，桌上的一瓶汽水给他的袖子碰倒掉在地上，‘砰’的一声炸了。瞅他这副模样，我禁不住反倒咯咯乐起来，并且从容不迫地打开书桌上一本书，装作决心不想离开的样子。父亲终于屈服了，最后决定，除了太妃身边离不开的一些以外，其他太监全部遣散。”歇了一会儿后，父子二人又再见面，商量这件事，逊帝讲出他的方法，他叫立即请京畿卫戍总司令王怀庆将军派他部下一些亲信的军队来保护紫禁城。王怀庆一向和皇室的感情极好，他的军队驻北京城至颐和园这一带。同时又召见内务府总管大臣绍英，吩咐他负责处理这件事，叫他召集全部太监在某一宫殿的院落上，宣读“上谕”，叫他们即日离开紫禁城。如果太监们表示不满意或意图捣乱秩序，就叫王怀庆派来的少数军士，用武力将他们赶出紫禁城外。

逊帝的计划果然成功，一千多个太监在军队的监视之下，不敢怎样，静默地接受他们的命运。不到一个钟头，他们从神武门离开紫禁城，永远不能再踏进去这个一度曾为他们的家的地方了。

遣散太监逊帝受赞扬

在此后三四日间，北京人民对此举极端赞扬，又极端高兴，他们见到一个千载难逢的奇景，那就是他们眼见三五成群愁容满面的太监坐在神武门与景山之间的那块空地上，两三人为一组，轮流进入紫禁城取回自己的衣物，并领取一份遣散费，这笔金钱是依照他们的职位高低及年龄老少不同而定的。

在遣散太监这件事情中，逊帝遇到一个为难的问题，使他不得不让步一下。这时候的逊帝是一个已经成年而且有坚强意志的人，可以对付他的那个懦弱无能的生父，在生父方面，不难获得胜利，醇亲王对他也要服从，可是他对于那三个妇女的流眼泪却感到麻烦，知道这并不是那么简单的一回事了。她们就是宫中的那三位太妃。她们听说要把全部太监赶走，这还了得！太监是她们朝夕不可须臾缺少的人，又是她们最亲信最忠心的人，一旦赶走了，她们如何过日，因此她们一面感到非常悲哀，同时又极度震惊。但逊帝为了孝心、尊敬三位太妃起见，答应留下五十名太监，专为伺候三位太妃，使她们不致生活过不惯。她们的胜利到底是由于眼泪，抑或她们以母氏之权威战胜了摄政王，我就不得而知了。

中文报纸对逊帝遣散太监一事备极赞扬，说他是一个聪明可以接受新思想的青年。1923 年 7 月 18 日北京一家英文报纸刊登中国某通讯社评，评此事有云：

> 宣统逊帝遣散太监之举，极为一般人及本地报纸所欢迎。现在人们都称赞他，向他喝彩，并说他是今日少数进步的满族王公中的一个开明分子，如果他早生三四十年，也许今日不会有中华民国了。

有些报纸评论此举却把我牵连在内，他们说逊帝无疑是受到我的影响才把太监赶走的，报纸的言论对我尚称友善。（像这类的言论，见于 1923 年 7 月 17 日的中文报纸《顺天时报》。）同时，也有对我不利的言论，那就是这件事情发生后不久，我收到一些赞扬及恐吓的匿名信件。其中有些叫我运用我的影响力，劝逊帝收回成命，仍然召回那班太监入宫服役。有些信札则又警告我，如果我不肯这样做，就要取我的性命以为多事者戒。

第一个汉人“内务府大臣”

找个汉人管理内务府

建福宫全部化为灰烬之后，这个大损失是无可补偿的，但对于逊帝个人而言，也并非没有小补。因为废墟有这么广阔，把砖瓦砂砾等物清除净尽之后，逊帝就获得一块大土地来做游乐场所了。紫禁城里的御花园地方并不大，加以亭台楼阁假山古树占尽了每一尺土地，所余的地面已属有限，要利用一些空闲地方来做户外运动，倒也很费脑筋。好了，现在有了建福宫一带的土地，大可以用来建一个户外的游乐场了。在 1923 年 10 月 22 日，一个网球场在建福宫遗址上出现，同时紫禁城里也初次有人打网球了。

这一天初次玩球的一边是逊帝和他的弟弟溥杰，另一边是我和皇后的弟弟润麒。译注：即荣源之子，后来溥仪的三妹所谓三格格者，就是嫁给他的，他们曾与溥杰在日本留学，现在仍居住北京。这次玩球的成绩不必说了，如果他们在 1934 年有机会见面重玩网球，成绩必然与 1923 年的不同。

除了户外活动外，逊帝还有其他事情要做。他把太监遣散后，很渴望实施他对紫禁城改革的大计划，但是每一件改革的事情都遇到那个顽固的内务府阻挠。这么一来，他看出了如果要达到目的，非另找一个有经验不腐化而又有才干的人来替换那个总管内务府大臣绍英不可。同时，他又知道并且不无遗憾的是，欲在满族人中找到这样的一个人简直没有可能。

逊帝于是得到一个结论，要找这样的一个人，非从汉人里面物色不可。这可就容易啦！逊帝认为这样的事情很简单，南书房行走中，就有不少汉族学者和遗臣，他们在过去二三年间都先后奉命在南书房行走。他们在紫禁城的黄昏时代，膺此殊荣，这不单是因为他们的学问好，而也因为他们一向忠于清朝，不肯在民国政府中做官。民国成立后，新政府屡次征聘他们，他们都拒绝了，宁愿牺牲个人的前程，做遗老以没世。其中有两个是名闻世界的学者，一个名罗振玉，另一个叫王国维，他们在史学和考古学方面是很有成就的。第三个是大名鼎鼎的郑孝胥，他在那时候的名气还未传播到国外，现在世界上都知道他是什么人了。译注：庄士敦说的是1933年前后的郑孝胥，正是他著此书之时，而郑孝胥之臭名扬溢则以他是伪满洲国的“国务总理”，庄士敦却引以为荣，而不知不旋踵而伪满覆亡，“康德皇帝”做了阶下囚也。如果庄士敦今日仍在，看到这个情形，又看看历史事实，也许会为之嗒然吧！

陈宝琛“力荐”郑孝胥

这个了不起的人物，终于在1923年下半年被逊帝召见了，这是他的同乡陈宝琛向逊帝一力推荐的。逊帝和他见过两面之后，对他大为倾倒，对我说，我也应该和这个了不起的人相识相识。我和郑孝胥及其子郑垂谈了几次，我们都是谈论逊帝的事情和紫禁城中那些腐败情形。不久后，逊帝问我对郑孝胥的观感如何。我说，我住中国已经二十五年，还未见过一个这样令我钦佩的中国人。译注：《我的前半生》关于郑孝胥的描写颇可参考。他说：“郑孝胥……在清朝做过驻日本神户的领事，做过一任广西边务督办。陈宝琛和庄士敦两位师傅过去都向我推崇过他，尤其是庄师傅的推崇最力，说郑孝胥是他在中国二十多年来最佩服的人，道德文章，全中国找不出第二位来，说到办事才干和魄力，没有比他更好的。陈师傅还告诉过我，郑孝胥曾多次拒绝民国总统的邀请，不肯做民国的官，不拿民国的钱。我从报纸上也看到过颂扬他的文字，说他十几年来以诗酒自娱，‘持节不阿’，捧他为同光派诗人的后起之秀。他的书法我早看过，据说他鬻书笔润收入，日达千金。他既然放弃了功名利禄前来效力，可见是个难得的忠臣。”所谓卖字“日达千金”之说，只是谣传而已，没有那许多，据我所知，郑孝胥当年卖字生意最好之时，每年卖字不过二三万元，已为世人所惊叹了。现在他的字，在国内一文不值，即在香港，偶然在书画展览会中所见，虽定价极廉，但仍然少人过问，反之，康有为、沈曾植这几个遗老的字还有很高的价值，买的人也多，人们因为康、沈到底没有做过汉奸，出卖民族，大节有亏也。

郑孝胥——在文艺界和他的朋友口头中皆称他为苏龛（又作苏堪）——并不是一个政治家。他在前清曾做过武官和文官。译注：大概指他在清朝做过道台和布政使，他在广西做兵备道，是文官而有指挥军队之权的道台，但考究起来，此非武职。在官场中，人们都说他有个很远大的前程。他也和其他一些前清官僚那样，民国成立就立刻辞职，自愿做遗老，以诗文、书法自娱。他无疑的是中国这一代最出色的一个诗人和书法家，同时又是一个忠实的孔子学说的信徒。我和他相识时，他已经是六十多岁的人了，但精力充沛，体力也很好，看来不像个六十老人。他一向是反对革命的，这不仅是他忠于清朝，而是他站在爱国者的立场，认为革命对中国有害。当宣统三年（1912 年）清帝宣布退位时，郑孝胥听到这个消息就如丧考妣，写了一首诗，预言中国此后将无宁日，天下将变成纷乱的局面。

他又另有一首诗教训他的长子郑垂，说什么“功名富贵如鸿毛”，表示他本人对所谓功名利禄是不值一顾的。他屡次拒绝民国政府请他出来担任官职。当我在 1923 年初次和他相见时，他可说是中国最富有人中的一个——是最富有高尚目标的人。因为他有高尚的目标，所以他能安贫乐道，甘愿过着清苦的生活，以卖字为活。（读者欲对郑孝胥其人知得更清楚，请参考拙作《满洲和它的国务总理》一文，此文刊于 1932 年 5 月号 *English Review*，我写这段文字，有些是引自该文的。）

郑孝胥虽然不肯做民国政府的大官，但他一听见他的旧主子要他帮忙整顿内务府，他立即奉命唯谨，不敢推辞。于是他成为第一个做“内务府大臣”的汉人，而且还是首席的。在名义上，他和绍英都是首席内务府大臣，其实这不过是为了绍英的面子，留下一个空名给他，抓实权的是郑孝

溥仪（左二）与郑孝胥（左一）、庄士敦（右一）在御花园

胥；这个情形，不久后整个紫禁城的人都瞧得出了。

新“官”上任，内务府那个腐化集团当然很不高兴，事事要和郑孝胥为难，因为这个汉人内务府大臣到了，会影响到他们的切身利益。当郑孝胥到职后数日，一个与皇室有亲戚关系的蒙古王公设午宴，郑孝胥是首席的客人。他给我看两封信，说是刚收到的，这两封都是恐吓信，警告他立刻辞去他的新职位，如果不听从，他的生命就会有危险。郑孝胥给我看过之后，在我面前将那两封信撕掉了。

像这样的恐吓，郑孝胥可以泰然处之；但另一种威胁他可不能这样的泰然，他到任不久后，就发觉他意想不到的种种困难来临了。那就是内务府那个集团，一部分有潜力的满族王公及民国内阁中有势力的派系。

内务府集团逼迫他们的新首领辞职的阴险手段之一，就是向民国政府的内阁散布谣言，说郑孝胥接受内务府大臣之职是有阴谋存在的，他的目标是控制故宫里面的珍宝。幸喜郑孝胥此人的操守和名誉都很好，这个谣言对他没有很严重的损害。在此时期，郑孝胥不理人家，埋头埋脑地干下去，在短短的三个月中，他已经很有效地每月为清室节省下数千元开销。到这时候，已有种种迹象表明，如果没有什么阻力，则在一个合理的短时间内，他可以向逊帝提出一份收支平衡的预算表了。

溥仪捐巨款赈灾的原因

逊帝赐我一个“旷典”

到1923年底，我和逊帝之间已完全脱略形迹，我的地位，与其说是师傅，毋宁说是友伴。自从他结婚后，毓庆宫的功课已撤销了，但我仍然每日入宫，大部分时间陪伴着他，并且没有规定我在什么时候进见，什么时候退出。我们相见的地方大都是在他所住的那一带，或是在新设的那个游乐场，或在御花园。这所御花园在旧日是只限于皇帝和妃嫔行乐之所，一般人是不许随便进去的。

这个久已失去了以前那种古代宁静的御花园，位于紫禁城中最北的部分，即在乾清宫、坤宁宫之后。园中古木参天，配以假山和山洞，加上弯弯曲曲引人入胜的小径，使这个花园增加了许多美丽的景色，我每逢回想起紫禁城中那一处最令我快乐的地方，往往就不期然地将记忆力集中在御花园了。

在1924年初，逊帝给我一个“旷典”，据紫禁城的官员说，这一旷典是前朝历史所无同，逊帝指定御花园里的养性斋做我居停之所。他的用意，是使我在御花园中得到一个可以休憩的，又可以阅读的地方（遇到必要时，我还可以住一晚），在白天的时候，逊帝随时来这里和我相见，不拘礼节。养性斋在御花园之西南隅，距离逊帝的便殿养心殿只不过数分钟步行，是一座很大的两层建筑。逊帝吩咐将养性斋改装西式设备——可惜我事先不知道，如果先和我商量一下，我还是喜欢那些中国式的陈设的——布置妥当后，我从家中搬了大批书来，增加了它的可爱之处。养性

养性斋庄士敦书斋

斋一共有一个卧室和几个客厅，在养性斋对面的一座房子，是预备给我的仆人或宫中指定伺候我的人使用。我每日的大部分时间都在养性斋独对书本，有时候逊帝来坐谈。逊帝偶然也在养性斋和我一起吃午饭，不过他来吃饭时都是用他的御厨的肴馔。有几次他还带了一两个满族年轻的王公来吃。译注：作者没有说明这些年轻的王公叫什么名字，其中也许有那位名画家溥心畬在内。这是我的推想，因为根据温肃自撰的《檗庵年谱》（温肃死后，其子编印为《温文节公年谱》），溥仪有时也召溥心畬入宫吃饭。皇后或端恭皇太妃很少到御花园或养性斋和我们同游，偶尔来游，则皇后常与其朋友兼英文教师美籍女士任萨姆同来，这个美国小姐在皇后结婚之前已是她的教师了，她结婚后，仍然教她英文。逊帝时时派人到养性斋召我入皇后居处的

庄士敦与溥仪、溥杰、润麟在养性斋楼上

储秀宫和他们一起进膳。我们在此种场合中完全不拘宫廷礼节。

辜鸿铭养心殿“见驾”

逊帝带来养性斋见我的客人中，有一位是年老的忠清之士辜鸿铭，关于这个人，我曾在本书中提到过。译注：庄士敦在书中说，清帝下逊位诏之夕，辜鸿铭正在上海沈曾植家中吃夜饭，他们听说皇上下诏退位，立刻北向叩首，如丧考妣，佥谓来日大难，不知如何是好。主人送客出门时，紧握辜鸿铭双手，泪流满面，谓世受皇恩，到适当的时候，唯有一死以报云云。庄士敦还说，辜鸿铭生前最喜欢和人家谈到那一晚的事。这一天，逊帝召他到养心殿“陛见”，然后带他一同到我住的养性斋同进午膳。这个老人从未见过逊帝，现在得觐“天颜”，视为毕生荣幸，正是“天威咫尺”，大有手足无措之感。当他吃午饭的时候，仍然是敬畏非常，一句话都说不出来（我以前曾和他见过几次面，从未见过他像这样一声不响的）。辜鸿铭经此“陛见”之后，感觉到很光荣又安慰，一直到他死时，他还不忘他的“皇上”的恩典。

辜鸿铭虽然是个留学生，曾在苏格兰受教育，也有很多外国朋友，但他不大喜欢西方人，尤其是辛亥革命以后，他认为中国发生革命是深受西方影响的。他憎恨外国的民主思想传入中国，他说这种思想并非中国的精神。在他的文章中，他曾说：“崇拜民众是从英美输入的思想，结果而有辛亥革命，而有中国今日的混乱局面。……这种思想大有破坏世界文明之虞。”他又说：“此种思想如果不及早扑灭，则不仅欧洲文明受到摧毁，就是世界的文明也有大害。”有些欧洲人也同具此感。

辜鸿铭不能算是一个中国第一流的学者，他从外国回来后，并没有改善中国那些落后之处，然而他却是个热心崇拜孔子的人，他认为孔子的思想是中国文化的基础。他极自负他的西方语文的学识，尤其是拉丁文；他又自负他的英文文采。他为人傲慢自大，但他的大部分朋友说，他并不是完全没有礼貌的。在若干方面，他是一个令人可敬可亲的人，是个古老中国的典型人物。我得说，辜鸿铭一生从不刮钱，他做过一些地位不很高的小官，有些职位中他是可以弄到钱的，但他不屑，终其身穷困而死。

会见印度诗人泰戈尔

印度诗人泰戈尔游历北京，谒见逊帝，也是和辜鸿铭同在一年的事。1924年4月，泰戈尔到北京，他是应北京文化人胡适、徐志摩等人的邀请而来的，徐志摩是“新月派”的年轻诗人，数年后，他因为飞机失事丧命译注：发生于1931年11月。泰戈尔来华时，正是西方文化对中国发生重大影响之际，所以他在演讲时主张的唯心学说和美学，不为年轻人所喜，甚至为听讲的学生反对。我认为泰戈尔到了北京没有看见中国那种庄严高贵

溥仪与泰戈尔在四神祠前

及彬彬有礼的场面就离去，未免可惜。于是我向逊帝谈及泰戈尔其人，并请求准许我带他入宫“觐见”，同时，我又拿出泰戈尔的英文诗和一些中译的诗篇给逊帝欣赏，逊帝立即答允了。安排好了后，泰戈尔和逊帝见面就是在御花园的养性斋，逊帝和他相见显然是很高兴，我相信那位年老的诗人也同有此感。

在这个会晤中，郑孝胥也跟随在逊帝左右，他和泰戈尔都是大国的著名诗人，这两个大国，以前曾有过文化上的密切关系。

在这一年中，紫禁城里的那种宫廷礼节渐渐放宽，不如从前那样了，因此有很多外国人也有机会入宫和逊帝相见。经我介绍入紫禁城做非正式谒见的外国人中，有英国驻华海军舰队总司令海军上将里维逊爵士

（Admiral Sir Arthur Leveson）和他的家人，香港英军司令约翰·法勒爵士（Sir John Fowler）以及北京外国使馆的官员等。他们入紫禁城见逊帝的地方，几乎全在御花园。

捐款赈灾的作用如此

在 1923 和 1924 这两年中，逊帝所接见的大部分外宾是欧洲人，但其中也有些日本人。日本人中，有一个是我介绍的——这个人是我的朋友吉田善吾先生，这时候他是日本公使馆的参赞，八年后，他也随同国联调查团到东北，调查“满洲事变”，最近他死在日本驻土耳其大使任上。至于其他入宫谒见逊帝的仅有的日本人，据我所知，只有那个代表日本政府和人民向逊帝致谢的代表团，因为日本大地震，逊帝曾捐赠一笔巨款救济灾民。我在 1923 年 9 月 3 日首先告知逊帝关于日本大地震的事，他听到后大为震惊，深念受害的日本人之苦，很想拿出一笔内务府大臣无法筹出的巨大现款以为救灾之用。逊帝坚持要这样做，但内务府没有现金，后来还是送到日本公使馆一大批古玩字画，请他们自由出卖，加以逊帝所捐赠的现金，作为赈灾之用。日本驻华公使芳泽谦吉认为这批无价之宝出自“天家”，如果把它们卖掉变作现金，太过可惜，于是他向日本政府建议，不如好好地保存在东京日本皇室的收藏品中。后来有人告诉我，这一建议已被接受，据日本人估计，这批宝物的价值，不低于二十万元。1923 年 11 月初，日本派遣一个代表团来亲向逊帝道谢，逊帝就在御花园中某一个斋阁接见他们，这一个盛会我没有参加，但后来代表团中一人对我说，这简单的典礼场面很感动人，为他从来所未见过的。

逊帝以巨额金钱赈济日本灾民之举，并没有什么政治动机，我可以很肯定地这样说，因为我亲见他听到这个消息后大受震惊，于是产生了恻隐之心。他的本性仁慈、宽大而又有同情心。他最热心做善事，往往以隐名氏的名义捐出巨款救济灾民，北京的贫民以及中国其他地区的受洪灾或饥荒的难民，凡此他都热心解囊帮助。他做这种善举都不愿用真名，因此很多人都不知道捐此巨款的是什么人。（逊帝出宫后，即使他在“放逐”中，仍然是乐善好施，不改变以前在北京的态度，自 1925 年到 1931 年这七年中，他在天津过的生活已不如在北京时那样阔绰，但并不因此而减少行善。）

译注：溥仪的《我的前半生》所说的恰恰与庄士敦的相反，现在摘录于此，以佐读者参考：

> 同样的例子还有“慈善捐款”，是由哪位师傅的指点，不记得了，但动机是很清楚的，因为我这时懂得了社会舆论的价值。那时在北京报纸的社会版上，差不多天天都有“宣统帝施助善款待领”的消息。我的施助活动大致有两种：一种是根据报纸登载的贫民消息，把款送请报社代发；另一种是派人直接送到贫户家里。无论哪一种做法，过一两天报上总有这样的新闻：“本报前登某某求助一事，荷清帝遣人送去 × 元……”既表彰了我，又宣传了报纸的作用。为了后者，几乎无报不登吸引我注意的贫民消息，我也乐得让各种报纸都给我做宣传。以至有的报居然登出这样的文章来：“皇恩浩荡，乃君主时恭维皇帝的一句普通话，不意改建民国后，又闻有皇恩浩荡之声浪也。今岁入冬以来，京师贫民日众，凡经本报披露者，皆得有清帝之助款，贫民取款时，无不口诉皇恩之浩荡也。即本报代为介绍，同人帮同忙碌，然尽报纸之天职，‘一方替贫民之呼吁，一方代清帝之布恩。’同人等亦无不忻忻然而云皇恩浩荡也。或曰清帝退位深宫，坐拥巨款，既无若何消耗，只好救济贫民，此不足为奇也。惟民间之政客军阀无不坐拥巨款，且并不见有一救济慈善者，于此更可见宣统帝之皇恩浩荡也。（原注：见民国十二年十二月十五日《平报》所刊《时事小言，皇恩浩荡》一文，作者秋隐。）”像这样的文章，对我的价值自然比十块八块的助款大得太多了。我付出一笔最大的赈款，是对民国十二年九月发生的日本“震灾”。那次日本地震的损失，惊动了世界，我想让全世界知道“宣统帝”的“善心”，决定拿出一笔巨款助赈。我的陈师傅看得比我更远，他在称赞了“皇恩浩荡，天心仁慈”之后，告诉我说：“此举之影响，必不仅限于此。”后来因为现款困难，便送去了据估价在美金

三十万元上下的古玩字画珍宝。日本芳泽公使陪同日本国会代表团来向我致谢时，宫中出现的兴奋气氛，竟和外国使节来观大婚礼时相像。

这些话是溥仪所说的，并有当年的《平报》为证，可见庄士敦说他的“皇上”行善不求人知，赈日灾无政治动机等，皆不尽可靠。

介绍逊帝会见延恩侯

很多中国人都请我介绍入宫见逊帝，但我一概婉拒，因为我认为他们如果要见逊帝，大可以请内务府为他们请求，这才是正当途径。但我却设法使得一个祖宗有赫赫大名的中国人被逊帝所召见，这个人的祖宗在史册上很有光辉，如果不是这样，就不会使我向逊帝提及而蒙一顾了。

那是 1924 年 9 月，我初次和这一个名不见经传的贵族相识。我为什么会注意到这个人呢？因为有好几次我在“宫门抄”上看见有这样的记载：

> 本日朱侯启程前往明陵致祭。
>
> 延恩侯祭扫明陵归来，谢恩。

这位侯爷名叫朱煜勋。他的姓朱，是从 1368 年到 1643 年统治中国的明朝各帝的姓，他是明帝的子孙。封明帝子孙为延恩侯的是清朝的雍正皇帝（1723—1735 年）。所谓“延恩”封号，就是清朝皇帝取代明朝而建立一个皇朝，封前朝一个子孙为侯爵，使皇恩永远绵延下去。每一个世袭的延恩侯，为报答皇恩，每年两次亲往十三陵致祭。延恩侯在动身祭墓之前，要向清室奏明何日启程；祭毕回京，也要奏明完成任务，并领取一笔旅费及其他费用。他的奏报是交给内务府代转的，在 1924 年以前，逊帝从未见过他。我的同事中也没有人见过他。他在紫禁城的社会里没有地位，中国人和外国人简直不知道偌大的北京城中还有这一位赫赫的侯爷。

两朝末路王孙碰头的悲喜剧

一所破旧不堪的侯府

在 1924 年 8 月，我知道清朝宫廷就要从黄昏进入黑夜了，正可说是为日无多，但当我看见那一份“宫门抄”有延恩侯的大名，我不禁起了一个念头，何不把清王朝最后的一个皇帝和代表明朝最后的一个人头碰头地拉在一起呢？于是我就把这个意思对逊帝说了，结果是逊帝第一次对延恩侯这个人产生了兴趣。

内务府在 9 月初奉到逊帝要召见延恩侯的“谕旨”，不免觉得很奇怪。9 月 7 日，延恩侯入紫禁城，逊帝在宫里单独召他“陛见”了。这一天的下午，我刚好在家（在景山之北），仆人送上一张名刺，上面印着的中国字，原来就是延恩侯朱煜勋。中间三个大字“朱煜勋”，右上角印“明裔延恩侯”五字，左下角两行小字，“炳南，东直门北小街羊管胡同”十二字。朱侯的字和住址都有了。译注：羊管胡同应作羊馆胡同，但三百年来，北京人都把馆字写作管，已积非成是了。

客人穿着清朝的冠服进来了，他带着歉意对我解释他的冒昧到访，他说他刚离开紫禁城就来这里见我，逊帝在宫里召见他，对他训勉有加，恩礼优渥，并对他说，他之能被召见，完全是因我之故，并叫他来向我致意，所以他一离开宫门就到我这里，向我道谢。

我觉得这个延恩侯是个很沉静谦虚的人，但显然是没有读过多少书，也当然没有什么知识。他对我说他已是四十三岁的人了，有两个儿子，一个九岁，一个四岁，他们都是顽皮愚鲁、没有用的孩子，我倒觉得我对他

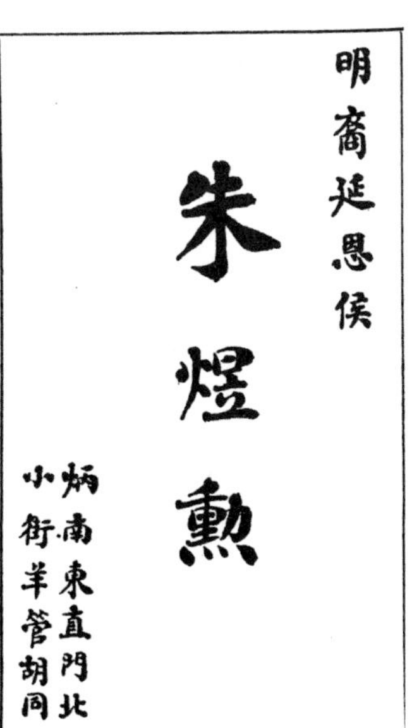

延恩侯的名片原影

延恩侯朱煜勋

的印象颇有此感，我请他准许我为他拍一个相，他很高兴地答应了，现在制版刊出，请读者自己从他的外表来评判一下好了。

我对他说不日就要亲往侯府回拜，他听说后，很诚恳地求我不可如此，因为他所住的小屋没有客厅。接着他又说："您别以为我穿戴的冠服是我的东西，其实不是。为了我要陛见，才向人家借用的。"他一边说，一边站起来掀开他的长袍给我看，里面穿的是破旧的衣服。他这样做是出于至诚，无非是想阻止我去回拜罢了，因为他辞别后，暗中对我的仆人说，请他们帮忙，劝我不要去回拜。他还说，借来的冠服今天就要送还给人家哩！

过了不久，我派人送一件小礼物给他，附以那一天为他拍的好几张相片；来人回来对我说，侯府果然是一所破旧不堪的简陋小屋，当他进门的时候，看见朱侯衣衫褴褛，坐在一张破板凳上。不消说，在这样的地方接待我，他必然会觉得大为"丢脸"的，因此我只好不去回拜了。但他又来看我一次，谢我所送的礼物。我对朱侯的一般印象，觉得他仍不失为一个君子，他借祖宗的余荫实在无愧"延恩"二字之封了。

一位穷困卑微的侯爷

明朝的开国之君朱元璋，年号洪武，在位三十一年（公元 1368 年至 1398 年），他死后安葬在南京，因为当时北京还未成为国都。我们也许记得吧，当民国元年（1912 年）孙中山（很不适当地穿一套西洋的常礼服，戴高帽子译注：庄士敦此注颇有轻视之意，他对中国的革命是颇有遗憾的。）往谒明太祖的孝陵，宣读祭文，告知这个驱逐胡虏出境的朱元璋，汉族已恢复大汉江山了。中国的历朝君主，最昏庸无能而又极腐败的，无过明朝各帝，但创造民国的伟人，他们深知甚至明朝几个最伟大的皇帝，皆不足与清朝的康熙、乾隆媲美。这也许可以部分说明了为什么他们谒陵时没有叫明帝的子孙去参加。南京的孝陵修葺了，但在此时和过后，民国政府对这个明裔并未发生过兴趣，对于那个贫困不堪的延恩侯绝不施以拯救，他的爵衔和他的地位，从未为民国政府承认。译注：据我所知，延恩侯朱煜勋在民国初年，每年还可以向内务部拿官俸八百元，后来大概因为政费困难，现任官的官俸有欠至一年数月者，则区区延恩侯的月俸六十余元，欠他三五年也不足为奇了。

如果我们要找个借口来轻蔑地，也许可以从辛亥革命后他的行动上得到，因为他仍然“忠”于清王朝，仍奉旧日清朝之谕每年春秋二祭到十三陵行礼。

后来的事实显出他的忠清确是出于至诚的。逊帝于 1924 年 9 月 7 日召见他。两个月后，逊帝成为民国的俘虏——这个政府也许只能说是少数人的组织，自称政府，自称代表人民——几个月后，他逃到外国的租界求庇护了。不久后，延恩侯千辛万苦地筹措了几块钱做旅费到了天津朝见他的故君。当他长跪在他那个亡命的故君之前——他的故君不久后也和他一样沉入卑微穷困的境地了——我认为他煜勋二字之称真是再好不过，他向他的故君谢“延恩”之封了。译注：关于延恩侯的历史，1965 年 8 月 16 日新加坡的《南洋商报》刊有我的《延恩侯朱煜勋》一文，可供参考，今转录部分如下：

有关“延恩侯”的历史

清朝的统治者自入关后，在顺治、康熙两朝，唯恐明帝的子孙还留存人间，非把他们杀尽不可。大抵在每一个皇朝覆灭后，新的皇朝起来统治都要有这种行动的。表演得最有趣的还是清朝的第三个皇帝清世宗。清世宗的父亲是康熙帝，康熙在位时，鉴于人心思汉，四方义军蜂起，后来虽然渐次用武力镇压下去，但为了收拾人心，不得不再做多一些安抚的功夫，于是便有封明帝子孙官爵之意。据说这还是康熙帝南巡到金陵时，他亲往明孝陵致祭明太祖朱元璋，即命地方官找寻明裔。但还未曾找到适合的人，康熙帝已先死去。雍正帝嗣位后，自然依照他父亲的遗志办理，于雍正二年（1724 年）十月，找到了所谓明裔的朱之琏，立即封他为一等侯。最有趣的是这个侯爷是镶白旗汉军旗人，那时候正在做着直隶正定府知府，由一个四品小官一跃而为公爵，朱之琏之感恩图报自不待言。雍正帝封他为世袭侯爵之后，就命朱侯和礼部官员同往金陵祭告孝陵，又祭告昌平十三陵，办完这些公事后，朱侯即定居北京，不许到别的地方。到乾隆十四年（1749 年），又将朱侯的爵号定为延恩二字，从此延恩侯朱某某的衔名常在清廷的文书中出现了。据清廷“考证”所得，这个朱之琏侯爷是明太祖朱元璋第十三子简王之后，“高帝子孙尽隆准”，朱之琏也算行到了“鼻运”了。现在把雍正二年（1724 年）二月礼都等衙门的奏章刊于此：“圣祖仁皇帝以明太祖宗祀沦绝，访求支派一人，授之以官爵，恪奉蒸尝，我皇上继志存恤，特申前谕。臣等谨按：明太祖之子，封藩者十二人，迄今三百余年，子姓虽繁，无从考证。查得镶白旗朱文元系明太祖第十三代子简王之后，明崇祯时，简王后裔代王为洪承畴监军于松山，我太宗文皇帝时，代王与伊侄文元同被俘获，遂归我朝，曾蒙圣祖仁皇帝召见，亲询宗系，今原任内阁侍读学士朱海钖之子朱关保等俱文元之孙也。文元于顺治年间曾奏明往大同取其宗族来京，今见任直隶正定府知府朱之琏一支是也。请于此一支内查取谱牒，吏部拣选引见，择用一人，随饬差官同伊祭告明太祖陵及昌平十三陵，以承祀事，仍令回京居住，嗣后每年春秋二季令其呈明前往。”雍正帝准其所请。这就是朱之琏封侯的原因，原来他的祖先是入外国籍的。雍正帝封他官爵之后，不许他在京外居住，置于辇毂之下，以便监视其行动耳。

延恩侯是世袭罔替的，一共传了十二代；由 1724 年始封，到民国十三年 1924 年恰二百年而斩，这倒是很有趣的事。因为 1924 年冯玉祥将军驱逐溥仪出宫，修改“优待条件”，延恩侯的名堂也随之消逝了。现在且将延恩侯的世袭次序略述于下：

第一代朱之琏，死于雍正八年，乾隆十四年八月，赠一等延恩侯世袭。第二代朱震，朱之琏子，雍正八年十一月袭。第三代朱绍美，朱震子，乾隆十一年二月袭一等侯；十四年八月改袭一等延恩侯，缘事革爵。第四代朱仪凤，朱绍美从子，乾隆四十年十二月袭。第五代朱毓瑞，朱仪凤子，嘉庆二年袭。第六代朱秀吉，朱毓瑞子。第七代朱秀祥，朱秀吉弟，道光八年袭。第八代朱贻坦，朱秀祥族祖，道光九年袭。第九代书桂，朱贻坦族叔，道光十六年袭。第十代鹤龄，书桂继子。第十一代诚端，鹤龄族孙，同治八年袭。第十二代朱煜勋，诚端子，光绪十七年袭。朱煜勋袭爵时只有七八岁左右，他一直“延恩”到了民国，按年还向内务府领一笔八百元的年俸，所做的事就是看坟，看守十三陵他的祖先的坟场。不过，他并不必远至南京，每年春秋二祭，他亲往昌平县的天寿山十三陵“拜山”一次，然后向紫禁城溥仪的“内务府”拿些旅费，上个折子奏明一番。溥仪根本就瞧不起这个侯爷，从未召见过一次。

我们看上列的各个延恩侯，觉得奇怪的是自第九代起，书桂、鹤龄、诚端都没有冠以朱姓，看来就像满族人名。但到了第十二代的又是有朱姓的煜勋了。朱侯的爵位虽然是一等那么高，但这班贵族是没有实权的，每年拿侯俸多少，实不足以支持生活，因此朱煜勋也暗中出卖十三陵树木以弥补家计，像他的父亲诚端那样以明陵地亩十数顷租与人耕，又盗斫陵木出卖了。诚端此举，曾于光绪八年（1882 年）被人参奏，慈禧太后命顺天府府尹周家楣查办。延恩侯诿称系乡人私垦。周家楣复奏后，诚端交部议处，而周家楣另有附片奏明诚端实因家贫而出此，家贫原因，则以裁饷之故。又说诚端虽是侯爵，但并无差使，无可挹注，请赏还全俸，俾得度日。慈禧太后准如所请。（咸丰年间，户部尚书肃顺曾把旗人的俸饷裁减，旗人恨之入骨。肃顺被杀后，恭亲王当政，并没有增加，因此旗人中有歌谣云：“去了一个六，换了一个六，钱粮二两仍照旧。”肃顺、奕䜣皆行六也。）……朱侯往天津张园叩见溥仪，庄士敦对他此举大为赞叹，以为无愧“延恩”二字之封，大清二百余年养士之恩，今已可见云。朱煜勋往天津“行在”叩见“天颜”，为 1925 年春初之事，到今恰为四十年，其时溥仪二十岁，今年六十岁了。朱煜勋如不死，今日不过是一个八十四岁的人，不知他们在北京市上有见面否，这倒是一件有趣的事。民国元年（1912 年）冬，王静安（国维）先生在日本东京充遗老，感念旧事，写成《颐和园词》一首，仿长庆体之作也。末四句云：“定陵松柏郁青青，应为兴亡一拊膺。却忆年年寒食节，朱侯亲上十三陵。”这是他感慨清亡之后，还不如明太祖子孙按时奉命上坟。但四十年后，什么皇陵都已经没有春秋二祭了，人们把皇陵辟为博物馆，以供考古者为参考材料，哪一个皇帝的子孙也不必去上坟，从此已死的帝皇再不能发挥其余威要人们为他劳民伤财，所以朱煜勋也不必劳驾了。

我荣任管理颐和园办事大臣

促请逊帝迁居颐和园

我们记得民国和清室所定的“优待条件”中，有一款规定清帝可以暂时居住紫禁城，但清帝永久居住的地方指定为颐和园，一般外国人所称为夏宫者便是。

当我初入紫禁城当起英文师傅的第一年，我曾屡次促请各王公大臣，后来又请逊帝本人注意到“优待条件”中所规定的那一项，并请他们自动地履行。我曾和他们辩论过好几次了。我促请他们自行移居颐和园的主要论据有如下述：

第一，民国政府虽然不能履行“优待条件”中若干的规定，但清室却不能以此为不移宫的借口。不错，民国政府未曾正式向逊帝提出请他履行第三款所规定的离开紫禁城，迁往颐和园（除了袁世凯曾有此意之外，以后未有所闻）。民国政府既没有正式请求，除非逊帝拒绝所请外，不能说逊帝破坏“优待条件”。译注：请问庄师傅，溥仪封官赐爵、赐寿赐谥，又搞复辟，有没有破坏优待条件？假如民国政府正式向逊帝提出，请他履行“优待条件”所规定的事项，移往颐和园居住，而逊帝又断然拒绝所请，那是逊帝这方面的不对。然而民国政府已容许他在紫禁城里称孤道寡，概不过问，因此，逊帝就依照“优待条件”所规定的“暂住”宫禁，一直住了十二年多，竟然毫无移居之意。这样一来，就很容易予人以借口来攻击逊帝，指责他破坏“优待条件”了。

那时候，中国有很多人主张废除“优待条件”，这班人之中，有大部分人是极端活跃的反对清朝的政客，和大量受共产主义宣传着了迷的学生。译注：在这个时候，中国的共产党影响力还未大。到庄士敦写这部书时，中国共产党的力量已大增，在若干大学及中学中颇具影响力了。但这是1929年以后的事，而庄士敦在此时忽有受共产主义宣传的学生也攻击溥仪，未免言之过早，庄士敦把时间提早了将近十年。其实反对溥仪盘踞故宫，关门做皇帝，是中国人一致的行动，庄士敦何必归咎于共产党？可见他对中国社会的一般情况还是知道得不太清楚的。他们最爱生事，无事时已经想找把柄来兴风作浪了，逊帝既然不肯迁往颐和园，腾出故宫，他们还不大声疾呼，谴责清室破坏"优待条件"而予以取消吗？

我的第二个论据是：清室移往颐和园之后，一切排场较诸在紫禁城时将大为减少，因此就可以节省大笔经费，甚至还可以使逊帝有个机会积蓄一点钱，数年之后，也许使得他克服了目前的经济困难。这样便可进行大量裁减宫中的办事人员，拿干薪不做事的人也就不再有了。

反对派死命阻挠移居

这些论据虽然很有理、很健全，但当我向宫廷里的官员提出时，他们极为反对。我记得1923年曾和一位内务府大臣耆龄对此问题做过长谈。他的反对的主要理由是：颐和园里可以居住的地方太少，无法容纳内务府全体官员和办事人。我说，颐和园有充足的房间可以供逊帝一家人居住，并且还有多余的地方以供内廷各官员和侍役人等之用，但耆龄对于我这个建议简直认为不可能，他说，即使搬到颐和园也不会节省多少经费的，他不相信一经迁往颐和园就可以裁去很多办事人，从此减少支出，皇室便有积存金钱的机会。

耆龄的同事们也和耆龄持相同的态度，当我和他们讨论这个问题之时，他们就表达出来了。他们觉得如果他们的主子一旦离开紫禁城，那就无异宣布他们绝望，走上毁灭的悲惨之路，所以这班人无论如何是不肯牺牲他们的饭碗来挽救他们的主子的。

万寿山的长廊

万寿山佛香阁与排云殿

内务府那班人既然是死命反对逊帝移居颐和园，于是运用他们各种影响力量——这种力量是成功的——阻止逊帝实行移居，甚至不让他去颐和园游玩一下。他们对逊帝撒个大谎，说什么颐和园破烂不堪，年久失修，已不能居住，并且它的附近又时时有土匪出没，抢掠财物，所以他不宜远离北京城去住在这个有生命危险的地方，就算土匪不来光顾，那里也有很多政治阴谋分子和爱国分子，会暗算他，为民国除去一害，有此种危险存在，所以万万不能让逊帝冒险一往的。

郑孝胥接任总管内务府大臣之后，我很高兴他的观点和我相同。一般来说，我们的观点，除了有一些无关紧要的歧见之外，其他大致是一致的。他同意我的主张，应该先做准备，以便逊帝履行“优待条件”中的第三款，自动移居颐和园。郑孝胥很坚决地认为这种种准备也得有相当时日才能付诸实施，所以，第一步就要先行重新改组颐和园及其附近的地方的行政组织，这些地方包括一些田地和玉泉山等。同时并整理宫中的财政，使能纳于正轨。

颐和园一向是归内务府管理的，现在郑孝胥向逊帝竭力推荐，简派我为颐和园办事大臣，赋我全权，并直接向逊帝负责。

1924年初，内务府又一次受到极大的震惊，其程度不下于上次废除太监制度和派个汉人郑孝胥做内务府大臣。派个汉人来做内务府大臣管辖着那班满人，已经是一件不好的事情了，现在更有比这件还要坏的，就是派个野蛮而不服王化的洋鬼子来管理颐和园及其附近那些产业，这简直是世界末日了。而更令他们伤心好像吃了黄连的，是上头下的上谕，着内务府将这个情形正式通知我。于是我便收到一个在中国史无前例的文件，文云：

敬启者：本日总管内务府大臣面奉谕旨，着派庄士敦管理颐和园、静明园、玉泉山事务，钦此！用特肃函奉，闻即希遵照可也。专此藉颂。时绥！

译注：这封信的抬头之处甚多，现在录出，没有依照原来格式。

内务府启

逊帝游园急煞内务府

内务府所受的震惊不止这一件事，接着还有呢！就在上谕发出这一天，他们又一次失色了。逊帝和我略为商量一下之后，就宣布他和皇后即日前往颐和园做初次的游览，并且吩咐他的车子和皇后的车子准备好在两小时以后即启程。逊帝自有生以来到这一天为止，他所行的最远之路，只是由紫禁城到他的父亲的王府（俗称北府）而已，而今要出北京城到西郊的颐和园了。内务府那班人听说逊帝要去颐和园游玩，连忙用尽方法谏阻，说什么“万乘之尊”怎可以冒险；古人说什么“千金之子，坐不垂堂”，何况以帝皇的身份到那个危险的地方，未免太过鲁莽了。但逊帝不予理会。绍英这时仍是内务府大臣，他见逊帝不肯听他的劝阻，就找我商量，叫我劝谏皇上切不可冒险一试。我对他说我是极端赞成逊帝往颐和园一行的。他听后很是生气，对我说，如果逊帝此行发生了什么意外，要我负全部责任。我说我很愿意负此责任。

这一招失败之后，内务府仍然不死心，他们又另出一招，就是通知民国政府，请他们阻止逊帝出北京城往颐和园游览。但这一招，他们又失败了，民国政府不仅没有阻止逊帝的行程，反而派了一队军士坐了六辆汽车来“护卫”，一直保护逊帝来往北京城与颐和园之间的安全，这一举动，无疑是民国政府派人监视之意，他们恐怕逊帝以游园为名，忽然又改变行程溜入东交民巷托庇于外国公使馆。

内务府的人很不放心，也雇了六辆汽车，载着内务府几个官员陪同前往，绍英本人也在其内。所以到了预定启行的时间，神武门前就排列了十四辆汽车，出发时，逊帝和我同坐一车先行，跟着是皇后和淑妃同一车。

这次旅行是很令人高兴的，当然，内务府那班人就大不高兴了。逊帝本人从来未出宫门一步，而今到了郊外，又要往从来未到过的颐和园，他心中的愉快是很难以形容的。颐和园的宫殿虽然有些残破，但并不如逊帝所想象的那样凋敝，他在园中漫步着，很高兴地遍游各宫殿建筑。他游过了各处的宫殿后，我们走上万寿山最高之处，然后下来同坐一艘游艇——皇后、淑妃和其他女官们另乘一艘，在后相随——游玩颐和园最可爱的一个地方，龙王岛。

就在这一天，我正式就职，负起管理颐和园的任务，同时又和园中各宫殿的办事人会面，他们个个都是有品级的官员，现在是我的直接下属了。从这一天开始，我的办公时间分为一部分在紫禁城，一部分在颐和园，偶然也去我那个最可爱的山中别墅樱桃沟略做勾留，这个地方是我的四个住处之一。译注：一处在北京城，一处在紫禁城的御花园，一处为颐和园，其一即樱桃沟别墅。这个洋师傅倒也享尽人间清福，他在英国未必有此豪阔，怪不得当时有很多外国人宁愿老死北京，不愿回他们的祖国也。

无奇不有天子学划船

自此之后，逊帝不时来颐和园游玩——每一次驾临，都是汽车成行，车中塞满了卫兵和随从人员，其实这些冤枉钱是不必花的。有时候，逊帝也在园中和我一起同进午餐，做我的客人，就在午饭时间，他相识了许多经我介绍的外国朋友和一些中国社会贤达。

1924年8月，我陪伴他一起去爬山，这是他有生以来的第一次，我们爬上西山八大处游玩各寺庙，这个风景胜地，是他的皇祖乾隆帝最喜欢的。

颐和园的昆明湖中有些御舟，是很笨重的大艇，在旧日慈禧太后时代，当然是十分适合老佛爷和那班驾舟太监之用的，但在今日，对于这位要学划船的年轻君主，就绝对不合用了，对于要指导他划船的那个英文教师当然更不适用。为了方便逊帝——同时也为了我——我不得不在上海、天津、烟台这三处各建造小艇一艘。一艘是装有舷外架铁的小艇。这种艇，英文叫outrigger，有活动座位的，我给她命名为“爱俪儿”。译注：Ariel是莎士比亚剧本《暴风雨》中的一个精灵的名字。又，天文学中，天王星的第一卫星也叫爱俪儿。另一艘是稳固座位的小摇艇，我给她改名“厄特拉士的巫婆”（The Witch of Atlas）译注：厄特拉士也是希腊神话中的人物，他很有膂力，双肩能够掮起天庭。第三艘是独木舟，还未造成，便遇到11月的事变，逊帝离开了紫禁城，我的职务也突然终止了，因此没有送到颐和园服务，但我也给她起了个名字叫“复仇”。译注：原文Alastor是希腊神话中的复仇神。庄士敦在书中没有说明为什么他要为这艘独木舟取名“复仇”，但我们总可以了解他的心事的。

那两艘完成的小艇到了颐和园后，宫中的全体办事人和官员都大惊小怪起来，他们向来就未见过这些东西，尤其是那艘“厄特拉士的巫婆”，是要拿起木桨来划的，试想，做天子的人怎可以划船，怎可以让他的船夫安然坐着不动而他却去卖力呢，真是无奇不有！

我既然是管理颐和园的人，因此我高兴住在园里哪一个地方就由我决定。初时我是选择龙王岛。译注：岛上有龙王庙，人们因此就叫这处为龙王岛。后来我因为这里交通不大方便，在办公上有困难，于是我又搬往谐趣园里的湛清轩。译注：谐趣园在颐和园东北角上，由于它的结构精致，自成一个整体，所以有“园中之园”的称号。这个小花园是仿照江南名园——无锡惠山的寄畅园建造起来的。当年康熙皇帝南巡，爱寄畅园的建筑风格，叫人绘了图，于万寿山东麓筑惠山园，共有八景。光绪十八年重新修建后，改惠山园为谐趣园，取乾隆御制《惠山园八景诗序》中所说“一亭一径，足谐奇趣”之意。

改革弊端与开源节流

宫廷里的人对我嫉妒而又有敌意，办起事来棘手非常。我要改革中国宫廷中某一些行政系统，他们就立即强烈反对。宫里的官员对我表面上虽然很尊敬很有礼貌，但他们却给予我极小的帮助，尤其是关于我要节省开支、裁减人员、调整待遇这种种微妙的工作。

在这一年的夏季中，颐和园有一位官职颇大的官员死了，于是就有很多人来介绍继任死者遗职的人。当我公开宣称，某人之死，不必再有继任人，因为他的职务是多余的，现在无此需要，这一缺裁撤了。他们听了大

颐和园昆明湖

颐和园玉带桥

西山樱桃沟

庄士敦管理颐和园事务时园内的部分外景

失所望。

同样地，他们对于我修葺园里建筑的办法，也极感不满意。颐和园有些建筑，久已失修，我打算要把这些破坏的建筑重新整理一下。他们马上就介绍海淀两个建造商来承办这些工程。这两个商人，我猜一定是向来承造园中工程的，他们对于这些工作，必能办得妥妥当当。但他们开来的估价单，价钱高到令人惊讶。我当然不要，于是在北京城里登报，招商投标，将估价单密封寄给我，以价低者承造。此举使得一些中文报纸极为惊奇，从来未见过清室有这种公开招商投标的事情。但此举竟然发生了良好效果，投标商人的估价，比海淀那两个建筑商所开的价钱低七分之一。当时我的下属对我说过，海淀这两个商人所估的价钱不单是合理，而且是最低的。

我逐渐地说服了我的属员中那几个较为有学识的人，我对他们说，我们在这里无非是替皇上做事情，我们为了报答皇上，就应该同心协力，改革那些弊端，开源节流，使得皇室不致陷入经济窘境。其中有几人颇能了解，开始对我所实行的事情有兴趣，并且乐于和我合作。自此之后，成效虽然未能如我所料得那样快，但到了夏末，我已经略感满足了。在过去，逊帝每年要拿出一笔颇可观的经费来支持颐和园的行政，现在颐和园不必再向逊帝请款，经我整顿之后，它可以自给自足了，它的收入是来自地租、游人的门票和玉泉山的门票（在开放之日才卖门票，并不是每日都卖门票的）、出卖昆明湖的活鱼，其他还有玉泉山汽水厂、颐和园所设的茶座、旅馆和一家照相馆，这些组织赚了钱也要按份分配给颐和园当局的。

攻击恐吓兼内外夹攻

反对我革新的顽固分子，他们多少有些幼稚性地用种种方法来迫我辞职。在这些恐吓的行动中，我曾收到不少恐吓信件，其中有一封是一个自称对我非常钦敬而且爱护的人写给我的，他说，因为他对我十分关怀，所以他认为他有责任要将我置诸死地。他已经买好了土匪，要在我来往紫禁城与颐和园途中将我枪杀。我在这一段路程中，多数是骑马的，那些土匪必定是一群笨拙或懦弱之辈，不配被人收买，因为我照常来来往往于紫禁城与颐和园之间这一段路，而他们竟然不想赚钱，将我杀害。

对我含敌意和反对我的人，不只来自紫禁城里的内务府和靠颐和园吃饭的那一大群人，就是为学生所支持的那些报纸副刊也攻击我。这个时期，凡有政治思想的学生，大都受那班和苏联大使馆接近的激烈派政客所影响。代表他们的宗旨的那些报纸是极端欢迎攻击“帝国主义”（尤其是英帝国主义）或逊帝的言论的，他们在文章里提到逊帝，一定用很鄙夷的态度叫他为“溥仪”。译注：庄士敦这段原文，对于“帝国主义”和“溥仪”字样，他都加引号，前者是否定世界上有所谓帝国主义，煞费苦心，其实是否有帝国主义，明眼人皆知之，不必我饶舌，四十年前，孙中山先生已揭橥打倒帝国主义取消不平等条约，中国才能翻身之说，不必苏联大使馆来教我们的学生也。至于学生提到庄士敦的“皇上”居然斥“御名”溥仪，我不得不在四十年后的今日为学生辩护，在民国六年溥仪企图复辟失败后，他是复辟罪魁，凡有正义感和有头脑的中国人，绝对不会尊称复辟罪魁为“宣统皇帝”或“皇上”的。溥仪在关外搞“满洲国”，其时庄士敦尚未死，庄士敦不知有没有见到广大的中国民众都齐声叫他的名字溥仪，并不尊称他为“满洲国皇帝”呢？庄士敦今日如尚健在，眼见他的“皇上”被囚、被判刑、被释放，千千万万的中国人都叫他为溥仪，不知作何感想也。

胡适博士替我抱不平

在1924年中，上述的那些报纸，最爱抓住机会来施展他们的一石杀死（或杀伤）两鸟的伎俩。我现在试举一例说明。

大约在1924年的9月初，北京一家《大晚报》以最下流的口吻写下一篇文章，它说，“溥仪”的英文教师，被一种卑鄙的想头所驱使，把他的女儿带入紫禁城介绍给“溥仪”；“溥仪”见了她，就凝望着她，认为她长得很美丽；那个英文教师——沉吟了一下子之后——就把他的女儿留下送给“溥仪”了。

这段文字很具有伤害性。如果我认为这段下流的文字对我和逊帝的名誉都有影响而值得提出反驳的话，我自然有很多充足的证据可以拿来自卫，但其实只要一个证据就足够了。所谓女儿这个名词根本就没有这回事。

胡适博士给我的一封信，对于北京的报纸这样下流，深表遗憾。1924年10月10日，他给我的信大意如下：

> 阁下在清室的工作如何，一向已为有心人所赞扬，而为小人所嫉妒，时时加以毁谤。但我相信他们的扯谎和攻击，绝对不能伤害阁下过去所做的工作价值的。在这里虽然有人毁谤阁下，但中国还有很多侠义的人，他们会了解和钦佩足下的侠义的行动的。

李爕阳终于向我道歉

胡博士这封信不只谴责北京某些下流报纸的态度，同时，在词句中也含有责怪北京那班政客对我的人身攻击。在当时中国那个极不值得尊重的议院中，就有一群政客曾对我攻击过好多次。这班政客的领导人或发言人，名叫李爕阳，他说，颐和园的收入款项，由我积蓄起来，以备逊帝复辟时的经费。这样的攻击，不同于那些下流报纸的造谣，我觉得有公开声辩的必要。于是我写了一封颇长的信交给中英文报纸发表。英文的《华北日报》发表我的公开信后，并于1924年8月9日做以下的评论，其标题为《皇帝与议员》。略说：

> 我们今日在这里发表庄士敦先生答复议员李爕阳先生攻击满洲皇帝而连带及于庄士敦先生的一封信。这封信，谁读过了都不会后悔浪费了他的时间，而觉得写信的人有此必要的。在中国此种局面之下，李先生的恶意攻击不能不予以注意。他的攻击，也许会在某种情形下增加民众的愤恨，而很容易引致逊帝的生命发生危险。处中国今日的

局面，有李先生这种攻击，不能不令人想到其中必有作用。中国的共和政体——如果可说是共和的话——已大失人望，人们逐渐认为非君主政体不能使人民安居乐业，而此种情状，各处皆可见之，人们都怀念着清朝最后的一个皇帝宣统。因此，李燮阳先生便制造谣言来诋毁逊帝，使中国人对他发生憎恨，李先生对庄士敦先生的诬蔑，指他与复辟阴谋有关，经庄士敦先生的公开信发表后，可作最有力的证明并无其事。现在就要由议员李燮阳先生向庄士敦先生公开道歉，一如他公开以空穴来风之言来攻击庄先生那样了。译注：文中的李燮阳，英文作Li Hsieh-yang，是民国十一年第三届众议院众议员，云南昭通县人，字弥青，光绪九年出生，留学日本及美国，历任云南实业司副司长，护国军第四军筹饷总办，云南全省模范工厂监督兼铁路局长。

不消说，李燮阳当然没有公开道歉。不过，此事发生两个月后，在某一个私人的宴会里，李先生也在其中，我请一位中国朋友介绍我们相见，经其他的人施以压力，李先生向我承认他所说的是误信人言。

原来是有计划的阴谋

内务府的人（郑孝胥除外）和颐和园大部分的人对我有敌意和冷淡，我是了解的；但中国报纸和政界人物对我的不断恶意攻击，我就不大容易了解是什么缘故了。到1924年10月初，某一位中国朋友对我说出其中内幕，我才了然。他说这是一个有计划的阴谋，要使逊帝将我的职务解除。这位朋友是一个广东人，名叫徐善伯，译注：善伯乃徐良之字，徐勤之子，著名的复辟小喽啰。旧日中国士大夫的习惯，以称人之字为敬，庄士敦也学到了这一套，在行文中不叫徐良而叫徐善伯，甚有趣。但他称郑孝胥、陈宝琛等人不曰苏龛、伯潜，而称其名，又不知作何解，也许他以为善伯是徐良之名也。徐良是广东三水人，年少时在日本读书，后来留学美国，归国后，在司法部、外交部、内务部当过秘书，又任驻美公使馆秘书、广东省长公署秘书、琼州交涉员、

王国维（1877—1927）

罗振玉（1866—1940）

长江巡阅使署秘书等职。可说是民国的一个官吏，但他一方面拿中国纳税人的钱来生活，一面又向他的“故君”效忠。汪精卫组伪府时，派他任“驻日大使”，1949年后被枪毙。是康有为的得意门徒，所以他也忠于逊帝，徐善伯给我的一封信是10月4日的，说到此中内幕，现在我将信后一段录出，而事情竟然在下一个月发生译注：指溥仪出宫，亦甚有趣。函云：

……今日来看我，他对我说，参众两议院一些议员正在酝酿一个阴谋，要将您逐出宫廷，他们开始散播谣言，在报纸上恶意攻击您，说您在皇上派给您的职务中赚了很多钱，现在已是一个大富翁了。他们最终的目的，无非是要毁灭皇上，将皇上赶出紫禁城，然后把他的财产充公。

历史文件当废纸出卖

在1924年夏秋之间，像这样的被恶意攻讦的人不单是我一个，我的好朋友郑孝胥也同此命运，所不同者，郑孝胥所受的攻击，只是紫禁城里那堆人，而我则内外夹攻。郑孝胥毅然和恶势力斗争了几个月，在内务府那班人和有潜势力的王公不断地反对之下，他在各方面都做了极广泛的改革。曾在某一个时期，他觉得勇气完全消失了，便于1924年的中叶，向他的主子提出准他请长假。但他这样的做法，并非放弃他的职责，一任他那个年轻的主子赤手空拳面对各种危机的。

郑孝胥和他的儿子郑垂，是我在颐和园经常欢迎的朋友。同时，我们的朋友中还有两个卓越的学者。一个是王国维，一个是罗振玉。这两个学者的大名，在欧美已为一班认真研究中国历史、考古的学者所知，当民国政府要把内阁大库一批文件当废纸卖掉做纸浆时，罗振玉就把这批“废纸”买下，保全了清初的最可贵的历史资料。因为这批文件的数量很多，他们急于要找一个安全而广大的地方，以便存放，同时又可以供他们研究和整理之用。他们听说我管辖的地方有很多宽敞的大房子可以给他们利用，他们便联袂来颐和园见我，做一日勾留。我带他们前往玉泉山西面的一所大厦——这一建筑是造于乾隆年间，曾经过至少两次大火灾而不致被毁的。他们和我的意见一致，认为在北京或其附近实在不容易找到有这么合适的地方了。我们回到颐和园后，坐在昆明湖前，兴高采烈地谈论此行的收获，并讨论未来的计划，我们就在玉泉山成立一个研究历史和考古的中心，这个研究机构将成为来自各国研究中国历史、考古的学者的天堂，又是一个可供学术人士集会的地方。但这只是一个梦想而已，并没有实现。

义无再辱王国维投湖

那一天坐在昆明湖边谈心的三人，其中一个今日已在新兴的“满洲国”做“国务总理”，忠于他的“皇上”译注：指郑孝胥，另一个则在旧纸堆中意图教中国人做考古工作译注：指罗振玉。第三个——他是个纯粹的儒者，又是君子——则于 1927 年 6 月 2 日，独自一人重游颐和园，自沉于昆明湖畔，这恰恰是三年前我们坐着在讨论我们的计划的那个地方。这个人看中国的前途是一片黑暗，而他的“皇上”也不会有什么远景可观，因此他就选择自杀，了此残生。

这个儒者死后，一直到那日挨近黄昏时候，人们才发现有人投湖自杀，把他的尸体打捞出来。译注：这个儒者就是王国维。庄士敦在这一段中有小注，现在译出如下：“关于王国维这个人，我得在这里略说几句。自从逊帝逃入日本公使馆之后，王国维忠心耿耿，不愿离开他的皇上。他本是个穷书生，自然要找生活。国立清华大学便请他担任史学教授，（编注：应是清华学堂研究院聘王国维担任导师，清华大学是 1928 才成立的。）这个职位对他是最适当不过的，他也很乐意接受，但他又不愿在这个时期舍弃他那个在‘蒙尘’中的皇上而去。清华的校长和我是相识的，他写信给我，他说，只有一人可以使王国维前来就职，就是逊帝，请我对逊帝说一下，可否由逊帝叫他去教书，莘莘学子受惠不浅。我便把这个情形对逊帝说了，结果是逊帝一开口，王国维奉命唯谨。王国维始终留着长辫子，不肯割去，清华大学的学生对他很敬爱，并不因为他忠于清朝而对他有丝毫敌对之意。他在清华教书是从1925年到1927年6月。当他自杀之时，南方国民政府的北伐军将迫近北京，王国维显然是觉得他的皇上已没有希望了，因此自杀。6月2日上午，他从清华雇了一辆人力车到颐和园，买门票后，直往昆明湖畔投水自沉。……他的尸体即晚运回清华。”庄士敦文中并没有说清华校长是谁，这个人名曹云祥，字庆五，浙江嘉兴人，上海圣约翰大学出身，留学美国耶鲁大学，1917年任伦敦总领事，1921年任外交部参事，1922年任清华校长，1928年辞职，到上海任英美烟草公司顾问。关于王国维的自杀，以前的人都说他是“义无再辱”于“赤军”而自尽的。其实当时“千夫所指”的“赤军”，并不会是那时的北伐军。自1927年4月以后，北伐军已不能称为赤化了。庄士敦对这一个时期的中国历史，似乎还不大清楚。

囚禁光绪的玉澜堂面貌

两道冠冕堂皇的谕旨

当我负起管理颐和园等处事务的责任之后，我有机会见到许多有关该园的文件和自十二世纪以后中国皇帝在此园附近所营建的宫苑的文献。这些文件中，有一件关于颐和园的建造的动机和经过。这就是光绪十四年（1888 年）皇帝结婚后不久，慈禧太后将政权交给他之后的一道谕旨。译注：庄士敦误以光绪帝大婚是在光绪十四年，其实是在光绪十五年。这时候，皇帝已成年亲政，太后将往颐和园居住，颐养天年了。从这道谕旨可以见出造园之动机出于皇帝，而奢侈的责任由皇帝负之；同时，下这道谕旨的目的，亦欲堵一堵某些人的嘴，使他们不敢说在国库空虚之时还有这样庞大的支出。慈禧太后所下的懿旨，说到她是不肯收受这样的一件大礼物，无奈她那位可爱的亲侄儿出于至诚来吁请，不得不俯顺所请云云。现在我把光绪十四年二月初一日的上谕译成英文如下：译注：如果译者又从英文译成中文，一定会和原文有很大的差异的。为了使读者知道颐和园修建的动机和历史，译者特从《光绪朝东华录》将这一道谕旨录出，以代译笔。

> 二月癸未，朔，谕：朕自冲龄入承大统，仰蒙慈禧端佑康颐昭豫庄诚皇太后垂帘听政，忧勤宵旰，十有余年，中外奠安，群黎被福。上年命朕躬亲大政，仍俯鉴孺忱，特允训政之请。溯自同治以来，前后二十余年，我圣母为天下忧劳，无微不至，而万几余暇，不克稍资颐养，抚衷循省，实觉寝馈难安。因念西苑密迩宫廷，圣祖仁皇帝曾

慈禧太后（中）、瑾妃（左）和隆裕太后（右）

经驻跸，殿宇尚多完整，稍加修葺，可以养性怡情。至万寿山大报恩延寿寺，为高宗纯皇帝侍奉孝圣宪皇后三次祝嘏之所，敬踵前规，尤臻祥洽。其清漪园旧名，谨拟改为颐和园，殿宇一切亦量加修葺，以备慈舆临幸。恭逢大庆之年，朕躬率群臣，同伸祝嘏，稍尽区区尊养微忱。吁请再三，幸邀慈允。钦奉懿旨："自垂帘听政以后，夙夜祗惧，如临渊谷，今虽寰宇粗安，不遑暇逸之心，无时稍弛。第念列圣敕几听政，问民疾苦，凡苑囿之设，蒐狩之举，原非若前代之肆意游畋，此举为皇帝孝养所闻，深宫未忍过拂，况工料所需，悉出节省羡余，未动司农正款，亦属未伤国计。但外间传闻不悉，或竟疑圆明园工程亦由此陆续兴办，则甚非深宫兢惕之本怀。盖以现在时势而论，固不能如雍正年间之设正朝、建公署，即使民康物阜，四海又安，其应仰绍前猷克光令绪者，不知凡几，尤当审时度势，择要而图，深宫隐愿所存，岂在游观末节，想天下亦应共谅。惟念皇帝春秋鼎盛，此后顺亲之大，尤在勤政典学，克己爱民，不可因壹意奉亲，转开逸游宴乐之渐，至中外大小臣工，尤宜忠勤共励，力戒因循浮靡积习，冀臻上理，庶不致负深宫殷殷求治之意，实所厚望，钦此！”朕仰承慈训，惟当祇服禀遵，不敢稍涉侈纵，诸臣亦应仰体圣慈谆勉至意，恪勤职守，共赞升平，现在西苑工程将次告竣，谨择于四月初十日恭奉皇太后銮舆驻跸，其一切值班守卫事宜，均照王大臣等前奏章程敬谨办理，为此通谕知之。

海军经费建造颐和园

上面所引述的谕旨，一出诸慈禧太后，一出诸光绪皇帝。今日我们一读这些文件，便会发生一个疑问，到底他们这个谕旨目的在骗谁呢？当然，宣布这两道谕旨的人是不想自骗的。那位老佛爷头脑并不那么简单，相信这座华丽的颐和园是她的侄儿献给她为归政后颐养天年的礼物；而光绪皇帝也绝不相信什么“工料所需，悉出节省羡余，未动司农正款”。译注：谕旨这几句是说，建造颐和园的经费，完全是出于国家正式税收里的“下栏”，并没有支过国库分文。皇帝只希望老佛爷归政之后，在颐和园这一带风景区，今日游玉泉山，明日游静宜园，不问紫禁城里的事情。那些撰拟谕旨的军机章京译注：军机大臣面奉谕旨后，回到军机处，命军机章京起草，但重要的谕旨，有时也由军机大臣亲自动笔，军机章京誊正。章京盖秘书性质也。措辞很是巧妙，文中绝不提到建筑颐和园的经费实在是来自挪移的海军建设费的。不过，如果说慈禧太后对中国海军毫无贡献，似乎也不大公允，中国的海军在甲午一役，全部沉于黄海里，而颐和园昆明湖畔的石舫至今岿然尚存。译注：庄士敦这些话是讥刺慈禧太后的。黄秋岳在《花随人圣庵摭忆》中曾大略说到，以海军经费来修建颐和园，终于海军全部沉于中国海，幸而尚存一园，不致随海军而去，亦与庄士敦之意稍同。庄士敦说到颐和园的石

颐和园石舫

舫，在文后有小注，他说，这只石舫是乾隆年间所造的。此说可信。原来这只石舫是乾隆年间所造的，船基则利用明朝圆静寺放生台的遗址。石基上用大石建成船只模样。光绪二十九年，慈禧太后又想出新花样，仿照翔凤火轮的顶舱，在石舫上加盖一层楼。舱底铺着花砖，舱窗上嵌着五色玻璃的图案，上下舱各装着一大块玻璃镜，使舱内更加敞亮，并改名为清宴舫。

慈禧太后的罪恶遗迹

此外，慈禧太后在颐和园所留下的一件罪大恶极的遗迹，则在玉澜堂，这个地方，自戊戌后，慈禧太后就把光绪皇帝关在这里。译注：在北京城之时，光绪帝被软禁在瀛台，在颐和园则在玉澜堂。

慈禧太后在颐和园听政的地方是仁寿殿，是园中的正殿。译注：这是颐和园一个大建筑，宽达七楹。在乾隆年间，本叫勤政殿，是皇帝召见臣工的地方，咸丰十年，英法侵略军攻入北京，放一把火把圆明园烧了，抢掠宝物而去，勤政殿也全部毁去，到光绪十六年重建时，改名仁寿殿。又，两柱之间的距离叫“楹”，这是中国古建筑的术语。过了仁寿殿往南走拐一个弯，绕过一个小土坡，靠近湖边，就是慈禧太后软禁光绪帝的玉澜堂。

当我负起管理颐和园的职务之时，玉澜堂和其他若干建筑尚未开放，游人没有机会参观。译注：1933年8、9月间，我租赁玉澜堂一个房间住了好几天，游遍全园，其时已无电灯设备，晚上只点煤油灯，整个园子是黑暗世界，出门一步就要靠手电筒。当时的房租每天只不过三元，包三顿饭另加五元，人们已诧为惊人的价钱了。玉澜堂的内外门都用斜封条封紧，从封条上所写的日子看来，这些封条已有好几年没有移动过。这个建筑，显然是自光绪皇帝一度居住之后就没有人用过的。我到颐和园就职后几日，便把玉澜堂那些封条拆去，到里面一看究竟。进了大门，就是一个铺石的院子，正中是一座正殿，左右有较小的两座配殿。正殿有四个房间，正中一个必定是光绪皇帝的客厅或大殿，但事实上是他的卧室。殿中有一小宝座，从它的摆设坐北向南看来，这是个正殿无疑。宝座的东西两旁各有一门，在西面的一个，直通到光绪帝的卧室。这是一个很小而空气不流通的房间，从东至西宽十二英尺，从南至北深十六英尺八寸。墙上悬挂一幅山水画，画中有鹤有鹿。

在宝座东边的门，通往另一个房间，悬有徐会澧译注：徐是山东诸城人，字渭生，号东甫，同治七年戊辰庶吉士，散馆授编修，官至兵部尚书。写的字，又有Shen Shih-Chien画的花卉。译注：这个画人应该是沈石田，即沈周。在宝座和光绪帝卧室之西又另有一个房间有一横匾，是吴士鉴写的字。译注：士鉴字絅斋，号公詧，浙江钱塘人，光绪十八年壬辰榜眼，官至侍读，是光绪朝的名翰林。

老佛爷的“巧妙布置”

现在我要来描写一下那两个配殿了。当我拆下封条打开大门一看之后，

玉澜堂内貌

我获得了一个惊人的发现。这两个配殿里头，各筑了一堵坚固的砖墙。在对正庭院的那些窗户和大门与这堵墙之间，其距离只不过数寸，仅能容许大门朝里关闭。在这两个配殿里的砖墙，如果不敞开那扇大门，从庭院望去是见不到的。在庭院西边那个配殿，本来可以使坐在里面的光绪皇帝看见昆明湖上玉澜荡漾的美景，然而内部的两堵砖墙却遮掩着他，不让他看见东西两边的风景，而他居住的那一部分地方，和被锁着的庭院前的大门，也从南至北把他隔绝起来。译注：这两个配殿，在东边的叫霞芬室，西边的叫藕香榭，名字倒也很动人。光绪皇帝的寝宫，本来有一道通往宜芸馆去的垂花门，这门是供后妃出入之用的，也为慈禧太后下令用砖封住，以禁止光绪帝和她们见面。就算这样，慈禧太后还不放心，恐怕皇帝跑了，又在玉澜堂的玉澜门外——即庄士敦说的庭院前的大门——派了几个心腹太监，监视着皇帝，不许他走出大门一步。在玉澜堂的皇帝，简直像囚犯，而中外大臣和不怕死的御史，从未闻对此敢于犯颜进谏，抗议慈禧太后此举，亦可见满朝皆是这个妖后的心腹了。

我看过这个情形后，转头问颐和园的办事人为什么有这两堵墙筑在殿

玉澜堂配殿的砖墙

里，他们说这是老佛爷的一种巧妙的和开玩笑的发明，其目的在于使皇帝觉得他自己是个囚犯。这些砖墙除了使配殿里不能容人居住之外，另一作用就是使皇帝一见到了就触目惊心，时时想起自己是个失去自由的俘虏；同时也使他增加悲哀和耻辱，并尽量减少他的活动地方使他连湖面的清漪也看不见，他那个生性残酷而又富有报复心的“女狱卒”故意筑这两堵墙来使他的精神和心理大受打击。

慈禧太后此举，并不是防范光绪皇帝和外间的人接触，如果她有此意，尽可以在所有的窗户之前筑起围墙。这样就不能显出她的巧妙的心思了，她只要皇帝每逢开着两配殿的门就碰壁，所见者只是砖墙而已。

这一发现，使我看出了慈禧太后在皇帝那最后十年的生命中对他是怎样的鄙夷和憎恨。我对光绪皇帝的胞侄宣统皇帝说到这件事，他也觉得很新奇。所以当他下一次游颐和园之时，我陪着他同往玉澜堂，他才初次盯着那些没有窗户的砖墙。

自从民国政府接收了颐和园之后，我不知道玉澜堂里这两堵砖墙是否被拆除了。如果他们没有将砖墙拆除，那么，这两堵砖墙将永久地存着，使后人见到了就想起这个狠毒阴险的老太婆是怎样的虐待她的皇帝，而结果不仅把他的王朝丢掉了，并且造成中国人民在过去二十年间受尽了长期的痛苦。译注：庄士敦最后这句话，绝大多数的中国人是不会同意的，难道清朝不垮台，中国人就享福吗？事情没有那么简单。

冯玉祥逼宫前夕的紫禁城

南北之战中瑾妃逝世

1924年中国发生了一次很大的内战，引致北京政变。首先是浙江的卢永祥和江苏的齐燮元打起来，继而是东三省的军阀张作霖为了援助他的盟友卢永祥而派兵入关，攻打直系军阀曹锟（时为总统）和吴佩孚。

吴佩孚带着他的“讨伐”军到了北方，他在北京的“四照堂”排兵点将，由曹锟下令讨伐奉系军阀。吴大帅准备一切后，将往山海关督战，并夸说他此行必获大胜，一个月内便可以打到沈阳。

1924年9、10月之间，南北虽有战争，但紫禁城里并没有受影响，一切安静如常。“基督将军”冯玉祥是吴佩孚在北方的一位重要将领，虽然有人认为他对吴有不轨之心，但他却没有什么异动，仍然忠于吴大帅，也许他在吴的监视之下，不敢有什么行动。

吴佩孚的大军在10月初和奉军恶战，据前线的情报，直军稳操胜券，不久便可有机会攻入沈阳了。吴佩孚派冯玉祥的军队把守古北口，镇守北方最重要的关隘，以防奉军从侧面进攻。吴大帅此举并没有失算，只是他委托非人而误了大事。也许他是不想使冯玉祥分去他的嫡系军队攻入沈阳之功，同时，又怕冯的军队驻在北京区域不大妥当之故。他显然没有想到冯玉祥对他怀有怨恨之心的。

10月17日，我见逊帝很是忧郁，没精打采的，那并非与中国的政局有关，而是光绪帝的瑾妃病重，已经到了群医束手无策的时候了。

我就在10月17这天往西山的樱桃沟别墅小住一时，21日我在山中步行，又骑马经过了山冈到达颐和园，即在颐和园住了一夜，就听到瑾太妃逝世的噩耗。

第二天我驾车回北京，奇奇怪怪的谣言满天飞，但北京城的外表上还很平静。这一天我没有进入紫禁城。

景山之上堆满着大兵

10月23日清早，我的一个仆人大惊小怪很紧张地走来对我说，内城的北面有兵变发生，后门（这是一条有城门的大街，距离我住宅北部约数码之遥）已经关闭了，有军队把守，电话不通。路上的行人大惊失色，有钱人家纷纷搬入东交民巷，住到六国饭店。（北京的有钱人，一遇政局变动，往往避入东交民巷的使馆区。）译注：以上的注语，是庄士敦加的。虽然不尽侮辱中国人，但有皮里阳秋之意。他不知道他在英国死后数年，北京的东交民巷的使馆区特权已被取消了。

所谓兵变之说，后来证实不过是谣言，并无其事。但真正发生的事情，却是冯玉祥主持而得到十分意外成功的政变。原来冯玉祥的军队没有

从景山上俯瞰紫禁城

遵命开赴古北口，半路折回北京。和他合作的两位将军，一个是孙岳，一个是胡景翼。吴佩孚留下他们驻守北京附近一带，但他们暗中和冯玉祥将军约好了，10 月 23 日天色未明之前，驻军开了城门让冯玉祥的军队长驱直入。军队入城后，分别控制了火车站、电报、电话的交通中心，并派兵包围曹锟总统的住宅，把那个倒霉的曹三爷从好梦中惊醒过来，想逃入东交民巷托庇外人，但路不通行，被军队活捉了。

我还不知道这次的具体情形，以为不过是兵变罢了（中华民国兵变的事，常常发生，我们见惯了），我驱车往紫禁城，到了景山与紫禁城之间的一条大路中，见到情形不妙。景山是北京城里最高的一个地方，俯瞰全城，形势险要，我见景山上面的建筑物和山坡上满是军队。正对神武门的景山门，也站着军队多人，他们穿的却不是紫禁城护军的制服。

神武门一切如常，很是平静，我的轿子照常停放在门外等候我。守门兵士照常向我行敬礼。

我到了逊帝居住的地方，人们对我说他在御花园我的养性斋里等着我，并盼望我立即和他相见。我到了养性斋，见逊帝坐在我的书房里，有几个仆人随侍左右。他见到我，就叫他们走开。

御花园漫步逊帝忧心

逊帝对于今晨发生的事情比我知道得更少。我初见他时，并不提到这件事，只说到端康太妃之死，慰唁他一番。他问我知否有军队把景山占据这件事。我说我看见了。他就说："那些军队怎能有权进驻景山呢？我不知他们到底搞什么鬼。绍英已经送去茶水食物给他们了，他认为我们应该把他们当作客人，好好地款待。"我说："他们有表示谢意吗？""没有。"逊帝说，"他们只表示还要更多。"

我们在御花园的小径中漫步着，谈了好一阵子之后，逊帝说："我们去看看那些大兵吧。"于是我们走上假山，用望远镜远眺对面的景山，只见漫山都是军队。

下假山后，我们到了养心殿，逊帝和我一起进午膳。绍英和内务府其他官员同来讨论事情。他们说当局释放犯人，满街都是兴高采烈的学生在散发共产党的传单。不一会儿仆人来通报说："醇亲王和其他的人来了。"我便告辞，让他们好商量事情。我对逊帝说："待我去东交民巷打探一下消息。"

我到达北京俱乐部之后，人们所谈的自然是以北京的政变为大话题。在座诸公似乎并不知道真正发生的是什么事情，也不知道为什么会有事情发生。他们各有一套理论，而多不着边际。这个俱乐部的一无所知，正和使馆区衮衮诸公一样。我从东交民巷走两英里的路程回家，意欲在路上获得一些真正的消息，总比在东交民巷那班昏天黑地的外交家身上所得为多。果然，我在路边听到的两桩消息都是真实的——总统曹锟已被囚禁在总统府，失去自由；曹锟的管账员和朋友——很多人都说此人与曹锟同谋做坏事——已被逮捕，由军事机关严密看管。译注：庄士敦文中没有说明这个"朋友"为谁，盖李彦青也。李素有嬖人之称，以出身浴堂之擦背，虽贵为"处长"，仍须侍总统入浴。

曹锟下台黄郛任总理

此后数日间的事情发展，可略述如下：总统府的那个管理财政的人，不肯交出他的财产，在审讯十分钟之后，就把他枪决了。译注：李彦青作恶多端，克扣军饷，久为直系军政界所不满，他在保定与北京时，又恃势欺人，鹿钟麟把他枪毙，博得国人称快，而庄士敦行文中却甚为惋惜，有替嬖人抱不平之意，真是咄咄怪事！无他，因为他憎恨冯玉祥赶走溥仪，连带他的"官"也做不成，所以对于冯玉祥所做的事情，不论好坏，一律加以反对，其偏见如此。又威迫曹锟，叫他签署解散国会之令，如果曹锟不肯，就要他走他的处长之路。他们解散国会，以议员贿选曹锟做总统为借口。此举除议员外，极为人们所赞成。从这一日开始，中国就没有议员了。至于那个反对我的议员李燮阳，我也不再听见他的大名了。

新政权建立之后，他们除了强迫曹锟解散那个选他为总统的国会外，又强迫曹锟下令免去吴佩孚本兼各职，即日停止战争，并令组织新内阁。译注：曹锟下令停战系10月24日事。冯玉祥回师北京后，曹即派国务总理颜惠庆亲往北苑，征求冯玉祥对时局的意见。冯提出三项要求：一、颁停战令；二、惩主战人物及附和者；三、召集各省代表会议，共决时局。曹锟就召集一部分阁员会议，下令停战，并免吴佩各职，派为督办青海垦务。10月25日，曹锟被困于总统府，阁员星散，这时候，他仍然没有退位之意，寄希望于吴佩孚能率大兵反攻入京也，后来听到各路兵大败，知道没有希望，才于10月31日选派与冯玉祥接近的黄郛代理国务总理。11月3日，曹锟通电退职，并将大总统印移送国务院，由院摄行总统职务。

风头不妙顾维钧开溜

阁员中那几个与直系有密切关系的人，看见风头不妙，认为非换换空气不可。其中一个就是威灵吞·顾博士译注：指顾维钧，这个外交总长逃入东交民巷使馆区托庇外国人凡数星期之久，后来靠他的一个加拿大籍朋友的帮忙，乘汽车逃出北京到了天津。这个博士虽然到了天津租界，但他仍然寝食不安，恐怕迟早会被追踪而将他拘捕，于是住了一个短暂时期，又乘轮船到了英国的租借地威海卫，托身于英王的权力下，保全其生命。他选择这个英国租借地为避难所是颇为有趣的。因为当他做外交总长的时候，刚在政变前不久，他和英国的驻华使节谈判关于归还威海卫的问题。但谈判的结果，暂告失败。现在他应该为自己庆幸，如果当日谈判成功，英国把威海卫交还中国，恐怕他有失去乐土之虞了。

新内阁是一个小型的内阁，每一个阁员都兼任两个总长或两个以上的职位。内阁总理是黄郛将军，外交总长是王正廷博士。译注：现在将摄政内阁的各部总长列下：外交王正廷，交通黄郛（兼），财政王正廷（兼），陆军李书城，海军杜锡珪，司法张耀曾，内务王永江，农商王乃斌，教育易培基，参谋总长李烈钧。兼职者只黄郛、王正廷二人耳。上述九个阁员中，除王永江、王乃斌

黄郛（1880—1936）

冯玉祥（1882—1948）

为奉系，以及李书城、李烈钧、易培基三人由于临时配搭者外，其余四人，尽皆是北洋军阀政权下积极活动的政客。庄士敦说每个阁员都兼职，盖非事实。

冯玉祥逼宫的一幕

紫禁城由黄昏入黑夜

在这个时期，紫禁城里的气氛日渐恐怖了。瑾太妃死后，宫里在办她的丧事，如果在平时，丧礼必定大事铺张，但现在却无形中受到了限制。驻扎在景山孙岳的军队，渐渐撒野了，他们故意留难出入紫禁城的人，有人告知我，孙岳的军队每日都滋事，意在找寻借口，以便引起纷争。

11 月 2 日星期日，黎明后不久，逊帝就召我入宫开会，我到了养心殿，见到荣源（逊帝的岳父）和郑孝胥已先在座了。他们一致相信冯玉祥正在动念头，来另一次突然的行动，其目的就是针对逊帝。我们讨论用什么最好的法子把皇上立即撤出紫禁城，走入东交民巷的使馆区。但通往紫禁城的每一道门都有军队严密地把守着。据我个人观察所得，把守着神武门的皇室卫兵已撤入神武门内，而孙岳的军队则已在神武门外守卫着了。

逊帝交给我一捆很重要的文件和一包贵重的物品，让我找个安全的地方存放。后来我把这些东西放在汇丰银行。

不久后我又回到紫禁城里，因为我要亲往端康太妃的灵前致祭。祭完后，我到逊帝的住所，向他报告那些贵重的东西已经存放在很妥当的地方了。他打开柜门，拿出一个小匣子，揭开匣盖，里面满是珍珠宝石的戒指。他笑着说："这些东西都是端康太妃的，如果仍然留存在她的寝宫里，一定会全部被人偷光。你就挑选一个留为遗念吧。"于是我便选择了一只绿玉戒指。

11 月 3 日，我又到紫禁城去，这时候紫禁城的气氛大不如前了，有种鬼气森森和孤零零的景象。大多数的办事人不是躲起来就是溜走了，有些人则忙于办理端康太妃出殡的事情。

星期二那天是 11 月 4 日，我和逊帝一同进午膳，饭后，我们同往储秀宫看皇后，然后到御花园养性斋，我们商量逃出紫禁城的方法。本来郑孝胥已想到了一个法子，我们都认为可行，决意在下一天实施，逊帝化装逃出紫禁城。

紫禁城中那长长的黄昏时期，现在沉入黑暗之域了。

慌慌张张直闯紫禁城

11 月 5 日，星期三。我正在吃早餐的时候，有电话找我，这次的电话通了，我听到对方的声音很是慌张，但立刻认出他是载涛贝勒。他给我的消息虽然是在我的意料中，我不觉得奇怪，但也使我极度不安。他说，冯玉祥的军队已开入紫禁城，占据神武门了。他们不让任何人出入。皇上的电话线已被割断。没有人知道皇上的情形如何。他问我可否陪他同往神武门，设法进入宫里。译注：利用外国人势力保驾，这倒是个好方法，载涛以为外国人是天之骄子，什么都办得到，中国人遇事都给他们面子也。

不到十分钟，载涛自己开着汽车到我家中，他一直把汽车开入院子，下了车，就把车子停在那里。他愿意坐在我的车子里同往紫禁城。我连忙开了汽车和他同往，不消几分钟便到了神武门，但三道大门都关闭着，并且有军士严密把守。我的汽车在景山前就被拦下了，一个军士上前查问。我拿出我的中文印成的名片给他看，并对他说我是有权进入紫禁城的。他拿了我的名片去请示他的上司。在他离开我们这两分钟里，和我同车的那位涛贝勒很激动地对我说："如果他们让您进去，您就对他们说我是您的仆人。"

他说的这句话留给我的印象毕生不能忘记。他的内心依违于两种感情之间——他生怕一进目前这个危险的紫禁城生命便有危险，但他又想到如果能拯救他的皇上，他也愿意冒生命之险一试。他希望可以假称是我的跟班随同入紫禁城，而不会被守军看出他的真面目。

满族的天潢贵胄一向是自尊自大的，而这句话竟出诸一个贵族之口，可见其内心之痛苦。如果那个不可一世的康熙皇帝或乾隆皇帝眼见他们的子孙——这个子孙，他的哥哥是皇帝，侄儿也是皇帝——为了要偷入他的祖先征服了的紫禁城而不惜冒充洋鬼子的仆从，不知作何感想。慈禧太后在庚子之役也是要把洋鬼子尽行逐出中国之外的，她在九泉之下如果知道她的子孙中有一个人说过这样的话，她又不知作何感想了。

向外国公使团请援助

我们等了不久，那个军士回来了。他说，上头有命，无论什么人都不许入紫禁城一步，我也不例外。司令部发出这个命令，要强制执行的。

我们把汽车开走，载涛哭着说："我们怎么办呢？"我对他说："我们现在只有一条路好走，那就是去使馆区请那些外国公使们设法保护皇上。"

荷兰公使欧登科是公使团的领袖，因此我们就去荷兰公使馆。我们刚到，就看见英国公使麻克类爵士（Sir Ronald Macleay）正从公使馆的石阶步行下来。我连忙上前对他说有很要紧的事情，请他和我们一起去见欧登科公使。几分钟后，我们四人同在荷兰公使的书房圆桌前坐下来谈话了。

荷兰公使和英国公使都不知道今早紫禁城发生的事情。我只把情形略告知他们。他们略为讨论一下才给出具体的建议。结果是由这两个公使本日下午去见外交总长王正廷（新任的外长），向他提出意见，不可对逊帝人身有什么粗暴的行动。同时，他们又邀请日本公使芳泽谦吉同往见中国的外长，日本公使同意了。

北京城内谣言满天飞

在这个时候，北京城里的满族贵族大为恐慌。谣传紫禁城里大开杀戒，逊帝和两个太妃都死了，国民军要搜捕皇族人员尽行杀光。在此谣言

溥仪站在紫禁城屋顶上

广播期中，很多上层的满族人——王公贵族和他们的妻妾儿女等——都跑入东交民巷使馆区，暂时住在德国公使馆丢空的兵营里。我到那儿看望、安慰他们，同时在等候那三个公使往晤中国外交总长的结果。

当我仍在使馆区的时候，谣言已为事实粉碎。所谓逊帝遇害、杀戮皇族等事情，完全不准确。就在这天的下午，他已被逐出紫禁城，由国民军陪伴着到他父亲的醇亲王府了。

逊帝没有死的消息已传遍北京，那班走入东交民巷避难的贵族就放下了心，知道国民军举动文明，没有加害他们的“皇上”，于是有大部分人已分别回家，但有些胆小的还不敢公然回去，恐怕被国民军屠杀，找着汉族朋友，暂时住在汉人家里，避避风头，看情形怎样再做打算。

我虽然很想立刻见到逊帝，把在使馆区所办的事情告知他，但我仍然留在使馆区，静候三位公使见王外长的结果。

本来我是先向欧登科公使请求的，而最先给我交涉消息的也是他。他说，他和那两位公使同访王正廷博士，探询国民军入紫禁城的消息。他们同时又请求民国政府保证逊帝及其家人生命的安全。他说，王博士初时对于他们这样的询问，表现出傲慢的态度，不想多说，后来才暗示，这是中国的内政，并非国际事件，无须外国人干涉。三位公使说，为了“人道主义”，他们有权知道逊帝是否有受到虐待。假如有的话，他们的政府一定会觉得很不高兴。

王正廷觉得三位公使的态度有点强硬了，知道不妙，连忙改变口风，向他们保证逊帝并没有危险，也没有人苛待他，他的自由绝对没有受到限制。王博士对他们说，中国人很久以来就要求修正清室优待条件，取消皇帝的尊号，“溥仪”应该做个平民。新内阁为了顺从人民的要求，现已准备一个修正优待清室的条件，这个新条件就在今天交给“溥仪”，要他接受了。译注：关于溥仪出宫的一般情形，《我的前半生》有详细提到，我不再在这里引述为读者参考，但却很愿意引台北“故宫博物院”一个老职员那志良的记载。那君自1925年故宫博物院成立时即参加工作，现在台湾。1957年他著有《故宫博物院三十年之经过》一书，今摘录于下：

溥仪出宫的详细情形

民国十三年十一月四日深夜，摄政内阁举行摄政会议，决议清废帝宣统，即日迁出皇宫，这实在是代表大多数国民意愿的措施。负责执行这项任务的是警备司令鹿钟麟、警察总监张璧，并请李煜瀛做国民代表，会同办理。十一月五日上午九时，警卫司令部先派出军队，到神武门一带，把驻守该地的警察改编资遣。这里的警察，共有四队，每队约一百二十多人，驻守在神武门护城河的营房里。这次的编遣工作，到十二时就全部完毕。神武门一带的警卫责任，正由警卫司令部接收的时候，警卫司令鹿钟麟、警察总监张璧及李煜瀛诸人，也就会同清室内务府大臣绍英，在上午十时去见溥仪，要求他即日废去尊号，交出宫廷印玺，并迁出皇宫。到下午三时，溥仪和他的

清室善后委员会查封宫殿所用的封条

夫人、亲属等，乘汽车出宫，迁到什刹海的醇亲王府里去。溥仪出宫之前，交涉情形，当然是费了若干周折的。不过，情势所迫，他自然是非迁不可了。出宫之后，还留下不少的问题，在清室方面的，主要是瑜、瑨两太妃的拒绝迁出；在社会上的，是一般前清遗老与复辟党人的抗议。清室方面的问题，很快就解决了。十一月十八日，北京出版的《社会日报》，对此有综合性的报道说："关于清室之善后事宜，中外人士，非常注意。兹将昨日所得消息，报告于下：一、清室所有之警卫队，业于昨晨解散完毕，现由鹿司令派所部步兵代任警卫之责。二、溥仪夫妇及瑜、瑨两妃之应用器具物品及衣服等，已次第由清室运送出宫。三、藏于库内之元宝银，昨日下午一时，由双方委员共同监视，先将藏于里库者过秤，计秤得该库银两共六千三百三十三斤，合十万一千三百二十八两。秤毕，佥以该元宝均镌有福禄寿喜字样，每颗均重达十余斤，确系当时清帝用以为犒赏之用者，遂议留数颗，为将来陈列之用，其余悉数发还。当即由鹿司令饬兵当众代为装包，每包装讫，即书明数量于其上。俟全部装讫，即由鹿司令派兵百余人，并由双方派员监押送往清室所指定之盐业银行。事毕，清室代表因士兵劳苦，请以一千两为犒赏搬运银两兵士之用，但鹿司令则璧还之，谓此事乃吾人应为之事，无犒赏之必要。清室代表因强之至再，终不允受，乃致感谢之意而退。至于外库之银两，其数稍少，截至下午五时，尚未秤毕，此则须容明日再行报告矣。四、瑜、瑨两妃前此之所以颇踌躇于出宫，盖恐物品钱银，不易携出，现因政府方面，对于非古物之物品及金钱，无丝毫留难之意，遂决计择于阴历十月二十五日出宫，现已以此意令清室代表转告鹿司令矣。……到十一月二十一日，瑜、瑨两老妃出宫之后，迁到北京宽街大公主府里。溥仪出宫问题，才算暂时告一段落。

这里所指的“大公主”是恭亲王奕䜣的长女，同治初年，慈禧太后假传咸丰帝遗命，说是大行皇帝在世之日，屡欲抚养恭亲王之女为己女，今仰承先帝遗志，封恭亲王之女为大公主云云。皇帝中宫之女封为大公主。大公主的驸马志端早死，她很年轻就守寡，大约在民国二十年后才死去。画家溥心畬是她的胞侄。

这就是外长王正廷博士所说的那一天上午在紫禁城里发生的情形，而我所得的也只此。王博士没有提到逊帝离开紫禁城后的情形，也没有提到他离开后冯玉祥的军队把他当作囚犯一般看待，因为王博士和三位公使会面时，逊帝仍然在紫禁城里，或是刚刚离开。

“关门皇帝”变为“溥仪先生”

醇亲王惊慌得团团转

我在荷兰使馆从欧登科公使口中获知逊帝生命安全的消息，使我心头略慰，于是便从使馆区开了汽车直往醇亲王府。是否准我入内，就要看事实了。这时候天色已晚，路上很是黑暗。到了醇王府门前，只见冯玉祥的军队把守着大门，朱扉紧闭。我的汽车驶上前，一个军士走到我的车旁，我把我的名片交给他，对他说醇亲王请我见面。等了不久，大门开了，让我的汽车直驶入里面。我下了车，立即认出王府里那几个我熟悉的仆人，他们对我说逊帝正在等候我哩。

逊帝在一个大客厅里见我，厅里早已挤满了王公贵人和内务府官员。这堆人中，只有逊帝一人最为镇定，丝毫没有紧张焦急的表情，他见我进来，以友好的微笑来欢迎我。译注：溥仪著《我的前半生》有引庄士敦这本书所说他入北府见溥仪的情形，现在转引于此，以便读者参考。

> 他（指他的父亲醇亲王）比我还要惊慌。从我进了北府那一刻起，他就没有好好地站过一回，更不用说安安静静地坐一坐了。他不是喃喃自语地走来走去，就是慌慌张张地跑出跑进，弄得空气格外紧张。后来，我实在忍不下去了，请求他说：“王爷，坐下商量商量吧！得想想办法，先打听一下外边的消息呀！”“想想办法？好！好！”他坐了下来，不到两分钟，忽然又站起来，“载洵也不露面了！”说了句牛头不对马嘴的话，又来来去去地转了起来。“得打听

> 打听消息啊！”“打，打听消息？好，好！”他走出去了，转眼又走进来，“外边不，不让出去了！大门上有兵！”“打电话呀！”“打，打电话，好，好！”走了几步，又回来问，“给谁打电话？”

溥仪这一段描写他的生父那种惊慌没用的神态很为精彩。接着他就译庄士敦书中描写的那个情形，现在也摘录于此：

> 庄士敦在他的著作里曾描写过那天晚上的情形：皇帝在一间大厅里接见了我，那间屋子里挤满了满洲贵族和内务府的官员。……我的第一个任务是说明三位公使拜访外交部的结果。他们已经从载涛那里，知道了那天早晨我们在荷兰使馆进行了磋商，所以他们自然急于要知道和王博士（正廷）会见时的情形。他们全神贯注地听我说话，只有醇亲王一人，在我说话的时候不安地在屋里转来转去，显然是漫无目的。有好几次忽然加快脚步，跑到我跟前，说了几句前言不搭后语的话。他的口吃似乎比平时更加厉害了。他每次说的话都是那几句，意思是“请皇上不要害怕”——这句话从他嘴里说出，完全是多余的，因为他显然要比皇帝惊慌。当他把这种话说到四五次的时候，我有点不耐烦了，我说：“皇帝陛下在这里，站在我旁边，你为什么不直接和他说呢？”可是他太心慌意乱了，以致没有注意到我说话的粗鲁。接着，他又漫无目的地转起圈子来。……

逊帝对我谈出宫经过

逊帝带我到他的私室里，我们安详地坐下来谈话。他的态度显得还是那么高贵而又泰然自若，他对于在外面大厅上那班人惊惶失措的举止，大为鄙视。

关于逊帝离开紫禁城的经过，后来内务府的官员详详细细对我说了。据说，那天早上大约九点钟左右，冯玉祥手下的鹿钟麟到了神武门前，他

载沣（左一）、溥仪（左二）、溥杰（左三后）、溥任（左三前）在醇亲王府花园

命令军队将紫禁城的警卫解除武装，然后留下一队军士在神武门外收集枪支，并禁止未经准许的人出入，鹿钟麟和北京文化界名人李石曾进入紫禁城，叫几个已解除武装的警卫带他们到内务府。他们到了内务府，就要求见“溥仪先生”。有一个侍从对他们说，皇上在皇后宫里。他们就大声大气用挑衅的语气说，他们来叫“溥仪先生”和他的妻子、两个太妃在三小时内离开紫禁城。“如果他们再事耽搁，有什么事情发生我们就不能负责了。”

于是他们拿出一件公文交给内务府大臣绍英，叫他立刻交给“溥仪先生”，要他接受修正的优待条件。这些条件是没有商量余地的。修正优待条件的条文开头的一段，用逊帝的语气说他自愿修正的，现在将其译为英文如下：译注：我现在省去译文，将原文录此，以符真相，因为从英文再译成中文，必定走样的。

修正的清室优待条件

今因大清皇帝欲贯彻五族共和之精神，不愿违反民国之各种制度仍存于今日，特将清室优待条件修正如下：

第一条　大清宣统帝即日起永远废除皇帝尊号，与中华民国国民在法律上享有同等一切之权利。

第二条　自本条件修正后，民国政府每年补助清室家用五十万元，并特支出二百万元开办北京贫民工厂，尽先收容旗籍贫民。

第三条　清室应按照原优待条件第三款，即日移出宫禁，以后得自由选择居住，但民国政府仍负保护责任。

第四条　清室之宗庙陵寝永远奉祀，由民国酌设卫兵妥为保护。

第五条　清室私产归清室完全享有，民国政府当为特别保护，其一切公产应归民国政府所有。

中华民国十三年十一月五日

这件公文是中华民国十三年十一月五日由摄政内阁所发的。

上面也有鹿钟麟和京兆尹王芝祥、警察总监张璧的名字。内务府大臣接到这个公文吓到作声不得，连忙送给他的主人，但他的主人比他较为镇定，一点儿都没有恐惧。现在最麻烦的问题就是那两位年老的太妃了。据逊帝对我说，两位太妃拒绝出宫，她们说如果国民军用强把她们赶出紫禁城，她们只好自杀。译注：起草修正清室优待条件的人是当时的司法总长张耀曾。其中第三条原文是“清室应即日移出宫禁……”黄郛在“应”字之下、“即”字之上加“按照原优待条件第三条”，见《黄膺白先生故旧感忆录》张耀曾所作《一个强健而中和的政治家》一文。

最后一次经过神武门

逊帝和皇后只拿一些个人的物品——鹿钟麟等人不许他们多拿东西——步入御花园，在花园之北，他们的汽车停放着。他们上了汽车，没有权利选择他们所要去的地方，恰恰和摄政内阁的指令里的修正优待条件中所说的，他是民国的一个自由的公民“以后得自由选择居住”相反。译注：溥仪《我的前半生》说，他离开紫禁城，“决定先到我的父亲家里去”。而庄士敦在这里却说溥仪被鹿钟麟等人押往醇亲王府。我相信溥仪说的是真话，鹿钟麟除了不许他入住东交民巷的使馆区外，他要住到什么地方就什么地方，并无限制，而溥仪自己选择北府，也是很适当的。

他们分别上了汽车，每一车子只限一个随从陪着，一个兵士坐在司机旁边，另外两个武装兵士站在车门外的踏板上，以资保护。车子一开出神武门——也许就是他们最后一次了——随后就有装满军士的车子跟着，加入队伍而去。汽车很快开过了景山，经过我的住宅，出后门，本来出皇城这一道门平时是关闭着的，只有在逊帝经过时，仍援旧日之例，开放给他行走。译注：此亦待以君主之礼也！现在使逊帝第一次感觉到无此尊荣了。他们显然是要教训这个“溥仪先生”，提醒他，你也不过是个平民而已，与中国其他平民并无任何分别。

北府是逊帝父亲的私邸，在此种情形之下，以北府为逊帝居停，实非逊帝本人所愿。因为这个地方在城北，距离北京城中区约三英里之遥。他所要住的应是使馆区，但这是鹿钟麟等人不肯让他去的。

他到了北府之后，仅仅在一小时内，逊帝就觉得自己变成一个被软禁的人了。他要试验一下是否有自由，就吩咐备车，他要出门兜兜圈子。在这个时候，醇亲王府原有的警卫已被撤换，改以国民军守卫了，他们听说逊帝要出门游玩，便说他们奉令保护，“溥仪先生”最好留在家里，不要出门。

由盛而衰的“醇亲王府”

逊帝向我说到以上各情形之时，是晚上大约八点钟的时候。我问他要不要我也住到北府陪伴他，初时他很欢迎，但沉思一下后说，我最要紧的任务是和外国公使保持联系，他还是希望我回到使馆区里。我临行时，他对我说：“我们明早见，请你告知外国人今日所发生的各项事情吧！”译注：旧日北京共有醇亲王府三座，第一、二座是就原有的王府改成的，第三座是宣统登基后，隆裕太后下令为摄政王载沣另造一新王府，而以宣统诞生的那个王府升为潜邸，封闭起来。于是选定在西苑三海集灵囿紫光阁一带，大兴土木，造摄政王府，但未落成即垮台，后来勉强完成，一切均极简陋。民国二十年前后，北平市政府即设于此。最先一座醇亲王府，在宣武门内太平湖东岸，康熙年间，为克勤郡王岳托第三子喀尔楚珲的宅第；乾隆时，又赏给皇五子永琪，永琪封荣亲王，是亦一荣府也。永琪子绵亿，降袭郡王，死后，其子奕绘袭封贝勒，他就是著名女词人西林春的丈夫，奕绘之孙溥楣，于咸丰七年袭封镇国公，公爵和亲王、郡王地位悬殊，爵位和府第不相称了，因此溥楣就要迁出荣王府，由政府给他换一所规模较小的府第，把原来的王府赐给新近封王的人。咸丰九年，十九岁的醇郡王奕譞，奉旨和懿贵妃的妹子结婚，依例要先行分府出宫，便把荣王府赐给醇郡王（醇郡王即后来溥仪的祖父，懿贵妃即后来的慈禧太后）。清朝制度，皇子成婚后，有暂住宫中暂不分府的，也有封爵即分府的。这些由皇帝赏赐的府第，完全属于朝廷所有，而非属于个人。例如因功而封的亲王，世袭罔替，所得的赐第，子孙辈辈是亲王，当然可以辈辈子孙住下去，除非因犯罪夺爵，经朝廷收回，例如开国的礼王府、郑王府等。至于恩封的亲王，照例儿子就要降袭郡王，孙子降袭贝勒，从一等降到第十二等奉恩将军为止。所以最多住两三辈或三四辈，爵位就和这所王府不相称了。这时候，又一代皇帝的儿子封亲王，又要分府，爵位和府第不相称的，就要腾出来让"贵"了。奕譞分得荣王府后，荣王府改为醇王府，光绪皇帝诞生于此。光绪十四年，醇亲王问西太后，应否依照潜邸之例恭缴。西太后下令，将贝子毓橚府第，赏给醇亲王，并赏银十万两为修理费。又将半壁街空闲府第一所，赏给毓橚居住，赏银一万两为修理费。于是太平湖的醇王府就迁到什刹海的毓贝子府，这是第二座醇王府，宣统皇帝就是诞生于此，1924 年他出宫后，鹿钟麟陪他到了这里的。这所贝子府在一百八十年前，也曾有一个满族著名词人纳兰成德居住过，原来它是康熙年间大权臣纳兰明珠的私第，后因事抄家，宅第没收入官。到乾隆帝第十一子永瑆封成亲王（即著名的书法家），分府的时候，分得此府，此后即为成亲王府。永瑆不是世袭的亲王，传到他的六世孙毓橚，已从亲王降袭贝子，便没有资格住这样大规模的府第了。这所王府在城北的什刹海，因它在皇城之北，人们就称它为北府。北府这一个大建筑群，分为两大部分，大殿和内寝等这一部分在东边，一座大花园在西边，花园的地方也很大，它的池塘是奉旨特许吸后海的河水入内灌注的。北京城里大住宅花园的池塘，因当时还没有自来水，春秋两季都要吸井水灌注，夏季则利用雨水，只有恭王府、醇亲王府，还有一个贝子府的池塘享有引河水入内城灌注的特权。花园的构造很好，靠着园墙都是土山，山上有石有树。园中的水面分布是前半部有一塘，是不规则的圆形，塘的四周，山石泊岸，岸上有垂柳，回廊直通到北面五间抱厦和正厅。正厅的后面有戏台，正面是看戏的五间厅，厅中有小台，可供曲艺等小型表演之用。最后一层是一座临溪的楼，面对后山，溪水是从东边跨水建造的廊下引过来的。其他轩、馆、台、榭的结构，花木竹石的布置都是很出色的。北京的王府，醇、恭两府皆极著名，尤其是它们的戏台设备，奕䜣奕譞都是京戏迷，醇亲王曾设过一个戏班，名叫小恩荣科班，专习弋腔，但也偶唱昆曲。醇亲王的圈地，多在直隶高阳县境内，科班中的童伶，即取其地丁家的子弟充当。奕譞死于光绪十六年，小恩荣科班即解散，伶人各归故乡（醇亲王死时，载沣只不过八岁的小孩，虽袭王爵，但未懂声色），传授子弟了。什刹海的旧醇王府，现在由中共中央卫生部等几个机关使用，而最末的一代醇亲王载沣，则于 1951 年死于天津，并未死在他的"王府"里。

末代皇帝的悲剧之路

我来不及向醇亲王辞行，即走向大院子里，上了我的汽车。外面的门已经关闭了，我叫门，他们才把门打开，但在我出门之前，有个警官走上前把汽车里从头到尾搜查一遍。此举显然是以为逊帝会躲在我的毛毯下面，由我偷运出去。

我在使馆区差不多逗留了两个钟头才回家里去，一方面，我深为清王朝庆幸，蚕食它的那个内务府已垮台了。我一向都希望逊帝能摆脱内务府那班人的包围，自由做人，现在可实现了。不过，这次的事变，纯出于被动，而非逊帝本人的请求，实在不能不令人有遗憾。我孤零零地独自一人坐在书房里胡思乱想，想到我在颐和园那些快乐的日子，想到几小时之前和我道别的那个皇帝也走上了历朝末代帝王所走的悲剧之路，又想到我一向所希望的好像冯玉祥已做了的事情，竟然在今日发生。

这就是 11 月 5 日在中国发生的事情。——这一天，在紫禁城上徘徊了十三年的黄昏，终于转入黑沉沉的夜晚了。

少年醇亲王

逼宫的人们骂我是“坏蛋”

外国人不许进入北府

11 月 5 日深夜，我回到家里的时候，发觉家中的人个个情绪都非常紧张。因为他们听到许多有关紫禁城的谣言，又因为我出门一整天没有回来，自然不免担心，更增加他们的恐慌了。他们对我说，外边整日有警察和便衣人员监视着我的房子，有中国朋友来访都不许入内。后来我查出，来访的中国朋友中，有一位名叫傅泾波。他一向是关心我的安全的，他来找我，就是要再度向我警告，我眼下有极大危险。

如果这位中国朋友听说的危险真的存在，则也许是这次政变前数星期所发生的事情了。现在逊帝被逐出紫禁城已成事实，清算他的外国师傅之举（我被他们认为是驱逐逊帝出宫的阻力）已不存在了。但不久后，我发觉我为了逊帝而请外国公使干涉，引起他们极端不满。11 月 6 日早上我驱车到醇亲王府，到了大门前，卫兵对我说绝对不许我进入。如是我又和逊帝不相见达三星期之久。

在初时，除我之外，还有若干人不许入北府见逊帝。在 11 月 6 日与 7 日之间，除了醇亲王的若干亲属外，不准别人进出一步。但在这两天以后，我的中国同事译注：指那几个师傅和郑孝胥、绍英也准许入内了，但仍然对我“另眼相看”，绝对不许进入北府。我个人抗议（同时逊帝也抗议）的结果，所得的答复是所有外国人皆不许进去。

那班搞政变的人恨我入骨，他们认为我拆穿他们的西洋镜，指出逊帝同意修改优待条件是被迫的。他们原要向世人宣布的是一切皆出于逊帝的自愿，他们对逊帝并没有施以肉体、精神上的威胁，修改优待条件也是双方在友好态度下进行的。他们利用受津贴的报纸（中英文皆有）来宣传；他们不仅以此宣传使中外人士相信他们的话，并且也在引诱皇族人员等信以为真。

但这个巧妙的宣传，立刻被三位外国公使向“外交总长”王正廷公开抗议粉碎了。其实中国人都不相信冯玉祥此举乃是为了“紫禁城里的俘虏”的利益，相信冯玉祥的谎言的人，只有冯的一些教会朋友，他们极端崇拜这个英雄，顽固地不相信冯玉祥对基督是存心利用的。

这样崇拜冯玉祥的外国人中，有一个牧师名叫高霍士（Mr. Goforth）。据说，他听到人家说冯玉祥“赤化”了，就不假思索地说：“可不是，他是赤了，是耶稣的血染成的。”但不久，冯玉祥在军事上失利，远走莫斯科，据胡适博士说，他用中国毛笔画了很多列宁的遗像。从此之后，外国传教士中人，对这个“基督将军”的热情便渐渐消失了。

摄政内阁的一张名单

北京新政权上台之后，他们就很小心地准备好一些口实，以为驱逐逊帝出宫的理由。他们说冯玉祥和他的同志们恰恰合时地打击了复辟党危害国家的阴谋。这时候，张作霖既和冯合作，他们就不便说张是复辟阴谋的领袖，反而将主角一职栽在被张打败的吴佩孚身上了。其实吴佩孚和张作霖两人虽然是民国的职官，但他们的内心是倾向于复辟的，尤其是张作霖对复辟更有热情。但如果说逊帝本人亲自参加复辟阴谋，则全非事实。复辟党人一向是小心翼翼地尽量避免把逊帝拉进他们的圈子里面的。此无他，目的在于不想拖累他们的“皇上”而已。

现在我们再来看看那个清室优待条件。当日草拟这个条件，与其说是为了民国和清室的利益，毋宁说是为了另外其他人的利益为多。袁世凯批准这个条件，实在是欺骗民国和清室的把戏。我们且不论这个条件是条约与否，清室与民国是否有权去取消它抑或修正它而不必征求对方的同意。

我在本书里曾说过，如果民国当局用适当的手段和逊帝商量修改，逊帝必定乐意答应的。但是，如果用暴力去威胁一方，假非法的内阁传失去自由的总统的指令去办理修正事宜，这就不对了。

大总统于 11 月 5 日发出的修正优待条件的指令，据我所知，从未以中英文字发表过，因为这件公文是一个值得宝藏的历史珍品，内务府的人曾送给我一份，现在我把原文复印于此。

这一文件是用大总统曹锟的名义发出的，但曹锟已被软禁在他的私邸之内，失去一切自由，是把他囚禁起来的人威胁他发出这个指令的。指令说派鹿钟麟、张璧和清室交涉修正优待条件。但所谓“交涉”，却并没有这回事，修正的条文，已由“内阁”拟好，带往紫禁城，他们干脆地通知内务府，这些修正后的优待条件，就是代替了 1912 年所订的那一个。

当时黄郛的摄政内阁，其阵容如下：

国务院总理：黄　郛
陆军总长：李书城
司法总长：张耀曾
财政总长：王正廷（兼）
外交总长：王正廷
内务总长：虚悬无人
海军总长：虚悬无人
教育总长：黄　郛（兼）
农商总长：虚悬无人
交通总长：黄　郛（兼）

这个内阁名单中有一件事是颇有趣的，其中有两个阁员分别兼任四个总长职位，而内务、海军、农商三个总长竟然找不到人担当。译注：中国的官是不忧没有人做的。其实内务总长已定为王永江，但他还未入京就职，以次

大總統指令

派鹿鍾麟張壁交涉清室優待条件修正事宜此令

中華民國十三年十一月

國務院代行 國務院總理黃郛

陸軍總長李書城

司法總長張耀曾

財政總長王正廷

外交總長王正廷

內務總長

海軍總長

教育總長黃郛

農商總長

交通總長黃郛

摄政内阁名单

长薛笃弼代理部务。薛早在颜惠庆内阁中以次长代理部务，现在不过蝉联下去而已。海军总长是杜锡珪。农商总长是王乃斌，未就职前由次长刘治洲代理。刘薛二人皆冯玉祥旧部。教育总长也非黄郛兼任，乃是易培基署理。当日黄郛请李石曾做教育总长，但李石曾荐易培基自代。黄郛本是曹锟总统任内颜内阁的教育总长。庄士敦这张名单大概从内务府那里拿到的抄本，显然有误。

最奇怪的是清室及其有关人物皆不承认这一修正条约，他们认为民国元年双方所订的仍然有效，因此逊帝的尊号依然存在不废，虽然这是大大违背他以前的愿望的。

逊帝左右的人相信，冯玉祥此举在挑拨北京人士对逊帝发生恶感，使北京人尽行反对他，这种倾向，我们早在学生群中已经看出了。这班学生都是激烈分子，他们受到共产主义影响，对逊帝是极端憎恨的，但北京一般民众，对逊帝并无恶感，因此，冯玉祥要唤起民众来反对逊帝的计划归于泡影了。

两个混账东西造谣言

胡适博士对于摄政内阁修正优待条件之举，极为不满，他有一封信给外长王正廷发表他的意见。他认为修正应出于双方谈判达成协议后，然后双方签字，才能说是平等，如果片面拟好了条文，交给对方，叫人接受，这是说不过去的。胡博士的信说："这是民国的一项不名誉的举动。"译注：后来胡适和徐一士会晤时，曾自认他的看法错误，他也赞成冯玉祥、黄郛此举，谓如不是这样用迅雷不及掩耳的举动，终于办不成事。见《国闻周报》。可惜庄士敦没有见到——也许见而不肯引用，还死抱着胡适的谬论来壮他的声势。

北京政府修正优待条件之后，满蒙王公和很多遗老都纷纷反对，因为满蒙王公中，有很多是颇有地位和势力的，他们的名号，依附于优待条件，修正后的优待条件，逊帝既放弃皇帝尊号，他们的亲王、郡王、贝子、贝勒、公、侯、将军等名号，不是也随之而去吗？蒙古和西藏并没有参加辛亥革命，反对清朝；但他们对民国废弃逊帝尊号及修正优待条件都表示不同意。

我在上文曾提到曹锟时代的阁员顾维钧博士逃入东交民巷一事。这个威灵吞·顾和新"政府"的外交总长王正廷势不两立，他们在政海中此起彼伏，有如参商二星。我和顾博士只是略为认识，没有什么交情。但在11月政变这半个月中，我和他同被冯玉祥、黄郛的集团骂为坏蛋、专做坏事的人物。

1924年11月15日，北京一家《世界晚报》刊登一段消息，据说：北京所发生的种种不利谣言，都是这两个混账东西搞出来的。这两人，一个是威灵吞·顾博士，一个就是我。《世界晚报》说，顾博士与我和一家"英国报纸"及一家"英国通讯社"勾结，供给它们情报，近日政变，顾的

顾维钧（1888—1985）

“饭碗”（指他的外交总长职位）打破了，溥仪那个英文教师庄士敦很不高兴。于是，这两人就合作得更为密切，他们每日在东交民巷的六国饭店某号房间开秘密会议，制造谣言，意欲拆摄政内阁的台。他们制造谣言，供给英文《京津时报》发表。据说，这两个坏蛋是收受了吴佩孚死党齐燮元的大笔金钱贿赂，进行此项破坏工作。所谓“秘密会议”，无非又跟李燮阳所说“我介绍女儿入紫禁城给溥仪”同样的滑稽。

张作霖冯玉祥为清宫宝物失和

张大帅差点上了大当

我有理由相信，让冯玉祥逼宫的可靠消息到达沈阳传入张作霖耳朵的是英国人。据英国目击人所说，张作霖听到这个消息，大为震怒。他认为冯玉祥反戈，夺取北京都可以，但演出逼宫一幕，太不应该。因为夺取北京来发动政变，张本人也是冯的同谋者。但驱逐逊帝出紫禁城，撕毁优待条件，事前并没有和张商量过就实行，张作霖就忍无可忍了。

张作霖认为冯此举是不把他放在眼内。张和冯玉祥合作，暗中倒曹，打击吴佩孚，事成之后，张作霖就因为冯玉祥逼宫未先征求他的同意，对冯怀恨。有些愤世嫉俗的中国人说，张作霖之生气，一半是为了冯、黄等人冒犯了清室的威严，一半也是为了他们存心夺取清宫宝物。也许是张作霖觉得，就是逼宫驱走逊帝，接管清室宝物，加以保管，也应该是他本人，轮不到冯玉祥。译注：溥仪离开紫禁城后，北京当局马上组织一个清室善后委员会，由各界人士负责保管故宫文物，已见上述。现在我要附说几句的是张作霖也觊觎故宫宝物的。1928 年北伐军将打到北京，是年 5 月，张作霖打算退守关外，调动了数百辆军车，准备把故宫博物院的宝物择其贵重者全部运往沈阳。叶恭绰氏听到这个消息，连忙往见张作霖，故意问集中车辆在神武门前何故，张说出动机。叶故作着急状曰："大帅差矣！人家一向造冯玉祥的谣，说他逼宫盗宝，但没有确实证据，只是说说而已，现在大帅调用数百辆大车，公然入故宫搬取宝物，则将来人们就会说盗宝的人是张大帅，而不是冯玉祥了。"张闻言，恍然大悟，一迭连声说："我几乎上了大当，快把车子撤去！"这件事我在

1936年闲居北平时，遗老林贻书先生曾对我说过。1947年上海出版的《叶遐庵先生年谱》也曾提到。据此，我们可知张作霖对故宫宝物也垂涎三尺的，如果不是叶恭绰设计阻止，则故宫失宝一案的主角不是后来的易培基、李宗侗之流，而为“堂堂的张大帅”了。

使馆区里的一个故事

冯玉祥和他的同谋者受到共产党的鼓励程度如何，这件事外间也许知道得不清楚。东交民巷使馆区有一个故事，据说，有人问某著名共产党人物，对于逼宫的观感如何，他冷笑一声道：“这何足为奇，我们在俄国是懂得怎样对付皇帝之流的。”希望这个故事不会是真的吧。

一直到六年后，有人给我一个可惊的消息，这个消息，我想一定不会到达使馆区那班公使的耳朵里。对我透露这个消息的是一个官员，他是在军政界中占一颇为重要的地位的人物。

如果这个要人所说的话是真实的，那么，发动政变的冯玉祥、黄郛等人，其目的不仅在推倒总统、废弃议会政府、驱逐逊帝出宫、撕毁优待条件，并且认真考虑及讨论到要用武力夺取东交民巷的使馆区。我们须知道，使馆区是庚子义和团事变后订立《辛丑条约》规定，外国使馆有权驻军保护界内治安的，列强有此“权利”。译注：权利二字加以引号，是译者加上去的。洋人动不动就说他们在人家的国土有什么“权利”，甚至说如果他们在外国的权利受影响，就要“膺惩”人家，甚令人齿冷，此孙中山先生所以必欲废除不平等条约，而庄士敦之流之必欲永远保存不平等条约也！如果冯玉祥的军队进攻使馆区，则第二次的“义和团”事变必会重演，而各国驻军一定加以抵抗，于是中国和外国的军队就打作一团，结果中国必蒙受极大的祸害。后来这件事不致发生，也许是黄郛的“内阁”中还有些有头脑的阁员不以为然，结果此举就予以放弃或暂缓实行了。无论如何，这是中国之福。

瑜瑨两太妃挥泪出宫

从中国人的道德传统的眼光来看，对于紫禁城干扰得最不堪的一件事，无如逼那两个太妃即日离开故宫了。那时候，端康太妃（即光绪帝的瑾妃）的丧事正在办理中。她的死，无疑使冯玉祥和其同谋者在执行工作中发生困难，因为两位太妃不肯跟逊帝夫妇出宫，她们提出的大道理是端康太妃正在宫里置灵，丧事尚未办妥，她们怎能一旦舍去。后来太监向她们报告，如果她们不自动出宫，民国当局就要派军队把她们扶出去。她们听到这个可怕的消息后，立即表示，如果当局用强，她们宁愿自杀也不肯出宫一步。

两位太妃的自杀决定，无疑引起冯玉祥和黄郛"内阁"一班人的极大忧虑，因为如果一旦有此种不幸事情发生，北京人民和清室中人，必然引起极大骚动，这对于冯本人和"内阁"诸公皆有不利。他们见此路不通，立刻又另有办法，派鹿钟麟做代表去见逊帝，请他运用他的权力叫两位太妃自动离开。这一来逊帝麻烦了，他当然是不想为"基督将军"解决困难的。但他深知，如果两位老太妃真的拒绝出宫而自杀，则害死她们之责必归他个人负担，因为冯玉祥等人会埋怨他，说他拒绝劝太妃出宫，而引致她们自杀的。那时候，害死太妃们的不是冯，而是逊帝了。逊帝知道这是他的敌人栽赃的诡计，要他负害死两太妃之责，但又一时无计可想，经过一番考虑后，他对鹿钟麟提出交换条件，容许两位太妃暂缓出宫，待端康太妃出殡后，他负责劝她们离开紫禁城就是。

11 月 9 日，端康太妃的丧事典礼结束了，这日下午，皇家出殡大典，虽然节减一切排场举行，但也相当烜赫，太妃的金棺出了神武门，到鼓楼附近的一个庙宇停棺，为暂厝之所，等待将来移往山陵安葬。

两日后，那两位太妃也从神武门出宫，这是她们最后一次从此门出，永远不能再入紫禁城一步了。译注：她们被选入宫时，也从神武门入，只有皇后始能在大清门，从午门入宫也。仅有少数忠心的太监陪伴着她们离开紫禁城，迁往皇城之东的新居居住。译注：似系宽街大公主府，上文已引《故宫博物院三十年之经过》一书所说，但后来她们又迁居到麒麟碑胡同。两太妃住在紫禁城里数十年，过着恬静枯寂的宫廷生活，现在她们的家被拆散了。当她们离开紫禁城时那种痛苦情形是怎样的，除了对皇族中人和内务府人员吐露之外，从不对别人谈及，到了今日，她们都相继谢世，更不能谈到这件事了。

张冯之间彼此有心病

张作霖入关，并不急于马上到北京和他的同谋者冯玉祥相会。他只到了天津为止，望门而不入，一住就住了半个月。冯玉祥老大不高兴地从北京赶去见他。这两个军阀本来就面和心不和，但见面时仍然装模作样，作出很友好的样子，根据北京所传说，他们相会时，曾发生了激烈的争论，主要是关于逼宫和修改优待条件问题。因此，“基督将军”到天津后，并不被张作霖欢迎。同时，冯玉祥也不为段祺瑞所喜，当冯玉祥逼宫时，段祺瑞曾公开指责冯的不对，他以“民国再造元勋”自居，认为丁巳复辟之役，他在马厂誓师讨逆，把张勋打败了，当时的中国人，除了国民党外，都没有一个想要取消清室优待条件或驱逐逊帝出宫的，冯玉祥为何物，竟胆敢不和他商量一下而独行独断至此！译注：段祺瑞是憎恨国民党的，其对孙中山先生之无礼，人所共知。中山先生大殓时，他以“执政”之尊，不往向遗体告别；又在其私邸开国务会议，讨论褒扬中山先生之前，向阁员做私人谈话，诋毁中山先生，说中华民国不是他手创的。

段祺瑞不礼孙先生，不亲往行礼，托词洗脚后穿不上靴子，而派他的内务总长龚心湛做代表，当时已引起北京各界公愤，而这个龚心湛又是二十年前在伦敦侦查中山先生行踪、设法诱捕他入公使馆的一个特务。原来龚心湛的叔叔龚照瑗是驻英公使。中山先生生前扼于军阀，未能行其志，死后始能获得全国人民一致敬重，到民国二十二年，那个骂中山先生的段祺瑞，见国民党已得势，由北平到南京，1月23日离京赴沪久居，蒋介石亲送他登车，段恭维孙中山伟大，前倨后恭，令人齿冷！

段祺瑞要拉拢郑孝胥

冯玉祥回北京后，满肚子乌气，对人说他要辞去各项军职，解甲归田了。中国的文武“伟人”遇到挫折时，往往扬言下野，其实这都是他们的口头禅，却从未见他们履行诺言。

在这个时候，张作霖和段祺瑞快要从天津到北京了，新政府的领袖已定为段祺瑞。于是人们就纷纷揣测，黄郛的“内阁”会不会仍然继续存在。但不久后，这两个军阀到了北京，黄的“内阁”也就寿终正寝了。

新政府出现，就要组织内阁，我们对于政客组阁一事，没有多大兴趣，倒是有一事值得一说。段祺瑞做了临时执政之后，自有一番“新猷”，他和郑孝胥是老友，而且一向对他是非常钦敬的，段祺瑞竭力请他拉拢忠于清朝的官员入阁，这样便可以照顾到清室的利益。老段认为郑孝胥为了他的故君的利益，会很自然地接受的。但郑孝胥毫不犹豫地一口拒绝了。于是段祺瑞又想用强拉的手段，不管三七二十一，宣布郑为内务总长，以为郑一定会乐意接受，但段祺瑞这一招也不见成功。郑孝胥一向不想在民国政府做官，以后也不会。他不会事二主的。

溥仪由北府逃往日领馆经过

郑孝胥所记几段日记

段祺瑞是1924年11月22日入京的，接着，张作霖也在23日到了。老段入京，并没有一兵一卒，而张作霖也只有少数卫队保护他。

老段入京后，于11月24日宣布就“临时执政”之职。以大总统改为执政，是因为当时没有议会，自然无法产生总统，之所以改称临时执政，盖系临时政府性质，以待将来选举总统也。译注：吴廷燮的《合肥执政年谱》“民国十三年甲子条”下，记云：“十一月十五日，改推公为临时执政，入京维持大局。二十四日，公入京。二十五日，公就临时执政职，并宣言公布中华民国临时政府制。”庄士敦所记的日子正确，段干木入京系11月22日，而非24日，就职系24日，而非25日。吴廷燮治史学甚精，且熟于掌故，以时人而记时事竟有如此不可恕之错误，大不如外国人矣！

11月25日的中英文报纸都载有一段消息，略说：

> 段祺瑞元帅昨日就临时执政之职。他就职后所发的若干明令中，有一个是撤销监视清朝皇帝恢复他的自由的命令，前此清帝受到种种限制，外间人士已极不满，现在政府已通知清帝的教师庄士敦先生，他可以去见清帝了。

接着又有一段新闻说：

段执政昨日下令，命冯玉祥将醇王府外的军队撤退，另由京师警察总监派警察保护。译注：以上两则新闻是庄士敦从中文报纸译为英文的，原文不知是否仍称溥仪为“清帝”，但庄士敦的原文作“清朝皇帝”。如果中文称“清帝”，则显然有背中国人的立场；如果庄士敦译文称“清朝皇帝”，则庄士敦藐视中国法律，仍做“死鸡撑饭盖”的无聊举动，亦可鄙矣！

此外又有一段更奇怪的消息同时出现在报纸上，据说，张作霖元帅到了北京，拒绝接见清朝皇族人员，但他“对于逊帝的外国教师的工作却极感兴趣”，将会和那个外国人相见。

这些消息都是正确的。执政府已有正式公函告知我，我可以自由去见逊帝了，更有趣的是差不多同时，逊帝派人来通知，包围北府的冯玉祥军队已撤退，叫我立刻去相见。译注：郑孝胥有日记68册，起自光绪八年，迄民国二十六年，今藏北京中国历史博物馆。原稿月、日皆用阴历，现在摘录一些和此事有关者于下，以为印证，且助读者参考。“乙巳廿六日（即阳历11月22日）。小雪。……日本兵营中来电话云：‘段祺瑞九点自天津开车，十二点半可到京。偕大七（即郑的长子郑垂）往迎段祺瑞于车站。’……三点车始到，投刺而已。……”“丙午廿七日（即11月23日）。……曹纕衡电话云：‘段欲公为阁员，今日请过其居商之。’答之曰：‘不能就，请代辞，若晤面恐致龃龉。’至北府入对。泽公、佡贝子、耆寿民询余，就段否？余曰：‘拟就其顾问，犹虑损名，苟不能复辟，何以自解于天下？’佡贝子曰：‘若有利于皇室，虽为总统何害？’……”“丁未廿八日（即24日）。……北府电话召，入对。上赐膳，裁两器、两盘、数小碟而已。段派荫昌来，守卫兵得其长官令，不禁止洋员（指庄士敦）入见。涛贝勒云：‘顷已见段，求撤卫兵，但留警察。’……”“戊申廿九日（即25日）。……至吉兆胡同段宅晤段芝泉，谈久之。至北府，入对。……”“己酉三十日（即26日）……召见，赐草张作霖诏，罗振玉书之。诏云：‘奉军入京，人心大定，威望所及，群邪敛迹。昨闻庄士敦述及厚意，备悉一切。予数年以来，困守宫中，囿于闻见，乘此时会，拟为出洋之行，惟筹备尚须时日。日内欲择暂驻之所，即行移出醇邸。俟料理粗定，先往盛京，恭谒陵寝。事竣之日，再谋游举海外，以补不足。所有详情，已属庄士敦面述。’……”以上数日日记，亦见溥仪的《我的前半生》。日记中的曹纕衡名经沅，四川绵竹人，那时候在段祺瑞幕中，后来依附王揖唐。国民政府成立后，又跟吴鼎昌在贵州，抗战胜利之年，死于南京。“泽公”指镇国公载泽。“忻贝子”是溥忻，字雪斋，工画，现在编者注：指 1964 年仍生存，以绘画、教古琴为生，亦为北京文史馆馆员。“涛贝勒”是载涛。芝泉为段祺瑞字。

钻戒照片送给张大帅

我驱车径往北府，立即被请入内，逊帝已在他住屋之前的小院站着等候我了。他一见我，紧紧地握着我的手，好一会儿说不出话来。之后，他带我进去一个私室里，我们坐下来谈了很久，所谈的话，我不必在此记述。当我们正在谈话时，张作霖派人译注：此人即醇亲王府管家张文治带口信给我，叫我今日黄昏后立刻去见他，越快越好。我也托那个人带口信回复他，说我一定照办。这一天的白天，我完全和逊帝在一起，当我动身离开时，他给我一张签名照片，送给张作霖，此外，又有一只镶满黄钻石的戒指。

下午六点钟，天色已黑，我驾车到西城张作霖的私邸。陪着我同去的只有醇亲王府的管家张文治，他是张作霖的老朋友，又是老宗译注：据溥仪《我的前半生》说，张作霖是张文治的盟兄，但没有亲属关系。到达之后，我们经过了好些站满武装卫兵的院子，然后到了张作霖大帅的地方。他以友好而又不拘礼（他只穿中国的长袍）的态度接待我们，在他的幕僚人群中，他和我们寒暄数语，就请我们跟着他到他的小书房坐谈。在谈话中，房门是关着的，甚至平常递茶的侍役也不许进内。

我把逊帝的礼物交给张作霖。他拿过照片，凝神望了好一会儿，然后又看看那只钻戒。他将戒指交还给我，只收下照片。

于是张作霖就大骂冯玉祥、黄郛等人，这样对待逊帝是罪大恶极的。他希望能够帮助逊帝恢复原状，不过，他却不想国人怀疑他有复辟之意。

他透露一个计划，打算恢复优待条件，但却要做得很利落，不使国人有丝毫怀疑是东三省所支持的。关于这个计划，我不能在这里详细说明。张作霖是希望由满蒙同胞和忠于皇室的汉人建议，这样便可以进行恢复优待条件的行动了。为了使他这个计划能实施有效，他希望有人将此意告知东交民巷的公使团；原来他和我讨论的事，就是要我将他的计划告知各友邦的公使。

我们离开张作霖的私邸后，张文治回到醇亲王府，向他的主人逊帝和醇亲王报告晤谈的经过，我就直驶车子回家，连忙写下备忘录，将今晚我和张作霖见面的经过和张所希望的，通知外交使节。我将备忘录打成三份，分别送给关心 11 月 5 日事变那三位外国公使——英国公使、日本公使和荷兰公使。荷兰公使欧登科是公使团领袖，我认为他最适合于将我的备忘录分别转给其他各国使节。不过，他是否有这样做，我就不得而知了。

在一个短期内，一切过得很安静，我照常每日到北府见逊帝。他在过去三个星期中所经历的惊险和焦虑，绝不使他气馁。当然，对于人家这样对待他和侮辱他，他是感到非常苦恼的。译注：可惜庄士敦没有见到他的“皇上”后来被判为战犯，拉上东京国际法庭，又被囚禁在抚顺，然后遇赦。此种侮辱不更大乎？不过有一事却使他高兴，那就是冯玉祥、王正廷等人不敢公开说他们此举是代表中国人民的公意。同时，又有一事使他稍感安慰，就是我曾对他说，中外报纸对于冯、黄、王等人的举动，一致加以谴责。

谣传张大帅会有意外

局势虽然小安一时，但在一两日后，局面忽又黯淡起来了。谣言传来，近期北京很快将会发生另一次政变。据说“基督将军”冯玉祥从天津回京后，终日气愠，他索性去往西山一所寺院静养，除了他的亲密的朋友外，其他任何人皆不接见。他扬言要辞职不干了。但谁都不相信他说辞职是有诚意的，中国的军阀、政客，口中常挂辞职两字，但何尝见他们真的辞职呢？冯玉祥之辞职，一部分原因是张作霖迫他撤退醇亲王府外的国民军，他认为“丢脸”，无颜见世人。谁都知道，张作霖这次打胜仗挥兵入关译注：民国十一年四月第一次奉直战争，张作霖失败，退出关外，现在得胜，以战胜者姿态入关问鼎中原了。击败他的敌人吴佩孚，完全是得于冯玉祥助以一臂之力的，冯对张虽然有此大恩，张也领情，但张作霖却因为冯玉祥一连串迫害溥仪的行为而憎恶他、恨他。因此这两个军阀的“联盟”，是不会长久的。不久之后，这两个“盟友”就会兵戎相见了。

冯玉祥是深知这种情形的。但冯玉祥早已宣布拥护和平，不愿再见有战事，那么，他就要尽力避免战争发生了。但是，怎样才能达到这个目的呢？据说，他有一个很简单有效但不免多少有些荒谬的办法。这时候，冯玉祥的军队仍然控制着北京地区。张作霖在北京只有少数卫队。冯玉祥可以很容易地把张的卫队包围缴械，同时，邀请张作霖到他的总部参加茶会，会后，一同散步庭中，然后步入内院——散步期间便可以发生小小的意外，结果了张大帅的生命，从此他便在中国的政治舞台上退下了。

“基督将军”这一空构的杰作，不管是真是假，总之在逊帝左右的人都一致信以为真，根据我以往的经验，这班人所得的情报往往可靠，其价值远过在东交民巷公使区所得的。当我在使馆区里谈到这件事的时候，一班人都不信，还说我是传播骇人听闻的谣言的人。有一次我对一班英国朋友说，张大帅也许会随时遇到神秘的“意外”事件而失踪，或仓皇登上火车逃往天津。但那班人都向我保证不会有这样的事，北京的政界很是平静，而在此十日后，张大帅出席了英国公使馆的宴会——这就足以证明他没有离开北京之意了。

局势危急决移出北府

张作霖的为人，有他的好处和坏处。他的一项特性，就是绝对不让人家知道他怎样从胡匪而一跃成为东三省的最高统治者。他统治的这个地区之广大，较诸欧洲法德两国合并起来的土地还要大，所以他有强烈的自尊心和骄傲心。他最危险最不好的性格就是对他的敌人太过轻蔑、瞧不起。他对吴佩孚的轻视和傲慢，几乎使他一败涂地。他入京后好几天还不肯对冯玉祥的行动做认真的考虑和警告，似乎是他很不重视这件事。那并不是他对冯有信心，认为他所做的一切都对，相反，他对冯是鄙视的，他曾亲口对我说，冯玉祥这个人是个善变的人。不过，到目前为止，他还没有什么证据可以证明他所鄙夷的冯玉祥有胆量来反对这个胜利的东三省军阀。

逊帝左右的人对张作霖这种乐观的态度未敢予以同意，反而对将来的局势深为不安。我几次和他们讨论到逊帝现在已是个自由人，应否即日移居使馆区，因为这种机会稍纵即逝，万不可错过。但每逢讨论到这个问题，不论满蒙王公、师傅还是内务府大臣都一致反对，他们一致认为段祺瑞、张作霖已经对逊帝表示关怀，如果逊帝忽然走入东交民巷，托庇外国势力，那就是明显地对段张的政权产生了不信任之心，并且辜负了他们的好意。

到 11 月 28 日，郑孝胥和陈宝琛同到我家中商量这件事情。他们得到了可靠的消息后，也大为震惊，便把这令人震惊的消息告知逊帝。据他们说，逊帝叫他们想法子找一个靠近东交民巷使馆区的房子，以便他溜出北府迁往居住。这个时候，北京又有谣言传出，说冯玉祥又要进行第三次的行动了，外国报纸纷纷登载，但中国报纸却一字不提（那并不是他们不知，而是不想说）。我对他们说，外国使馆对于将要发生的事件并不怎么信以为真，但这样仍不能使郑陈二人安心。结果，我们同意冒触怒段祺瑞、张作霖之险，决定明日请逊帝移出北府，迁往较为安全的地方居住。我们心目中看中一个新地方，在崇文门内的苏州胡同，这里靠近东交民巷使馆区的东边入口处，有事可以立刻溜进东交民巷，极为方便。这所房子很大，内务府早已和房东商量租来做内务府的办公地方了。

11 月 29 日我到达北府时，郑孝胥尚未到，但陈宝琛早已在座，他很焦急地等候我，一见我到就对我说，他得到最新的消息，冯玉祥已增援北京城里的兵力，并突然召集他的亲信将领们到西山他寓居的旃坛寺开会。他可能随时再派军队去包围北府，如果一旦实现，逊帝的行动自由又受到限制，没有机会逃走了。就算现在我们要有所行动，也稍嫌太迟，因为冯玉祥的军队已经满布北京城里每一个角落，插翼也难飞了。我同意他的主张，事不宜迟，要立刻展开行动。他说，我们要先告知“王爷”（即醇亲王）。但我竭力反对，我说，醇亲王生怕逊帝逃走，他要负很大责任，他必定不肯让逊帝离开，那时候一切都糟了。陈宝琛认为我的理由很对，他就不再坚持了。

我们一同去见逊帝，告知他局势很是危险，我们已决意请他移驾东交民巷使馆区，托庇于一个外国公使。逊帝立刻说，很好，他听从我们的话，我们要他怎样他就怎样。我请他绝对不能对北府里任何人说出这个计策，这是关系重要的，甚至也不可对皇后或醇亲王说知。如果皇后和我们同行，就会惹起人家的疑心，阻止我们的行动了。逊帝对我们所说的话很是了解。

张文治要跟我们同行

为了保密起见，逊帝在离开北府之前丝毫不作出准备离开之状，他也没有收拾行李，只是拿了一袋珠宝交给我保管，我就把它放入我的皮大衣里头那个大口袋。事前，我们也没有吩咐逊帝的汽车司机备车——幸喜他的车没有特别徽帜，我们到了院子，汽车已在等候着，准备动身了。逊帝正要跨入汽车的时候，醇亲王的大管家张文治忽然从屋内出来，问我们要去什么地方。陈宝琛对他说我们不过出去走一走。张文治似乎有预感，对我们的行动怀疑起来，便问可否也带他同去。我们当然不反对他同行。逊帝上车后，邀我和他同坐，并吩咐司机车子要开去的地方——很幸运的是，这个司机是逊帝的一个忠仆。另一个年轻的满族仆人，也被叫坐在司机的一旁。陈宝琛吩咐他的马车御者回家，说他只去苏州胡同一转，说后，他就踏进我的汽车，张文治也跟着进去了。

醇亲王府的大门打开，两辆汽车鱼贯而出，开到大马路上。大门外站有一队警察，他们是否要干涉我们的行动就要看事实了。大概他们没有奉命干预我们，只有两个武装警察跳上逊帝的汽车，分别站在车外的脚踏板上，和我们一起同行。

我的目的在于避免在通衢大道中遇见冯玉祥的军队，尤其是不想从后门经过景山和紫禁城。在离开北府之前，我已经吩咐司机，我们要到苏州胡同看看内务府要租来办公的房子，所以叫他驶向东。这时候郑孝胥没有到北府，但陈宝琛早已秘密通知他，我们要带逊帝到使馆区，希望将他暂时安置在德国医院。

这次行车的路程是相当困难的，我叫司机变更了两次方向，避过冯玉祥的军队，从北府到东交民巷不到三英里，但走起来却超过五英里的时间。幸喜一切进行顺利，更可喜的是天时于我们大有裨补，天气恶劣，刮强烈的东北风，尘土满天，路上迷茫，辨物不清，不易受人注意。

我们到了崇文门大街（俗称哈德门大街），苏州胡同就在大街之东，东交民巷在其西，但我叫司机不要往苏州胡同，向右边转（向西走），一直往前驶，到一家照相馆（是个名叫赫同的德国人开的）门前才停下来，因为逊帝要买几张相片。

“我知道那个照相馆，”司机说，“就在使馆区里面。”“是吧，”我说，“你一直驶进去，到后你停车好了。”那两个武装警士没有说什么，我便放下了一颗心。

一声“皇上”几闯大祸

两分钟后，我们已进入东交民巷的东门，到了那家照相馆的门前了。我们下车，进入里面，看了一会儿照片，又挑选了几张。在这期间，我出了一个小小的乱子，幸喜没造成什么恶果。因为我称呼逊帝惯了，无意中称他为“皇上”。店里的中国人抬头一望，为之愕然，其中一个赶快走到照相馆外。到我们离开照相馆时，门外已经有一大群人在等候着瞧热闹了。不过他们只是好奇，并非有恶意。这是他们第一次见到他们从前的皇帝。译注：关于溥仪离开北府，逃入东交民巷的经过，《我的前半生》有这样的写法：“我们按照密议的计划进行。第一步，我和陈师傅同出，去探望比我晚几天出宫的住在麒麟碑胡同的敬懿、荣惠两太妃，探望完了，依旧回北府，给北府上下一个守信用的印象。这一步我们做到了。第二天，我们打算再进行第二步，即借口去背裱胡同看一所准备租用的住房，然后从那里绕一下奔东交民巷，先住进德国医院。第三步则是住进使馆。只要到了东交民巷，第三步以及让婉容她们搬来的第四步，就全好办了。但是在执行这第一步计划的时候，我们刚上了汽车，我父亲便派了他的大管家张文治，偏要陪我们一起去。我和庄士敦坐在第一辆汽车上，张文治跟在陈宝琛后边，上了另一辆车。‘事情有点麻烦。’庄士敦坐进了汽车，皱着眉头，用英文对我说。‘不理他！’我满肚子的气，让司机开车，车子开出了北府。我真想一辈子再不进这个门呢！庄士敦认为不理张文治是不行的，总得设法摆脱他。在路上，他想出了个办法：我们先到乌利文洋行停一停，装作买东西，打发张文治回去。乌利文洋行开设在东交民巷西头一入口的地方，是外国人开的出售钟表、相机的铺子。我们到了乌利文，我和庄士敦进了铺子。我看了一样又一样的商品，最后挑了一只法国金怀表，蘑菇了一阵，可是张文治一直等在外面，没有离开的意思。到了这时，庄士敦只好拿出最后一招，对张文治说，‘我觉得不舒服，要去德国医院看看’。张文治狐疑不安地跟我们到了德国医院。到了医院，我们便把他甩在一边，庄士敦向医院的棣柏大夫说明了来意，把我让到一间空病房里休息，张文治一看不是门道，赶紧溜走了。我们知道他必是回北府向我父亲报信去了，庄士敦不敢放松时间，立刻去英国使馆办交涉。谁知他这一去就杳无音信，等得我好不心焦。我生怕这时张文治把我父亲引了来，正在焦躁不安的工夫，陈宝琛和郑孝胥相继到了。”

平安地进了德国医院

我的车子是在我们背后一路跟着我们走的，现在我看见陈宝琛那张快乐的面孔和张文治那种狐疑紧张的表情，我觉得很有趣。张文治很焦急地问：“我们为什么到这里，我们不是去苏州胡同吗？”

我不理张文治，只是回转头对逊帝说：“棣柏大夫就在这附近，我们去见他吧。”关于这个棣柏大夫（Dr. Dipper），我得在这里介绍一下，他是一位著名的德国籍医生，在最近一二年间，常常被请入紫禁城看病。他的诊症室就在德国医院里面，德国医院是在使馆区的，从我们所站的地方开车子去，只不过一分钟的时间。

我们重新上了汽车，直驶往德国医院。下车后，我拿出我的名片要见棣柏医生，能早些见到更好。棣柏医生出来，立刻就认出逊帝了。我对他说我有很要紧的事情要和他商量，请他带我们到一个私人房间谈谈。于是他就领我们上楼，到了一间空病房里。

我对棣柏医生简略地说明来意，以及下一步我们要怎样做。我又说：“我现在就要去见外国公使们，请你好好地保护宣统皇帝。”

我从大衣袋中拿出那一袋珠宝交还给逊帝，就留下陈宝琛“保驾”。张文治并没有跟我们上楼，他看见我一个人下来，目瞪口呆，说不出半句话，也许是生气，也许是震惊和气恼两者兼之，一言不发地走了，他一定回去告知那个和他一样震惊气恼的醇亲王了。

芳泽“乐意”保护逊帝

首先我去日本公使馆见芳泽公使。我为什么先去日本公使馆呢？原因是我觉得那班外国公使中，只有日本公使最乐于接待逊帝贲临，并且愿意予以有效的保护。译注：庄士敦想得太过天真了，不过，在这方面他却看得不错，只有日本才把溥仪看成“奇货”，时时要利用他，现在庄士敦亲自送“货”上门，日本公使哪有挥诸门外之理，还不扫榻迎宾，予以礼遇吗？日本帝国从此时起，就念念不忘要在中国的东北制造口实来成立它的傀儡国，九一八沈阳事变已埋下火药线了。这个“洋师傅”此举可谓害尽溥仪一生。

这时候大约是下午一点钟左右。日本公使芳泽不在家，听说他出门吃午饭了。于是我就去荷兰公使馆，而公使也是出了门。结果我只好去英国公使馆。英国公使麻克类爵士（Sir Ronald Macleay）却刚好在家。我对他也是简简单单地说明了发生的事情。我知道英国使馆的态度一向是强烈反对英国人插手中国内政，此举在避免干预中国内政之嫌，故此我对他说到逊帝逃出北府时尽量避免我有嫌疑，只说逊帝命我开汽车驶入使馆区。

我接着又说我已经去过日本公使馆了，据我看来，芳泽公使一定很乐意保护逊帝的，而且由日本人去做也好得多。英国公使也同意我的看法，他沉吟了一会儿后说，如果是这样，就再好没有了，他很欢迎我住到公使馆里作客，日本公使馆和英国公使馆差不多是望衡对宇的，这样我就可以接近逊帝了。

我再去日本公使馆，但芳泽公使仍然未回来，等到他回来和我相见，已是下午三点钟左右了。我说明来意后，并请求他的公使馆接待逊帝，让他居留，他并没有马上答复。他在室中踱着方步考虑这个问题，然后做出决定。他说，他愿意接待逊帝，但希望可以预备适当的地方给他居住，他叫我回到德国医院等候消息。后来我才知道所谓“适当的地方”原来是他把他们夫妇的卧室——日本公使馆里最好的房间腾出来给逊帝居住。

郑孝胥与竹本有交情

我满怀高兴地回到德国医院，一个内务府官员佟济煦恰巧这时也到了。他是忠于逊帝的若干官员中的一个，也是跟随逊帝进住使馆区的第一个官员。佟济煦问我皇帝陛下在什么地方，我便带他上楼。在半路中，遇见一个德国籍男看护，他问我们往何处去。“见皇帝。”我说。“什么皇帝？”他说，“这里没有皇帝啊。”“胡说！”我说，“是我亲自带进来的，怎么没有！”

他望着我，似乎有些记得了。他说：“皇帝是来过的，不过，他走了。”

佟济煦和我都茫然地望着那个看护。我问：“他去什么地方了？”

“我一点都不知道。”他立刻答。

“我刚刚为他安排好让他到日本公使馆，而他就走了？”我迷惑地说。

“可不是，他正是往日本公使馆去了！”那个看护说。

我的心放下了，但仍不免疑惑。我问棣柏医生去哪里了。他说："医生回家了，他吩咐过，如果有什么陌生人来问皇帝，叫我对他们说这里没有皇帝。"

我向那人道谢后，立即和佟济煦赶往日本公使馆。但逊帝不在日本公使的住处，而在日本公使馆武官竹本大佐的兵营里。陈宝琛、郑孝胥都陪伴着，但看不见日本公使。

这个秘密后来揭开了。原来这天早晨郑孝胥往北府"入直"，途中遇见陈宝琛的马车回家，车夫告知他主人和逊帝、庄士敦等人坐了汽车去苏州胡同。郑孝胥连忙赶往苏州胡同见我们，但到后却不见逊帝的踪影。于是他又驱车赶往德国医院，见逊帝很安全地在医院里，他的心就放下了。

郑孝胥认为逊帝应该托庇在东交民巷里的一个外国公使馆才是，并且越快越好，他对这个问题表现得最着急。他本人和日本公使馆的驻军队长竹本多吉大佐很有交情，竹本早已对郑孝胥表示过，他很同情逊帝的处境，并表示极欲予以援助，因此，郑孝胥就提议，不如逊帝暂时入住日本公使馆的兵营，为竹本的上宾。逊帝认为此举很好，便同意他的做法，郑孝胥便亲往日本兵营向竹本大佐做初步的拜访，这时候我恰好在芳泽公使的书房中。竹本大佐答应接待逊帝，并对郑孝胥说，他马上把这件事报告他的公使，但后来竹本却没有这样做。

郑孝胥回到德国医院，请逊帝坐上他自己的那一辆马车，同往日本公使馆。不知是出于疏忽抑或记错了路程，马车夫把车子驶出长安街，已离开使馆区数码之遥了。幸喜此时狂风大作，尘土满天，路上行人看不清楚马车中坐的是什么人。数分钟后，马车再向南转，驶入使馆区，沿着分隔英、意两国使馆的一条小路沟行驶。那个日本兵营的竹本大佐已站在日本公使馆门前迎候了，他们到了不久后，我跟着也到了。他们到了后，竹本大佐才通知他的公使芳泽谦吉，到我抵达日本公使馆后，芳泽谦吉先生才开了门踏进来欢迎他的贵宾，这位贵人就在他的住所做了几个月宾客。

一场争夺垄断的战斗

不到一小时后，逊帝已在日本公使家中一个很舒适的房间休憩了；在未黄昏之时，他又在一个同样很舒适的会客室里，接见他那个结结巴巴不大会说话而又神经过度紧张的爸爸，和一些王公贵人、内务府官员，聆听他们谈论今日的经过。醇亲王所说的话，只是劝他的儿皇帝重回北府，但逊帝很有礼貌地谢绝了。译注：关于溥仪从德国医院走入日本公使馆一事，他的《我的前半生》有详细记述，现在摘录于此，以备读者参考。

郑孝胥的日记里，有这样一段记载："壬子初三月。弢庵（陈宝琛）、叔言来。昨报载：李煜瀛见段祺瑞，争皇室事，李忿言：'法国路易十四，英国杀君主，事尤数见，外交干涉，必无可虑。'张继出告人曰：'非斩草除根，不了此事。'平民自治歌有曰：'留宣统，真怪事，唯一污点尚未去。'余语弢庵曰：'事急矣！'乃定德国医院之策。午后，诣北府，至鼓楼，逢弢庵之马车，曰：'已往苏州胡同矣！'驰至苏州胡同，无所见，余命往德国医院。登楼，唯见上（溥仪）及弢庵，云庄士敦已往荷兰、英吉利使馆。余定议章上幸日本使馆，上命余先告日人。即访竹本，告以皇帝已来。竹本白其公使芳泽，乃语余：'请皇帝速来。'于时大风暴作，黄沙蔽天，数步外不相见。余至医院，虑汽车或不听命，议以上乘马车；又虑院前门人甚众，乃引马车至后门，一德医持钥从，一看护引上下楼，开后门，登马车，余及一僮骖乘。德医院至使馆有二道，约里许：一自东交民巷转北，一自长安街转南。余叱御者曰：'再赴日使馆！'御者利北道稍近，驱车过长安街。上惊叫曰：'街有华警，何为出此！'然车已迅驰。余曰：'咫尺即至！马车中安有皇帝？请上勿恐。'既转南至河岸，复奏上曰：'此为使馆界矣！'遂入日使馆。竹本、中平迎上入兵营。弢庵亦至。方车行长安街，风沙悍怒，几不能前，昏晦中入室小憩。上曰：'北府人知我至医院去，庄士敦、张文治必复往寻，宜

郑孝胥（1860—1938）

陈宝琛书法

郑孝胥画作

告之。'余复至医院，摄政王、涛贝勒皆至。因与同来日馆，廷臣奔视者数人。上命余往告段祺瑞，命张文治往告张作霖。……"关于庄士敦，郑孝胥在日记里只简单地提了一句，原因是他去德国医院没有看见庄士敦，庄士敦那时已经带着忿懑到日本公使馆去了。我在日本使馆里和这位一去不回的庄师傅相见时，很觉奇怪。他对我解释说："我到英国公使那里去了，麻克类说那里地方小，不便招待……既然陛下受到日本公使先生的接待，那是太好了，总之，现在一切平安了。"在那匆匆忙忙之中，我没再细问——既然我保险了，过去的事情我也就没有兴趣再去知道了。后来我才弄明白，引起他忿懑的，并非像他那天和我解释的"麻克类说，那里地方很小，不便招待"以致有失面子，更不像后来在自己的著作《紫禁城的黄昏》一书中所说，只有日本公使馆才愿意给我以有效保护（也许英国公使馆有这个看法——他在书中是这样说的），而他在这次争夺战中成了败北者，才是使他忿懑的根本原因。郑孝胥对自己在这次出逃中所起的作用，得意极了。这可以从他写的两首七言诗中看出来："十一月初三日，奉乘舆幸日本使馆。陈宝琛、庄士敦从幸德国医院，孝胥踵至，遂入日本使馆。乘日风兮载云旗，纵横无人神鬼驰。手持帝子出虎穴，青史茫茫无此奇！是日何来蒙古风？天倾地坼见共工。休嗟猛士不可得，犹有人间一秃翁。"这位俨然以"猛士"自居的人后来作了一幅画：在角楼的上空云雾中，有一条张牙舞爪的龙。陈宝琛虔诚地在画上题了"风异"二字，并作诗一首恭维他："风沙叫啸日西垂，投止何门正此时。写作昌黎诗意读，天昏地黑扈龙移。"庄士敦颇知凑趣，也用英文把事件经过写在上面。让郑孝胥如此得意忘形的原因之一，是他在这场争夺垄断的战斗中，胜过了他的暗中对手罗振玉。罗不但没有赶上这个机会，而且竹本大佐这个值钱的关系，也被郑轻轻拿在手里，成了郑的本钱。郑罗二人之间的冲突，原来是掩盖在他们与王公们的争夺战后面。而从这时起，他们之间的争夺战开始了。不过庄士敦却在旁边暗笑。在他的1932年出版的书里译注：应说1934年，他的

《紫禁城的黄昏》一书，系1934年3月出版，同月出第二版，5月出第三版，12月出第四版，他肯定了郑孝胥的日记所叙述的正确性之后说："不过有一点除外，那就是郑孝胥错误地认为竹本大佐在同意用他自己的住处接待皇帝之前，已经和日本公使商量过了。日本使馆内文武官员之间的关系，并不像其他使馆文武官员之间的关系那么亲近和友好，竹本大佐是否认为自己应当听从日本公使的命令，是大可怀疑的。因此他并不认为必须把他和郑孝胥先生谈的话向芳泽谦吉先生汇报，而且他也没有这样做。事实上，他本人急于接待皇帝，不希望日本公使把他的贵客夺走。……

郑孝胥记这日发生的事情的，叫《骖乘日记》，上引者系其原文，庄士敦将它译为英文，在这一段之后登载出来，因已录原文，不再译英文了。但《我的前半生》只引至"命张文治往告张作霖"止，现在我把日记以下数语补足："归作函使禹赴津。入夜风定，星斗满天，垂至日使馆，进奉果饵。日公使芳泽以所居大楼三屋，为上内寝。随侍僮李德育，御者王永江，车右王小龙。"禹为孝胥之子。李德育时年十四岁。

洋文老师的一片“孤忠”

芳泽办交涉皇后脱困

“宣统皇帝”这次逃入东交民巷，北京人士震惊的程度，仅次于他被逐出紫禁城。报纸登载他出逃的故事，连篇累牍，各种各样都有，然而大多数是道听途说之词，不仅完全不正确，而且还有造谣之嫌。日本公使更成为报纸攻击的目标。芳泽公使为了这件事，于 12 月 2 日招待新闻记者，坦白说明逊帝是怎样到日本公使馆做他的贵客的，但报纸对于他这样的说法仍然表示不信。攻击得最厉害的是北京一般人所知为共产党支持的《京报》，除了对日本公使指摘之外，我也是它攻击的主要对象。

当逊帝乘马车往德国医院时，北府有两名警察分左右两边站在车外踏脚板上，以资保护，当时的“要人”们乘车的习惯是这样的。后来他们知道逊帝不回去北府，着了慌，他们也不敢回去了，恐怕回去后不能交差，一定受罚，逊帝抵达日本公使馆后，他们请求准许留在使馆区，他们的请求得到允许，暂充逊帝的侍卫。北府的守卫警察，并没有接到上级的命令阻止逊帝离开北府，他们当然不能负此责任，但他们害怕一旦冯玉祥重新控制北京，追究走失逊帝之责，会对他们施以刑罚。所以，第二天皇后要去日本公使馆追随逊帝时，北府的门警就不让她走了。

逊帝收到皇后的诉苦短札，恳请他设法相救，他递给我看。于是我对芳泽先生说了，他立刻采取行动。他派公使馆的一个书记官齐浦译注：英文作 Chih Pu，不知是什么人，只得从音译。往北府，奉命把皇后等人带出来，如果带不到人，就不要返回公使馆。不久后，那个秘书在北府打电话给芳泽公使，他说皇后准备好了，也急切地要和他同行，但门警不让她走。

芳泽公使马上有所行动，他吩咐备车，直接前往执政府同段祺瑞交涉。他对段执政很客气但又很坚决地提出要求，叫他立刻撤销限制皇后行动的禁令。一小时内，那个书记官齐浦和皇后一同到日本公使馆了。译注：《我的前半生》记此事有云："后来我派人再去北府接婉容和文绣的时候，那边的警察再不肯放走她们。使馆里派了一名书记官特意去交涉，也没有成功，最后还是芳泽公使亲自去找了段执政，婉容和文绣才带着他们的太监、宫女来到了我的身边。"

张作霖匆匆溜出北京

我决定于 11 月 30 日第二次拜访张作霖，一来是因为我答应再去见他，并将逊帝出逃的事情向他报告，二来是代表逊帝向他解释局势微妙，逊帝不得不托庇于外国使馆的原因。

这一次我和张作霖会面，他的态度和前几天大不相同了。摆在我眼前的不是一个温和、有同情心和有勇气的中国君子，而是一个粗野暴躁的东三省土匪。到底是什么使他态度大变，我不得而知。在他接见我的时候，便可以看出他的态度了。他这次接见我，不在密室而在一个三开间的大厅，充满着好奇的观众。他似乎是要告知人家，他接见我是没有什么秘密言语要对我说的。

我们见面时，张作霖来不及客气做寒暄语，立即就激烈地指责我不该将逊帝带入使馆区。从他的口气中，我可以看出北府一定把逊帝出逃的责任，一股脑儿推在我身上了。我想向他解释几句，但一经解释，又不能避免涉及张作霖在北京的地位能否长久的问题，因为这种话是不能在他面前坦白说出来的，对别的人，我就不妨这样说了。我还未开口，他就打断说，只要他一日在北京，难道逊帝在北府会有危险吗？他这样的质问，使我难以对答，出于自卫起见，我只好说正是我相信他在北京不会很久，所以才觉得局势危急，非立刻把逊帝带入东交民巷不可。

关于上次我们见面时所谈到的问题，张作霖不愿听我对他说一句，他突然离开客座，连一句应酬话都没有就走了。

张作霖和我这次见面时，是否已知道他在北京的地位很是危险，免不了走逊帝相同的道路，我不得而知。假如他是不知道的，那么，在几日之后，他也逃之夭夭了。在12月初旬一个寒冷的早晨，我的仆人走入我在英使馆住的房间（这时候我在使馆作客），告诉我一个新消息，张作霖今早天亮前坐上他的专车离开北京了。中国的首都又一次为冯玉祥的军队所控制。译注：张作霖父子于1924年12月2日突率奉军离京赴津，他的军队一部分返奉天，一部分由山东向南进展，冯玉祥部队即入驻北京。庄士敦谓“12月初旬”云云，即2日也。

美国作家的一篇文章

这就是逊帝出逃北府，走入东交民巷使馆区的故事。这件事发生后，外边的谣言真可说是满天飞，有不少人卖弄他们的生花妙笔，把逊帝出逃的经过，竭力渲染，好像他们目击其事一般。然而他们所写的、所说的，完全不正确，我也不必多做引述了。不过，之后有一个美国作家写了一篇有关这件事的文章，说得有声有色，我不得不在这里指摘一下其中的错误。那篇文章这样写道：

> 1924年10月，当亨利·溥仪正和他的妻子吃早餐的时候，伺候他们的保姆走进来高叫道，外边有很多中国军人在大门外高呼“杀死天子和他的皇后”！清朝的皇帝和皇后立即从后门溜走了。他们跑到英国公使馆，但守门的军士不准他们走进去。他们在使馆区奔走着，商量着藏身的问题，他们认为就是投奔美国公使馆，也会被拒的。正在踌躇着好不好投奔日本公使馆的时候，恰好日本公使馆的卫兵及时出来救援，把他们请入公使馆里，关上大门，追逐他们的人就难偿所愿了。使馆区的人很仁慈和蔼，日本公使夫人一定要皇帝皇后将他们被撕破了的衣服换下来，公使夫人在她和她丈夫的衣柜中拿出衣服给客

人更换。译注：庄士敦这一段有小注，他说，这个作家名叫Nora Waln，那篇文章是登在1933年美国出版的《大西洋月刊》5月号第583页。

该文作者说，皇帝皇后在逃命中，商量到投奔美国公使馆的问题，他们认为必定被美国公使馆拒绝。这样的说法，倒也很有趣，其实在过去若干年中，该使馆当局不知收容过多少中国政界逃亡的人，他们到了美国公使馆，都被接待，加以保护，有此先例，他们断不会在逊帝夫妇被中国军队追逐走投无路之时而把大门关闭，一任他们在门外被那些野蛮的军士捉去判处死刑的。译注：庄士敦在这一节书内，为日本帝国主义者辩护。他的大意说，近日中国发生了九一八沈阳事变，很多报纸都说日本公使收容溥仪，这是日本"帝国主义者"早已看出将来要利用逊帝做政治上的资本，所以才这样慷慨。庄士敦说，其实他在书中曾提到，溥仪到了使馆区，日本公使尚不知道，还是他告知芳泽的。他诚意恳求芳泽收容溥仪在日本公使馆，予以保护，芳泽才答允。这可见日本"帝国主义者"在事前并没有参与"金龙逃脱"这件事。庄士敦这样为日本帝国主义者辩护，表面上似乎有证有据，并且合情合理，但他却忽略了日本帝国主义者对中国的东三省久已存有野心，从民国成立以后，日本就时时觑机会制造借口来吞满蒙，所以他们暗中以金钱帮助复辟派活动，无非是欲借此名堂来吞中国的土地。虽然芳泽没有参加溥仪出逃的计谋，尽管如庄士敦所说直到溥仪到了使馆区后他才知道，但当芳泽踱着方步考虑好不好收留溥仪之时，庄士敦安知芳泽不是早已胸有成竹，乐得庄士敦"奇货"入门呢？庄士敦为日本帝国主义者洗涤，令人齿冷！最妙者，他不承认日本是帝国主义者，在原文的帝国主义者一词，加上引号。他有没有见到他的"大作"出版后四年，日本帝国主义者进攻中国；七年后，日本帝国主义者又攻击庄士敦的祖国在远东的基地，杀害了多少英国人呢？可惜庄士敦早死三年，否则他再读他的"大著"，也许会脸红吧！

紫禁城里的漫漫长夜

紫禁城的黄昏已经转入沉沉的夜色里了。以后接着而来的黑暗，并不在我这个故事范围之内。现在我不妨综述一下在此长夜中发生的事情吧。

逊清的宣统皇帝留在日本公使馆里做贵宾有几个月之久，即从 1924 年 11 月 29 日到 1925 年 2 月 23 日。当孙中山先生扶病入京时，逊帝还是在“蒙尘”中。译注：“蒙尘”这一字眼是我幽默溥仪和那班遗老的，庄士敦原文无此，应予声明。

在这期间，逊帝并没有离开日本公使馆，只不过回拜一些外国的外交人员，他时时到我所住的英国公使馆和我闲谈，偶然也和我在使馆区内的南部地方散步。这儿有高墙筑起，和外面中国管辖的地区分隔，在这里，我们望见天坛，逊帝还是第一次看见天坛那高矗的汉白玉建筑皇穹宇呢，如果不是他的皇朝倒下了，他过着快活的日子，他就要到这个地方祭天。又从这里，我们可以望见紫禁城中的黄瓦宫殿，这个地方，虽然在某方面来说是他的囚牢，但到底是他的家，他从婴孩时代起就住在这里的。在某一个黄昏的散步中，我和逊帝在这墙下边谈边走，忽见一个黑影朝我们这边走过来。我低声对逊帝说：“当这个人走近时，请您留心看一看，他就是苏联的驻华大使加拉罕。”

逊帝住在天津日本租界差不多七年，从 1925 年 2 月到 1931 年 11 月。在这期间，中国报纸登载了许多有关他的谣言。有个反对优待清室同盟的团体，还制造谣言，说日本人请逊帝到日本居住，他们会给他一所王宫。如果日本政府在 1925—1931 年间向逊帝示意，欢迎他前往日本居住，他早已欢天喜地地离开那个毫无风景幽趣的天津日租界，到日本西京或富士山附近的风景区居住了。然而日本政府对他并无这种示意，反而通过我本人，对逊帝说，如果他在日本本土或东三省的关东出现，这会使得日本政府非常尴尬。

唐绍仪言人所不敢言

到 1925 年秋间，冯玉祥和张作霖的合作已告终止，张反而跟前时的敌人吴佩孚合作了。张吴合作，他们打算请唐绍仪出山主持这个反冯运动中的民政大权，名义大概是什么主席之类。唐绍仪本是个老政治家，他早已退出政界，但在政界中却享有极高声望，一般人都认为他是很有才干的人物。但他对张吴的答复是除非吴佩孚不主张曹锟复职，并恢复旧议会（这个议会的议员，受贿而选出曹锟为总统的），否则难以得到他的支持。

唐绍仪利用这个机会，很勇敢而又坦率地发表了一番人所不敢谈的谈话。他说外边不断有谣言说，新的联盟组织将不承认前此摄政内阁对逊帝的非法行动，而恢复优待条件中赋予清室的各种权利。他又说出一些在当日不大为人注意，而在数年后的今日使我们觉得颇有意义的话。现在我引1925年10月唐绍仪对于恢复清室的种种优待权利的谈话如下：

> 当日满族的征服者入关之后，带来了满洲这块像是妆奁一般的土地，和汉土合并在一起了。后来中国人民推翻清朝，但满洲似乎仍然是满族人合法的遗产，因此，逊帝宣统应该被邀准回到满洲恢复他的统治主权。（这一段谈话是唐绍仪对英国路透社说的，1925年10月26日，刊于上海的*North China Herald*，其他中英文报纸都有刊载。）

唐绍仪发表这个“卓越”的谈话之后几个月，我到上海和他做一次长谈，他向我证明通讯社发表他上次的谈话，并没有误解他的意思。

逊帝在东交民巷居住那三个月及其后住在天津日本租界的初期，他被各方面的人物攻击到体无完肤，最坏最刻薄和最龌龊的语言文字都是为他而发。人们骂他借外国人的势力，暗中进行倾覆中华民国的勾当。这种宣传，在国内国外倒也收到很大的效果。当逊帝初到天津时，有些外国的报纸提到他，都称他为“亨利·溥仪先生”，或甚至只称为“亨利·溥先生”。这样不伦不类的称呼是很不对的。在礼貌上来说，凡是“过气”的君王，都不能称为“先生”，应称为“前王”或“废帝”，国际间的通例如是。清室和民国所订的优待条件，明明载着“大清皇帝尊号不废”之语，他们就应该称他为大清皇帝，不能用“前王”或“废帝”这些字样。因为优待条件并未经过中国的合法政府依正法律程序来废除。译注：按庄士敦口口声声要“依法”，试问溥仪当年在紫禁城中封官赐爵，破坏中国行政合法否？优待条件只是规定尊号不废，

唐绍仪（1862—1938）

并没有准许他有此尊号仍然在一个小城内发号施令，用什么“宣统”十年八年等纪年。至于复辟一役，溥仪已犯了倾覆国家之罪，处以死刑，谁也不反对的。

有人要将我处以极刑

反对优待清室大同盟这个团体一向是不断制造借口来攻击清室的，他们反对民国元年的优待条件，固不在话下；就是民国十三年摄政内阁的修正优待清室条件，他们也反对。他们更主张把所有的满族“皇族”包括逊帝在内都要拿来正法。

1925 年的下半年，清室的敌人发表一些复辟运动的文件，据说是在紫禁城里逊帝卧室中一个箱子里找到的。其中有些函件与复辟阴谋有关，而有关系的人又是中国政界的著名人物。但这些文件却没有确凿证据证明是复辟阴谋，他们发表出来，目的无非是增加中国人对清室的仇恨。他们甚至还把我也拖下水，诬蔑我和这个阴谋有关。因为有一封信里提到我的名字，于是这个大同盟就欢天喜地，以为拿到了证据，公然说“溥仪”的洋文师傅也参加这个阴谋，进行复辟，捧他的学生上宝座了。

他们更进一步来诬蔑我，制造种种谣言，使外交界也受到影响，最典型的一例，无如1925年8月11日英文《明报》所载的一段，它说：

> 自从清朝的逊帝到了天津之后，他的英文教师庄士敦先生就奔走于欧洲帝国主义者的公使、领事之门，代表他的学生向这班外国人提出种种建议，请他们帮助逊帝复辟，而许各国以种种权利。他的阴谋结果，英国公使馆的代办，已受其影响。自五卅惨案发生后，庄士敦先生和英国代办更努力于搞复辟的阴谋了。（其时英国公使麻克类休假回国，代办是Mr. C. M. Palairet）。

这个可鄙的谣言散布后几星期，反对优待清室大同盟又以代表四万万中国人给英国公使一封公开信，要求将我驱逐回国。信里头说，所有中国的复辟党人都要处以极刑；而我的罪行也是绝对不能宽恕的，也同样要处以极刑的。

对我的这种攻击很是无聊幼稚，本不值得一辩，但段祺瑞政府却暗中派人告诉我，如果我站出来公开反驳，他们倒也很高兴，因为这样，政府就可以采取措施，使那些反对清朝活动分子就范了。于是，我于8月12日在英文《京津时报》和其他中英文报纸、著名的中国杂志发表一封复函。现在不便将全函引述于此，不过，函末有一段和他们攻击逊帝有关，倒也有趣，不妨录之于下：

> ……甚至逊帝到了天津隐居后，他的敌人仍然不肯放过这个十九岁的皇帝，对他施以恶意的攻击。他们认为把优待条件取消尚不满足，还要进一步把去年11月摄政内阁所订的修正优待清室条件也取消。他们不断地攻击他，指责他阴谋复辟。即以今日出版的报纸来说，就有一段说到他在天津受复辟派所包围；他又和天津的外国领事馆建立了密切关系；最

天津时期的溥仪和婉容

近又向某外国请求保护，并答应将来他复辟成功，重坐龙廷，即以中国各种重大权利为报酬。并说，逊帝本人已和某一军事集团合作，将利用这股力量为复辟资本。所有这些指摘，无非是逊帝的敌人用来做攻击他的借口，其实都是捕风捉影之词，皆不可信。译注：庄士敦在1925年代溥仪辩白，但六年之后，溥仪和日本人勾结，逃出关外称“帝”，请问庄士敦，溥仪没有阴谋吗？我们读溥仪的《我的前半生》，有他自记在天津时种种阴谋活动，他拉拢军阀，利用张宗昌，甚至以大量金钱供白俄的谢米诺夫将军练兵，以备复辟时可以替他打江山。结果溥仪还是被日本帝国主义者瞧上了，视为奇货，把他拥出关外。这一切为庄士敦所知，而他竟在公开答复反对优待清室大同盟的爱国分子函中，把这一切说成是捕风捉影之词，是攻击溥仪的借口，这个“老师”也太过不老实，不肯说真话了！可惜他早死二十年，否则他今日读读溥仪的自传，不知作何感想。

反对优待清室大同盟向段祺瑞政府施以压力，要他把所有的复辟嫌疑分子尽行拘捕，在首都审讯后，判以叛国之罪，但段政府拒绝此请，使他们很不高兴。该同盟的一个著名人物屠孝实，在1925年8月下旬，对这件事做一综述，发表在中英文的刊物上。（屠孝实文，系1925年8月20日刊于英文《远东时报》。）译注：庄士敦所言的屠孝实英文作Tu Hsiao shih，屠君是江苏武进人，字正叔，日本早稻田大学文科毕业，曾任北京大学教授、北京法政大学校长，历任中国公学、安徽大学、武汉大学哲学教授，著有《名学纲要》《蒙古史》等书。1925年，他正在北大任教授。因为他有正义感，又是爱国分子，故为庄士敦等人所憎恨。

旅华二十八年归国两次

1926年我因为处理英国的庚子赔款问题，需要短期回一次英国（这是我二十八年来旅华的第二次归国）。1927年初，我回到中国，前往威海卫租借地就英国的行政长官之职，主持该地的行政权，我曾在这个租借地做过很久的地方官，现在我又重临旧地，一直做到1930年英国政府交还威海卫为止，这期间，英政府答允将该地归还中国，但屡次借口延期，我在这四年中，也曾前往天津谒见逊帝几次。译注：威海卫租借地，系1930年10月1日接收的，同月21日行政院通过威海卫地区定名为威海卫行政区。

在我前往威海卫就职前，我曾往天津和逊帝相处数日，恰好这年2月14日是他的二十一岁生辰，我偶然和康有为相遇，这是我最后一次和康氏见面了，不免想起前两年我和他的大名也联在一起被人家攻击。2月14日这天早晨，康有为由他的弟子徐良陪伴来访我。我们谈了很长时间，无非关于逊帝过去和未来的事情，然后一同前往张园祝寿。逊帝很热诚地欢迎我们，当这个老头儿康有为屈膝向他磕头时，逊帝连忙站起来，轻轻按他的肩头，请他坐下。此后我就没有见过康有为了。康氏回到上海，下一个月8日是他的七十岁大寿，众弟子和亲友为他举行一个盛大的庆祝会。那一天使老头儿最高兴的是徐良奉逊帝之命，从天津带来贺礼和祝贺的寿词。数日后康有为复返青岛居住，我们本来约定了这一年的夏间他来威海卫探访我，长住一段时间，使我们得以畅畅快快地做十日谈。但他到青岛后，我只得到他的死讯，他是1927年3月31日早上死的，而这一天我正到达威海卫就职。译注：庄士敦说他的名字和康有为的大名联在一起为人攻击，其中包含一段故事，得详说一下的：事缘1925年7月31日，办理清室善后委员会，在故宫养心殿发现许多和复辟有关的重要文件，其中有康有为请庄士敦“代奏”游说经过函件，亦有“社会党党魁”江亢虎请金梁代奏的“谢恩”文件等。康有为托庄士敦代奏游说经过一函，日期为1924年阴历甲子正月十二日，上款称呼为庄士敦的中国名志道。又一函是甲子年五月三十日徐良从香港寄给庄士敦的，请代奏他们的“皇上”关于康有为的行踪及徐良本人活动的经过。信的内容是：

师傅钧鉴：

津沪上书，想均已登记室。良自送南海先生赴青岛后，即旋香港，拟入桂省，将中国大局情形，告之林督，并一察其内幕，倘有机会，当力劝之出兵讨孙。孙文一日不去，则中国永无宁日，而世界亦

康有为（1858—1927）

为之多事矣。前闻宫中大火，驰念无极。适温毅夫先生入京膺南书房行走，经即请其代请皇上圣安。此次损失若干，起火之由，此间言人人殊，公暇望示详情，俾告诸同志为感。南海先生译注：指康氏六月中旬乃能抵沪，良桂游一月后可返，大约六月杪至七月初到沪，日本之行，刻未能定也。温毅夫先生此次入都，甚得此间商界盛誉，即何晓生译注：指何东爵士亦优礼有加，人心趋向，于斯可见。诸节乞代奏皇上。专此敬请崇安。

徐良谨肃

五月三十日

函外并附一名片，即“徐良、善伯”。信笺用上海九华堂宝记制品。最妙者是一个伪员温肃（字毅夫，广东顺德人，翰林出身，1939年逝世，溥仪谥他为“文节”）入京“就职”，香港一些遗老遗少饯别他，何东爵士对之亦“优礼有加”，徐良竟谓“人心趋向，于斯可见”。似此措辞，真是要笑掉人们的门牙！

历尽艰辛逊帝归故乡

孙殿英盗宝偷掘东陵

当我在威海卫做行政长官的时候，属于南京国民党政府的孙殿英军队，竟然偷掘东陵，盗取宝物。逊帝遭此事变，哀痛非常，他所受的刺激，比他被驱逐出宫时还严重。译注：盗陵事件，是1928年7月3日至11日。

中国的帝皇多数是厚葬的，皇陵中的宝物很多，这班匪军觊觎乾隆、慈禧两墓的殉葬珍宝，用炸药炸开墓门，打开乾隆和慈禧的棺木，将尸首抛在地上，棺中珠宝，尽被劫去。不可一世的高宗皇帝和慈禧“老佛爷”的骨头四散，无法辨认了。后来逊帝派专人到东陵办理善后。他们回来后，写有报告书，当我写信慰问逊帝时，回信中就附有报告的副本一份。译注：溥仪于此事发生后，派耆龄、宝熙、陈毅、载泽、溥忻前往办理善后。此数人中，除溥忻外，今皆谢世。溥忻字雪斋，以画名，为北京文史馆馆员。陈毅此行，作有《东陵纪事诗》百十韵，附有注语。有一段说：慈禧死时，太监宫女，用珠袄敛之，衣上真珠，尽被劫去。又云：“后体偃卧于破椁盖中，左手反戾出于背，曰毛毵然及寸，幸无毁伤，惟唇呿而张，殆攫取含珠所致。……既转之后，始见目眶无睛，面色灰败，鬓散而发未乱，朱绳宛然，而颧额隆高，不异昔表，望之犹识为当日极尊严之慈禧太后也。中怀感伤，不觉失声而哭。”又记乾隆尸体破碎情形云：“自初五日于石门外拾得肋骨一、膝骨一、趾骨二。初七日于隧道砖石中拾得脊骨一、胸骨一，色皆黑。十二日又于石门旁拾得踵骨一。检验吏审识胸脊二骨，为高宗之体。十四五日，于地宫泥水中拾得骸骨甚多，皆散乱不可纪理。然仅得头颅四，其一连日遍觅不见，诸臣惶急无策。至十六日，疑石门所压朱棺内，或有遗体，乃募人匍入探之，果得头颅骨一。命检验吏视之，确为男体，即高宗也。诸臣始稍慰。下颏已碎为二，检验吏审而合之。上下齿本三十六，体干高伟，骨皆紫黑色，股及脊犹黏有皮肉。毅见之心酸涕堕。……大体虽具，腰肋不甚全，又缺左胫，其余手指足趾诸零骸，竟无从觅。高宗圣寿七十以后，自称'古稀天子'，又自称'十全老人'，乃宾天百三十年，竟婴此奇惨……两眼仅存深眶，眶向内转作螺旋纹。……其一后三妃之骨，十不存五六，且有一头颅后半皆碎损，仅存面框而已。盖盗军先入攫物，致将全骸散乱，土匪继入拾遗，又筐取灰泥，就河滤之，遂致零骸损失也。……"残杀百姓的乾隆皇帝和慈禧太后，身后的尸骸也受到破坏。世间一切，皆不能逃历史的因果，种此因，必收此果，乾隆、慈禧死后，靠着他们子孙有权势，才可以保其尸体无虞，一旦统治者垮台，迟早必被人民发掘，历代皇陵多被毁，就是这个道理。

是而可忍孰不可忍？

这时候，北京的国民党地方政府，也循例成立一个特别法庭，追究这班盗陵贼的小头目，就算把这些小偷抓到了，也不过是略施责罚而已。对于在幕后主持盗陵的陆军将领，法庭是不敢动他们一根头发的。他们仍然保持最高的军职，把盗窃的宝物好好地收藏着，过了一个相当时期，这批宝物就在各地租界上出现，自有掮客为他们向外国人兜售，转到世界各大市场求脱手了。南京的国民政府，曾两次正式承诺尽力保护清陵，自孙殿英盗陵事件发生后，逊帝期待着南京政府对他有片言安慰，或表示遗憾之意。然而南京的政府对这件事好像完全不知道一样，当时掌权的国民党对逊帝也没有什么安慰的表示。逊帝失望极了。

在逊帝之意，新成立的民国政府对他侮辱、讪笑、戏弄甚至以死威吓，没收财产、撕毁优待条件，他都可以忍受，独有盗陵发棺，辱及先人，实在是无法无天，忍无可忍的。从这时候起，逊帝对民国——也许可以说是对民国的实际统治者的态度大变了。逊帝为人性情和善，有宽宏的量度，以前他的敌人虽然曾对他施以种种无礼行动，但从来没有发怒骂过敌人一句。这次他却不能容忍了。在此之前，他绝对没有想回到他的故乡采取独立的行动，也没有想到将来会有人请他回去。他只是希望民国能统一完整、兴盛繁荣。现在他不再作此想了。在我看来，他好像和他的祖先的鬼魂相晤，它们诉说山陵被民国政府发掘之辱，劝他不要对民国再存希望，不如回到三百年前发祥的老家，另图创业之计吧。

在盗陵事件发生前一个月，华北发生了一件重大的事情。这时候，南方的国民革命军将打到北京，以军备而论，张作霖的安国军，实在比南方的党军精良得多，如果张作霖集中他的兵力来对抗，还不知鹿死谁手。但张作霖不想这样做，他恐怕调动他的兵力入关，他的敌人会捣他的后背，那时他的根据地就失去了。张作霖考虑清楚之后，通电退出关外，他的专车到达沈阳数里外的皇姑屯，即被炸死。这件意外事变，世人皆知，但它的内幕如何，至今仍为一谜。译注：庄士敦写这部书时，日本的国运正在兴隆，庄士敦当然不敢暴露真相，但他心里明白，知道是日本人干的。

张学良替顾维钧说情

皇姑屯事变发生后，一般人认为东北会分裂成为混乱的局面了。但张作霖的死讯一直隐秘着，到他的儿子张学良秘密回到奉天后才发丧，因此东三省有了主持人，不致为野心家乘机有所动作。译注：张作霖系 1928 年 6 月 4 日被炸身死，张学良、杨宇霆即于晚间秘密出京。6 月 19 日，奉天当局公布张作霖死耗，张学良就奉天督办职。

张作霖退守关外后，北京就安然易手，国民革命军整队入城，华北完全是新政府的势力了。国民党一到，很多高级官吏忙于逃走，威灵吞・顾博士译注：这个博士就是顾维钧，庄士敦书中对他颇为轻视，常以“彼哉彼哉”的态度出之也。也是其中之一，南京政府宣布他们是安福余孽，予以通缉。译注：南京的国民政府于是年 7 月 11 日，下令通缉王揖唐、吴光新、曹汝霖、陆宗舆、章宗祥、顾维钧、汤漪、汤芗铭、姚震、章士钊、曾毓隽等二十余人，其罪状为劣迹昭著。曾几何时，又经人说情，把通缉令撤销，纪纲扫地矣！顾博士于7月20日从天津乘坐一艘英国轮船往威海卫托庇于外国人，7月21日到达。他不止一次逃往英国的租借地威海卫以避政敌的迫害，但这一次却在威海卫逗留了很长一段时间。他在英国人势力保护之下，一住就住了五个月。到12月，他去欧洲避风头了。大约过了几个月，他从加拿大回到远东，这时候，他仍然被南京政府所通缉，不过，他这次不敢踏进南京政府势力所及的地方，而是跑到东北做起张学良的贵宾。这样他就在东北住了相当长一段时间。张学良易帜之后，南京政府觉得要对张少帅报答一下，凡张学良有所请求，无不顺从，于是张学良就向南京说情，把顾维钧的通缉令撤销译注：南京顺从张学良请求撤销通缉者，不止顾一人，尚有梁士诒等，也不理在外交部长任上的那个顾的对头王正廷了。顾博士免于通缉，并发还他的产业（包括北京那所房子在内）。译注：此殆指铁狮子胡同也，孙中山先生即在此宅中逝世的。不久后，他又在南京政府之下做其大官了。1932年，国际联盟派调查团往中国东北调查沈阳事变，南京政府派顾博士参加国际联盟调查团，陪同团长李顿等人前往沈阳。

逊帝赠诗惜别还依依

当威海卫租借地交还中国政府两星期前，我前往天津谒见逊帝，向他辞行回国，这一次我们不知何日再相见了。我们曾谈及将来的问题，他对我说，他有理由相信，不久后他在天津过的流亡生活就会结束的。

1930年9月15日我将动身离开天津，这天大清早，逊帝到我的旅馆和我相见，他一直逗留到我要上船的时候还不走，于是我就坐上他的汽车一同到了轮船的码头，他在我的房舱中坐着谈天，到船将启碇时才上岸。轮船要转身顺流才可以出口，这一转身差不多要半个钟头的时间，逊帝坐在他的汽车里在码头上望着，直到看不见船的影子才回去。

他最后一次送给我的礼物是他写的一柄折扇，是录古人的送别诗句，我现在把诗的大意译为英文。译注：溥仪所写的是古诗，现在将原文抄在这

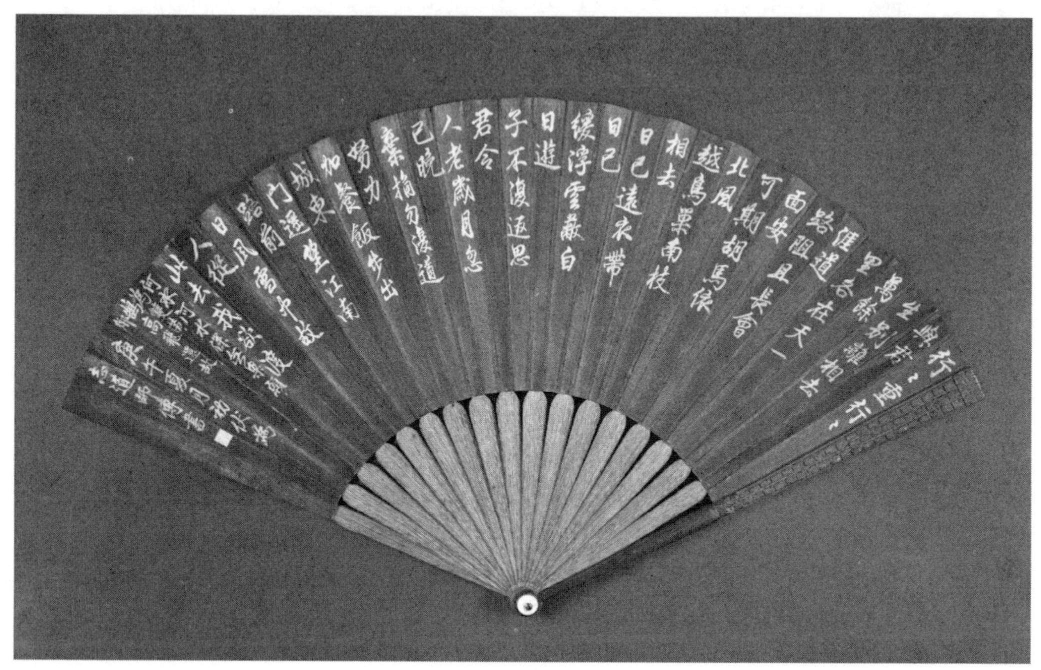

溥仪赠给庄士敦的折扇

里，不从英文译出。

> 行行重行行，与君生别离。相去万余里，各在天一涯。道路阻且长，会面安可期。胡马依北风，越鸟巢南枝。相去日已远，衣带日已缓。浮云蔽白日，游子不复返。思君令人老，岁月忽已晚。弃捐勿复道，努力加餐饭。步出城东门，遥望江南路。前日风雪中，故人从此去。我欲渡河水，河水深无梁。愿为双黄鹄，高飞还故乡。译注：溥仪写的扇，有款识云："庚午夏月初伏，为志道师傅书。"不署名，仍然摆的"皇帝"架子。庚午是民国十九年，公元 1930 年。

1930 年 10 月 1 日，我代表英国政府将威海卫租借地交还中国。这个地方有居民二十万，面积比英国的韦特岛（Isle Wight）大一倍，自光绪二十四年（1898 年）英国政府向清朝“租借”得此地，由英国派一个行政长官统治，这个行政长官向伦敦的殖民部直接负责。现在交还中国政府，威海卫居民是清朝时由清政府交给英国统治的，直到今日，他们才开始归于中华民国的统治下。

沈阳事变后逊帝出关

我的移交工作办完后，立即返回英国，我在中国住了三十多年，不知何时重履斯土。然而事情很出人意料之外，我回国后刚刚一年，又到中国一行了。这次到中国，一来是因为英国的庚子赔款问题；二来是两年一次的太平洋会议恰巧在中国举行，我是英国的会员中的一个。

我搭的船到达日本两天前，即发生 1931 年 9 月 18 日的沈阳事变。我一到上海，立刻换乘火车前往天津，10 月 7 日到达。逊帝正在等候我，他派一个侍从在火车站接我。这时候，天津谣传逊帝已往东北去了，但我知道这是不准确的。我和逊帝相处两日，从所得的消息来看，我已看出即将有事情发生。他给我的消息，也经郑孝胥证实。那一晚，逊帝邀我和郑孝胥晚宴，此外的客人就是郑垂、陈宝琛、徐良。所谈只是一个问题而已。译注：庄士敦书中没有点明什么问题，他显然是不想在书中公开承认参加溥仪危害中国的种种活动。

10 月 8 日我离津入北京。在北京时，我见到现在已被敌人逐出的东三省军阀少帅张学良。他对我说他已经知道我在天津曾见过逊帝，并表示急于要从我口中知道逊帝的可能动向。但他失望了，我一点都没有对他透露。我在北京期间，忠于皇室的各阶层人士都以为我这次来中国是和沈阳事变有关，我对他们否认，但他们绝不相信。

10 月 15 日，我回到天津和逊帝再度见面，商谈一些事情。21 日到上海出席太平洋会议。我在上海的时候，中国的报纸满刊逊帝将往东北登位的谣言，其中有几家报纸还说我对逊帝很有影响力，有几个中国人还来请我运用我的影响力，劝阻逊帝离开天津。逊帝离开天津之后，仍有人这样向我请求。我对其中某人有一封长函答复，登载在《国民评论》。（见 *National Review*，November，1932。）

我是11月10日到南京的，这时候，宋子文任财政部长兼外交部长，他得知我到了，请我立刻前去见面。会晤时，他给我看一封北方拍给他的电报，请他告知我"溥仪十分危险，他需要庄士敦的帮助"。这显然是中国当局希望我回到天津，阻止逊帝前往东北。我对宋子文先生说，逊帝是知道我的行踪的，如果他在危难中需要我援助，我得到他的一句话，就会立刻到他身边去。但这句话，一定是要由他直接给我。

11月13日我回到上海，得到一封私人电报，告知我逊帝已经离津到关外去了。译注：溥仪是11月10日夜间离津的，正是宋子文接见庄士敦的日子。

中国方面，竭力说明逊帝之往东北，并不是他的意愿，而是被日本人用强掳去的。这种说法，在外国人里头也很流行，他们也相信此说，然而按之事实则绝对不正确。近日有部著作曾力言逊帝夫妇有电报给南京的蒋先生，北京译注：应作北平，当时庄士敦不承认南京政府为中国合法的政府，故仍称北京也。则给张学良，表明他们"忠于国家，绝不会投向敌人怀抱，

天津张园外景

担任伪满洲国“皇帝”的溥仪

并请求庇护”。该书又说“逊帝夫妇发誓，如果敌人要强迫逊帝做‘满洲国王’，他宁愿自杀”云云，同样是不确的。（这部书是Nora Waln所著*The House of Exile*，书为伦敦Cresset Press出版。）据我所知，逊帝就是想寻求庇护所，也不会向蒋先生、张学良两位请求的；如果他要逃避日本人的绑票，以免被胁迫前往东北，他大可以搭一艘英国船直往上海。他的忠臣郑孝胥绝不会因他不肯去东北而将他囚禁起来的。逊帝前往东北，完全出于自愿，伴着他同往的有那个忠心耿耿的郑孝胥（现在是他的“国务总理”）和他的儿子郑垂。

大难不死“龙”归故里

以后的事情可不必我来做进一步的描述了。逊帝出关后，先在辽宁汤子岗温泉住了几个星期，然后被请出任新“政府”的临时“领袖”，叫作“满洲国执政”（和1924年段祺瑞任临时执政之义相同）。这只是临时的性质，将来是要成立一个帝国的。

逊帝的专车向北开行后，每过一车站，都有当地官员向他们的元首致敬。他们见到逊帝都长跪，口称“皇帝陛下”。有一件令人十分感动的事，就是专车将到达沈阳之时，要从清帝陵墓附近经过，为了使逊帝不必下车，只将火车略停一下，使逊帝尽礼，向他的祖先致敬。

这样，“龙”归故里了。

这些皇陵中，北陵就是清太宗埋骨之所，他死于1643年。译注：即明思宗崇祯十六年八月，下一年清兵入关。太宗是清国的开国之君，仅仅稍后三百年，他的子孙又回到他的老家，在东北登基了。中国的老政治家唐绍仪曾说，中国人虽然把逊帝推翻，但东三省是他的祖先带入关的“妆奁”，逊帝回到东北，他拥有“合法的承继权”。译注：唐绍仪此种谬论，只是他个人的老糊涂，中国人是绝对不同意唐绍仪这样说的。庄士敦捧着一个过气官僚，认为他所说的话就足以代表中国人的意见，其居心可知。译者在前文已驳斥过了。

许久以前，中国的一个哲人说过：“大难不死，必有后福。”这句话用之于逊帝也很恰当。他经历过的灾难，可说是多矣，任何人都不否认的吧。辛亥革命时他不致被害；袁世凯称帝、张勋拥他复辟他也安然无恙。以后数年之间，军阀们的互相争夺政权，以及冯玉祥陈兵神武门外的景山架炮威胁，他都没有丝毫受到伤害。此后又经历过种种危险，居然平安地到达他的老家——东北。如果那个中国哲人所说的话是有真实性的，那么，逊帝的后福还是无穷尽的。不过，那些深知逊帝性格的人，是知道他不会因为自己有福享就安然享受，不顾人间疾苦的。他要享福，也要他的人民同样享福。译注：庄士敦在书末这些善颂善祷的话，是指溥仪到了东北后成立伪满洲国，将享“后福”，符合中国哲人的话。三十年前，庄士敦这部书出版时，他眼见伪满洲国的“太上皇”日本在世界上称雄，便以为伪满永远可以向东京叩头，不仅不会垮台，而且也是“万世一系”的一个“皇帝”了。庄士敦眼光之小，由此可见。他没有看清历史事实，日本军阀这样欺侮中国是能长久的吗？果然庄士敦死后七年，伪满洲国也跟着它的冰山倒下去，庄士敦的故君成为阶下囚，溥仪以战犯身份坐了十五年牢，这有什么“后福”可言？庄士敦给他推命，可说十二分不准确了。不过，到了今日，我们不能说溥仪没有后福。一个人，如果用自己的精神劳力去获取起码的生活费，这个人仍然是享福的。“享福”一词，并不属于富贵人家。溥仪现在“无帝一身轻”，做个一品老百姓，实在比他在伪满时战战兢兢仰敌人气息的“皇帝”舒服得多了。

文
景

社 科 新 知　文 艺 新 潮

Horizon

紫禁城的黄昏：评注插图本

[英] 庄士敦（Reginald F. Johnston）著
高伯雨 译注

出 品 人：姚映然
特约编辑：韩 松 林 榛
责任编辑：李 琬 庞 莹
营销编辑：杨 朗
封扉设计：赵 欣

出　　品：北京世纪文景文化传播有限责任公司
(北京朝阳区东土城路8号林达大厦A座4A 100013)
出版发行：上海人民出版社
印　　刷：山东临沂新华印刷物流集团有限责任公司
制　　版：北京金舵手世纪图文设计有限公司

开 本：680mm×980mm 1/16
印 张：20.25　字 数：190,000　插 页：2
2019年10月第1版　2021年1月第2次印刷
定 价：69.00元
ISBN：978-7-208-15812-2 / K·2852

图书在版编目（CIP）数据

紫禁城的黄昏：评注插图本 /（英）庄士敦（Reginald F. Johnston）著；高伯雨译注. —上海：上海人民出版社，2019
ISBN 978-7-208-15812-2

Ⅰ.①紫… Ⅱ.①庄… ②高… Ⅲ.①爱新觉罗·溥仪（1906-1967）-生平事迹 ②中国历史-史料-清后期 Ⅳ.①K827=7 ②K252.06

中国版本图书馆CIP数据核字（2019）第066858号

本书如有印装错误，请致电本社更换 010-52187586